Ulrike Asmussen und Fiona Hennig

Meraki – Wie aus Briefen Freundschaft wurde

AF235950

Ulrike Asmussen und Fiona Hennig

Meraki

Wie aus Briefen Freundschaft wurde

Ein Jugendroman in 77 Briefen

Bibliografische Information der Deutschen Nationalbibliothek:
Die Deutsche Nationalbibliothek verzeichnet diese Publikation in der Deutschen Nationalbibliografie; detaillierte bibliografische Daten sind im Internet über http://dnb.dnb.de abrufbar.

© 2021 Ulrike Asmussen und Fiona Hennig

Herstellung und Verlag: BoD – Books on Demand, Norderstedt

ISBN: 978-3-7557-6016-0

Meraki:

etwas aus vollem Herzen mit Kreativität und Liebe tun; ein Stück von sich selbst in das einbringen, was man erschafft

Dieses Buch ist für alle, …

    … die gerne nachdenken und ihre Gedanken schweifen lassen.

    … die sich manchmal anders fühlen und trotzdem zu sich stehen oder noch auf dem Weg zu sich selbst sind.

    … die auch im Alltag das Schöne sehen oder bereit sind dies zu lernen.

    … die gerne lesen oder dieses Buch dennoch zur Hand genommen haben.

    … die wir durch die Geschichte wenigstens einmal zum Lächeln bringen oder zu etwas inspirieren.

Ein Wort zuvor

In Deutschland werden pro Jahr rund 16 Milliarden Briefe verschickt. Pro Werktag sind es etwa 59 Millionen. Das ist wirklich eine ganze Menge Post. Im privaten Umfeld werden jedoch nur wenige Briefe verschickt, 90 % sind nämlich Geschäftspost. Neben den 800 Milliarden E-Mails, die in Deutschland pro Jahr versendet werden, scheinen es nur noch wenig Briefe zu sein.

Die erste E-Mail überhaupt wurde 1971 von Ray Tomlinson verschickt. Seit dem hat der E-Mail-Verkehr rapide zugenommen. Inzwischen liegt die Zahl der versendeten E-Mails pro Tag weltweit bei etwa 300 Milliarden. Das wären bei sieben Milliarden Menschen auf der Erde durchschnittlich 42 Mails pro Mensch. Schätzungen zufolge handelt es sich jedoch bei 80 % der Mails um unerwünschte Werbenachrichten.

Die 77 nachfolgenden Briefe sind aber keine Spam-Mails, sondern zeigen die Entwicklung einer Ferienbekanntschaft zweier Mädchen hin zu einer echten Freundschaft. Eigentlich wollten die beiden lieber richtige, analoge Briefe schreiben. Doch bei einem Porto von 80 Cent pro Brief wären das insgesamt 60,80 €. Das entspricht in etwa dem Wert von 60 Kugeln Eis. Und so viel Eis lässt sich niemand entgehen – erst recht nicht Indie und Karina.

Liebe Indie,

ich präsentiere (Trommelwirbel) unseren ersten Brief (Beckenschlag). Juhu!

Ich würde vorschlagen, wir ignorieren einfach, dass er per Mail ankam, und stellen uns vor, du hättest ihn gerade in deinem Briefkasten gefunden. Wenn wir dichter beieinander wohnen würden, hätte ich ihn auch persönlich dort hineingeworfen – oder gleich mit dir geredet. ;)

Immerhin bringt diese Entfernung mit sich, dass ich nun zu einer langersehnten Brieffreundschaft gekommen bin. Zwar hatte ich mir das früher mit Papier vorgestellt, aber Mails sind einfach praktischer. Dafür hätte ich mir aber keine bessere Brieffreundin vorstellen können.

Auf der Musikfahrt in den Osterferien war es einfach nur schön mit dir. Ich denke gerne an die vielen Momente, in denen wir gemeinsam mit Cello und Fagott musiziert haben, zurück. Weißt du noch, wie wir gemeinsam auf dem Zimmer gespielt und aus Versehen das Abendessen verpasst haben? Dafür haben wir später umso mehr Süßigkeiten gegessen. Gesund war es nicht gerade und Schlaf habe ich auch nicht genügend bekommen.

Doch unsere gemeinsame Woche an der Ostsee wird mir auf jeden Fall noch lange in Erinnerung bleiben und ich werde immer wieder gerne daran denken.

Als ich gestern zu Hause ankam, rannten Linda und Timo sofort auf mich zu und umarmten mich stürmisch.

»Karina, wir haben dich *soo* vermisst«, erzählte Linda und breitete ihre kleinen Arme aus.

»Nein, wir haben dich *soooo* vermisst«, widersprach Timo und versuchte, seine Arme noch weiter auszubreiten. Die beiden sind echt niedlich – aber meine Halbgeschwister sind schließlich erst fünf.

Doch auch meine Oma, meine Mutter und mein Stiefvater Max waren froh, mich wiederzusehen.

»Gut, dass du wieder da bist«, sagte Max, »die Zwillinge gingen uns schon auf die Nerven.«

»Wir sind nicht nervig!«, riefen Linda und Timo im Chor und alle mussten lachen.

Meine Oma hatte einen Schokoladenkuchen gebacken – mit der Hilfe von Linda, wie sie mir sofort stolz erzählte (obwohl meine Oma ohne sie wahrscheinlich schneller gewesen wäre). Bei Kaffee und Kuchen durfte ich alles, was ich erlebt hatte, gleich dreimal erzählen.

Hinterher konnte ich mir das neue Geheimversteck der Zwillinge anschauen: Sie haben wieder eine kleine Nische in unserem alten Bauernhaus gefunden (Ich hätte dir auch gesagt wo, aber ich musste versprechen, niemandem das Geheimversteck zu verraten …). Langsam frage ich mich, ob es überhaupt noch irgendwelche Ecken gibt, die die beiden noch nicht kennen.

Ich passe in die Mehrheit der Verstecke leider nicht mehr hinein, doch das stört die beiden meistens nicht sehr. (»Wir gehen einfach für dich mit hinein.«) Aber es sind ja auch *ihre* Geheimverstecke – von denen übrigens der größte Teil den Titel *geheim* eigentlich nicht mehr tragen dürfte.

Und wie ist es dir so ergangen? Bist du gut zu Hause angekommen?

Liebe Grüße
Karina

***

Hallo Karina,

danke für deinen Brief, ich habe mich sehr gefreut. (Statt Trommelwirbel und Beckenschlag gab es bei mir ein Lächeln auf dem Gesicht, als ich mein Postfach geöffnet habe.) Mir haben die Musikfahrt und unser gemeinsames Musizieren auch viel Spaß gemacht. Vor allem als wir (verbotenerweise) am Strand gespielt haben. Es war wirklich schwierig, sich abends mit den Instrumenten aus dem Zimmer zu schleichen. In meinem Cellokoffer finde ich jetzt immer noch etwas Sand, ein schönes Andenken.

Ich erinnere mich gerne daran, wie die Musik mit dem Wind fortgetragen wurde und der Sonnenuntergang den ganzen Himmel und das Wasser orange gefärbt hat. Das klingt wie aus einem Film entsprungen.

Es ist wirklich schade, dass wir so weit auseinanderwohnen. Wir müssen uns unbedingt besuchen! Aber bis dahin ist es super, dass wir uns *Briefe* schreiben. (Ich wollte auch schon immer eine Brieffreundschaft haben …)

Zu Hause empfing mich die vertraute Nordseeluft. Die Ostsee riecht da ganz anders. ;) Im Zug haben mich alle etwas komisch angeschaut, denn mein Cello, der Rucksack und ich haben ziemlich viel Platz eingenommen, aber daran war leider nichts zu ändern.

Am meisten hat sich, glaube ich, mein Hund Bo über meine Ankunft gefreut. Er hat mich am Bahnhof so stürmisch begrüßt, dass ich fast mit dem ganzen Gepäck hintenüber gefallen ware. Das Vermissen beruhte auf jeden Fall auf Gegenseitigkeit.

Auch meine Schwestern Fria und Loki freuten sich riesig. Echt lustig, dass wir beide kleine Geschwister-Zwillinge haben. Mit ihren zweieinhalb Jahren haben sie jedoch keine Geheimverstecke, zumindest haben sie mir noch nie eins gezeigt. :)

Das hat mein elfjähriger Bruder Jonah übernommen. Er hat zusammen mit meinem Vater ein Baumhaus im Garten gebaut. Jonah war sogar so nett und hat mich auch mal hineingelassen. Ich muss zugeben, dass es echt gut geworden ist.

Bei meiner morgendlichen Laufrunde läuft jetzt wieder Bo an meiner Seite. Das ist voll schön, denn ich habe ihn echt vermisst, aber noch schöner wäre es, dich auch dabei zu haben. Ich glaube, ich bin sogar etwas schneller geworden. Du hast mich echt gut trainiert. Es hat sich also gelohnt, schnaufend an dir dran zu bleiben.

Auch meinen Eltern habe ich gefühlt alles dreimal erzählt. Mein Vater findet sich gerade in seine Rolle als *Papa für alles* ein. Jetzt, wo die Zwillinge etwas älter sind, haben meine Eltern getauscht. Meine Mutter arbeitet wieder als Ärztin in der Praxis und mein Vater ist zu Hause bei uns. Das ist sehr schön und ich glaube, er genießt es, mehr Zeit mit uns zu verbringen, und wir freuen uns, ihn mehr bei uns zu haben.

Bei uns hat mit der Schule auch die Klausurenphase begonnen. Liegen die ersten Arbeiten bei euch auch direkt nach den Ferien?

Ich könnte ewig weiterschreiben, ich habe einfach so viel zu erzählen. Es gibt viel, was wir voneinander noch nicht wissen. In der einen Woche Musikfahrt war natürlich nicht so viel Zeit, um sich besser kennenzulernen.

Ich hoffe, wir können diese Brieffreundschaft dafür nutzen, um in Kontakt zu bleiben, uns besser kennenzulernen und über alles Mögliche zu schreiben, was uns durch den Kopf geht. Ich stelle mir das sehr schön vor, jemanden zu haben, mit dem ich über den normalen Alltag rede, aber genauso auch tiefere Themen besprechen kann; wie ein Tagebuch, auf das man eine Antwort bekommt.

Vorhin habe ich in mein altes Freundebuch geschaut (nachdem ich es aus der hintersten Ecke meines Bücherregals gekramt hatte) und ein paar Fragen herausgesucht. Vielleicht hast du Lust, darauf zu antworten.

14

Welche berühmte Person möchtest du einmal treffen und wieso?

An welchem Ort verbringst du die meiste Zeit?

Worüber kannst du dich stundenlang ärgern?

Was ist deine Lieblingsfarbe?

Ich hoffe, du hast Spaß beim Beantworten. Wenn du willst, schreibe ich dir meine Antworten im nächsten Brief.

So, jetzt muss ich aber wirklich Schluss machen, denn ich möchte noch für meine Bio-Klausur weiterlernen. Wir schreiben über das Verdauungssystem und den Transport der Nahrung durch den Körper. Das Thema muss nur noch weiter in mein Gehirn transportiert werden.

Ich freue mich auf deine Antwort. :)

Deine Indie

***

Hallo Indie,

als ich vorhin mein Postfach geöffnet habe, habe ich erst einmal breit gegrinst – eine Antwort von Indie, juhu! Leider musste ich mit dem Lesen noch etwas warten, da Linda und Timo mir keine ruhige Minute gegeben haben. Aber jetzt sind die beiden im Bett und ich nutze die Zeit, um dir zu antworten.

Ich finde es wirklich schön, dass wir uns schreiben. Wenn ich deinen Brief lese, höre ich deine Stimme im

Ohr und die Entfernung zwischen uns scheint gleich kleiner ... Wie du schon sagst, es gibt einfach so viel zu erzählen – ich weiß gar nicht, wo ich anfangen soll.

Die Szene von uns am Strand ist wirklich filmreif. Nur das weggewehte Notenblatt würde die Atmosphäre wohl zerstören. Dafür wäre es ein lustiger Film. ;)

Mich freut es sehr, dass du beim Laufen besser geworden bist, aber du warst vorher auch schon gut. Grüße Bo und sag ihm von mir, er kann ruhig noch ein etwas schnelleres Tempo vorgeben, dann steigerst du dich noch weiter. :) Ich muss leider alleine laufen, meine Katze Mika lässt sich beim besten Willen nicht dazu überreden, mitzukommen. Irgendwann müssen wir zu dritt die Runden drehen – du, Bo und ich.

Damit wir wieder in den Unterricht hineinkommen, hat unsere Französischlehrerin gestern mit uns alle möglichen grammatischen Formen wiederholt. Um die allgemeine Motivation in der Klasse zu steigern, hatte sie einen kleinen Ball dabei, den wir uns nach jeder grammatischen Form gegenseitig zuwerfen sollten. Das war sehr witzig, zumal einige immer verrücktere Würfe wagten, die meistens gerade noch gefangen wurden.

Als Letztes hatte ich den Ball und sollte ihn zu unserer Lehrerin zurückwerfen. Der Wurf war eigentlich gar nicht so schlecht, jedoch flog er zwischen den Händen meiner Lehrerin durch und landete hinter ihr genau im Eimer mit dem Tafelwasser. Dieses erfüllte voll und ganz die typischen Tafelwasserrichtlinien: Es wurde seit

Ewigkeiten nicht mehr ausgewechselt und war somit ohnehin zu eklig, um damit die Tafel zu wischen.

Jetzt lag der kleine Ball darin. Das war mir in dem Moment sehr unangenehm. Doch unsere Lehrerin meinte, dass das wohl eher ihre Schuld sei, und nahm den Ball mit spitzen Fingern aus dem Eimer heraus. Dann verschwand sie mit dem triefend nassen Ball auf dem Klo, um ihn im Waschbecken auszuwaschen. Die immerzu unmotivierten Chaoten aus meiner Klasse bedankten sich bei mir, da wir nun weniger Unterricht hatten – immerhin ein Vorteil.

Mit den Klausuren haben wir noch etwas mehr Glück als ihr. Die erste schreiben wir in drei Wochen. Danach kommen bloß mehr oder weniger alle auf einmal. Allerdings haben wir jetzt Zeit, in Ruhe wieder in die Themen hineinzukommen, und die stressige Zeit wird auch wieder vorbeigehen.

Okay, soviel zu der Ruhe, wenn die Zwillinge im Bett sind – Linda kam gerade an, weil sie nicht einschlafen konnte. Also bin ich mit in ihr Zimmer gegangen und habe ihr eine Geschichte von etwas Sand mit Cellokasten erzählt. Sie ist anscheinend nicht nur filmreif, sondern auch gutenachtgeschichtenreif. (Sagt man das so? Egal, mache ich jetzt einfach …)

Morgen habe ich das erste Mal nach den Ferien wieder rhythmische Sportgymnastik (kurz RSG), ich freue mich total. Der Sport hat mich, schon als ich ganz klein war, fasziniert. Es ist eine Turnsportart mit akrobatischen und tänzerischen Elementen im Einklang zu Musik. Dabei gibt es verschiedene Handgeräte, von denen immer eins in der Choreo benutzt wird. Zur Auswahl stehen Seil, Ball, Reifen, Keulen oder Band. Für mich stellt RSG die perfekte Verbindung zwischen Sport, Musik und Ästhetik dar.

Demnächst wollen wir eine neue Team-Choreo anfangen. Ich hoffe, meine Leistungen haben in der trainingsfreien Zeit nicht allzu weit nachgelassen; Leichtathletik konnte ich deutlich besser zwischendurch üben.

Deine Idee mit den Fragen finde ich super, dann lernen wir uns noch besser kennen:

Welche berühmte Person ich gerne treffen würde? – Dich! (Du bist zwar nicht berühmt, aber vielleicht kommt das noch ...) Die eine Woche an der Ostsee war nämlich viel zu kurz.

Zu dem Thema fällt mir gerade noch ein, was eine Flöte (also die Spielerin) bei uns im Orchester letztens meinte, als wir ein Stück von Mozart gespielt hatten:

»Also wenn Mozart noch leben würde, dann würde ich ihm gerne eine E-Mail schreiben und fragen, was er sich eigentlich dabei gedacht hat, die Phrasen so lang zu machen, dass Flöten nicht mehr atmen können.« – Solche Probleme hast du mit deinem Cello sicherlich nicht ...

Der Ort, an dem ich die meiste Zeit verbringe, ist eindeutig unser Dachboden. Er ist ziemlich groß. Vor ein paar Jahren haben wir ihn zu einem gemeinsamen Hobbyraum umgerüstet. Neben der Nähmaschine meiner Oma und der Werkbank von Max (unsere Familie ist in manchen Bereichen schon etwas klischeehaft) findet sich hier auch eine große Spielecke für Linda und Timo. Ich habe dort oben meine Musiksachen, sodass ich jederzeit üben kann, ohne meine Familie im Erdgeschoss zu stören.

Worüber kann ich mich stundenlang ärgern? Dass manche Menschen nicht nachdenken, würde mir als Erstes einfallen. Doch normalerweise ärgere ich mich relativ selten, denn ich habe irgendwann festgestellt, Ärgern bringt nichts. Stattdessen sollte man lieber etwas ändern oder sich damit abfinden, dass man nichts ändern kann.

Eigentlich habe ich keine festgelegte Lieblingsfarbe – orange und hellgrün mag ich sehr gerne, aber andere helle Farben wie gelb oder hellblau sind auch schön – ich finde einfach das am besten, was gerade am besten aussieht (Ich weiß, Logik …).

Spaß beim Beantworten hatte ich auf jeden Fall, auch wenn ich nicht weiß, ob du den Brief oder die Fragen meinst – es trifft beides zu.

Schreib mir deine Antworten sehr gerne. Ich hätte auch noch eine Frage zu ergänzen (sie kommt nicht aus einem Freundebuch, passt aber trotzdem dazu): Was machst du, wenn du nachmittags zu Hause bist und nichts zu tun hast?

Liebe Grüße
Karina

***

Hallo Karina,

wow, deine Antwort kam echt schnell, trotz der kurzen Unterbrechung durch deine Geschwister. Ich habe den Brief sofort gelesen und freue mich schon aufs Antworten.

Die Gutenachtgeschichte mit dem Sand im Cellokasten klingt gut, die muss ich Fria und Loki auch unbedingt erzählen …

Zu deiner Frage: Ich mag es sehr gerne, zu Hause zu sein, ohne etwas Bestimmtes zu tun zu haben. Im Moment klappt das nicht so gut (Grüße an die Klausuren …). Wenn ich die ersten geschrieben habe, habe ich zum Glück wieder mehr Zeit. Es ist echt nett von euren Lehrkräften, dass ihr erst einmal wieder die Themen wiederholen könnt.

Aber das war ja gar nicht deine Frage. Wenn ich ganz allein zu Hause bin, tanze ich gerne singend durchs Haus, schließlich hört mich dabei niemand. Ansonsten lese ich sehr gerne, am liebsten draußen in der Hängematte, spiele Cello oder gehe mit Bo spazieren.

Euer Dachboden klingt richtig gemütlich. Unserer wäre definitiv ein Projekt für sich. Vielleicht haben wir dieses Jahr noch Zeit, ihn auszubauen, das steht schon länger auf der To-do-Liste.

Mein Lieblingsort ist die Natur, auch wenn es kein direkter *Ort* ist. Ich liebe es, draußen zu sein, besonders im Wald oder am Meer. Beides ist nicht weit von unserem Haus entfernt und mit Bo habe ich viele Lieblings-strecken. Wir gehen auch gerne im Watt spazieren oder baden unsere Füße bzw. Pfoten im Wasser.

Meine Lieblingsfarbe ist grün in allen Varianten. Und blau und pink und türkis, aber eigentlich mag ich auch alle anderen Farben. Das ist somit eine schwierige Frage.

Ich würde gerne einmal *Jane Goodall* treffen. Hast du schon einmal von ihr gehört? Ich finde, sie ist eine sehr inspirierende Person. Als Verhaltensforscherin beo-bachtete sie in den 1970er Jahren Schimpansen in Gombe (Nigeria) und veranderte so die bisherige Sicht auf die Menschenaffen. Unter anderem fand sie heraus, dass Schimpansen Werkzeuge selbst herstellen und nut-zen können, was zuvor nur dem Menschen zuge-schrieben wurde.

Außerdem war und ist sie ein großes Vorbild, weil sie Menschen dazu inspiriert *mit* der Natur und nicht *ge-gen* sie zu leben. Jane Goodall ist der Überzeugung, dass alle Menschen auf dieser Welt einen Unterschied ma-chen, aber dass es unsere Entscheidung ist, *was* für ein Unterschied wir machen. Das und ihre positive Energie und Liebe zur Umwelt und den Tieren finde ich bewe-gend und würde sie deshalb gerne einmal treffen.

Das mit Mozart finde ich cool. Wenn ich zufällig seine E-Mail-Adresse bekomme, gebe ich sie dir für die Flötistin weiter. Ich brauche zum Cellospielen zwar keine Luft, aber bei schnellen Stellen geht mir trotzdem manchmal die Puste aus.

Dich würde ich auch gerne wiedersehen! Du inspirierst mich und es ist immer *soo* schön, deine Briefe zu lesen.

Was mich besonders ärgert, ist, wenn Menschen respektlos gegenüber anderen Menschen, Tieren oder der Umwelt sind. Aber eigentlich macht mich das mehr traurig und ich kann diese Menschen nicht verstehen. Ansonsten versuche ich auch, mich nicht so oft zu ärgern, denn es ist meistens sinnlos und bringt Streit.

In letzter Zeit lache ich lieber, anstatt mich zu ärgern. Beim Lachen schüttet man nämlich Glückshormone aus, was die ganze Situation besser macht. Leider funktioniert das noch nicht in allen Fällen und meistens auch nicht, wenn andere dabei sind. Das sorgt dann eher für Missverständnisse und noch mehr Ärger und damit ist keinem geholfen.

Zum Glück gibt es in meinem Alltag nicht so viele schwerwiegende Dinge, über die ich mich ärgern könnte. Und wenn die Zwillinge irgendwelche Schulsachen von mir auseinandernehmen, funktioniert das mit dem Lachen ganz gut. Sie werden schon noch lernen, dass Mathehausaufgaben nicht so gut geeignet sind, um Wasser darüber zu kippen. :) Und wenn meine Lehrerin auch ein bisschen mehr lachen würde, hätte sie es mit unserer Klasse deutlich leichter.

Jetzt sitzt Bo schon wieder neben mir und schaut mich mit seinen süßen Kulleraugen an. Er ist zwar schon vier Jahre alt, in meinen Augen jedoch immer noch der kleine, süße (aber auch ziemlich anstrengende) Welpe.

So schaut er immer, wenn er spazieren gehen möchte, und bevor er gleich ungeduldig wird, komme ich jetzt zum Ende. Streichle einmal deine Katze von mir. Ich finde Katzen total süß. :)

Was ist eigentlich dein Lieblingsfach in der Schule? Hast du eins? Ich mag Mathe und Musik, aber auch Englisch und Sport.

So, jetzt muss ich aber wirklich Schluss machen, der Hund ruft (bzw. bellt).

Liebe Grüße
Indie

∗∗∗

Liebe Indie,

ich sehe es gerade bildlich vor mir: ein einsamer Nordseestrand, an dem kleine Pfotenabdrücke neben einer Fußspur durch das weite Watt führen. Am liebsten würde ich den Spuren zu euch folgen, mir dabei den Wind durch die Haare wehen lassen und mich später beschweren, dass ich sie nicht mehr gekämmt bekomme …

Jane Goodall kannte ich bislang noch nicht. Nachdem ich deinen Brief gelesen hatte, habe ich noch weiter über sie recherchiert. Ihre liebevolle Art gegenüber den Tieren in Kombination mit der Energie, die Welt jeden Tag ein kleines Stückchen besser zu machen, sind echt beeindruckend.

Manche Menschen wollen vielleicht einmal die Welt retten und tun jahrelang nichts, außer sich aufzuregen oder zu warten, bis andere den ersten Schritt gehen. Da finde ich den Ansatz viel schöner, sich zu überlegen, was in seinen Möglichkeiten liegt, und das auch zu tun. Ich glaube, so erreicht man deutlich mehr, als man zuerst denkt. Wer weiß, was für Möglichkeiten einem offen stehen und welche dann noch folgen …

Im Alltag ist Lachen statt Ärgern auf jeden Fall eine gute Methode. Die meisten Probleme sind wirklich halb so schlimm.

Meine Oma sagt in dem Kontext immer: »Vieles ist erst dadurch schlimm, dass man es schlimm findet.« (Das klingt vielleicht banal, aber wenn man darüber nachdenkt, steckt einiges dahinter …)

Mein absolutes Lieblingsfach ist Philosophie. Außerdem mag ich Sport und Musik sehr gerne (wobei unsere Sportlehrerin überhaupt nicht gut erklären kann und mein Sportkurs somit auf einem ziemlich niedrigen Niveau ist – aber es ist Sport und ich mag Sport).

Theoretisch finde ich Mathe auch gut, aber unser Matheunterricht ist immer ziemlich langweilig, weil der Großteil meiner Klasse das meiste nicht versteht. Somit wird alles doppelt und dreifach erklärt, sodass es sich ewig in die Länge zieht. Das hat mir irgendwann den Spaß daran verdorben.

Bei uns in der Nähe ist leider weder ein Wald noch ein Meer. Hier sind nur Felder, so weit das Auge reicht. Ich gehe trotzdem gerne hinaus, meistens um eine

24

Runde zu laufen. Da es hier sehr ruhig ist, entdecken wir immer wieder freilebende Wildtiere, wie zum Beispiel Hasen oder Rehe, die auf den Feldern stehen. Heute Morgen ist mir sogar ein kleiner Igel begegnet. Leider war er zu schnell wieder weg, sodass ich ihn nicht mehr fotografieren konnte.

Es ist nur blöd, wenn es im Sommer sehr warm ist. Denn hier ist weit und breit nicht viel, was ausreichend Schatten spenden könnte – höchstens ein paar einzelne Bäume am Wegesrand.

An solchen Tagen kann man nur früh morgens, spät abends oder mitten in der Nacht laufen gehen. Lennart und Oskar, zwei Brüder aus meinem Leichtathletikteam, wohnen mit ihren Eltern ebenfalls in der Gegend und nehmen meistens die Version mitten in der Nacht.

Linda und Timo sind gerade draußen (ab und zu kann ich die beiden überreden, den Nachmittag ohne mich zu verbringen). Ich setzte mich gleich auf dem Dachboden in den Schaukelstuhl von meinem (verstorbenen) Opa und lese mal wieder in Ruhe ein Buch.

Was liest du gerade oder grundsätzlich so?

Liebe Grüße
Karina

P.S. Meine Katze Mika hat sich sehr über das Streicheln von dir gefreut und ich soll dich ganz lieb grüßen. :)

P.P.S. Situation gerade eben zwischen den Zwillingen:

Timo: »Weißt du, ich bin total schlau, ich heiße schließlich *Fuchs* mit Nachnamen! *Timo Fuchs* – ich bin schlau wie ein Fuchs!«

Linda: »Aber ich heiße auch *Fuchs*, also bin ich auch schlau!«

Kinderlogik ist schon herrlich …

✳✳✳

Liebe Karina,

ich habe mich schon den ganzen Tag auf deinen Brief gefreut und finde es voll schön, dass wir uns so oft schreiben. :) Nach der Schule aktualisiere ich zuerst mein Postfach und freue mich, wenn ein Brief von dir angezeigt wird.

Deine Einstellung, um die Welt ein Stück besser zu machen, finde ich sehr schön und vollkommen treffend. So viele Menschen denken, sie könnten als einzelne Person nichts bewirken und tun deshalb gar nichts, aber alles, was wir machen, wirkt sich auf unsere Umwelt und unsere Mitmenschen aus. Auf diesem Planeten geht nichts verloren, wie meine Physiklehrerin immer sagt, es wird nur in etwas anderes umgewandelt.

Ich kenne dazu auch ein schönes Zitat, das du bestimmt schon einmal gehört hast: »Viele kleine Leute an vielen kleinen Orten, die viele kleine Schritte tun, können das Gesicht der Welt verändern« (Stefan Zweig).

Ich finde das so kraftvoll, weil es genau aussagt, dass alle etwas dazu beitragen, was auf der Welt geschieht, und jeder Mensch, egal wie klein oder groß er ist, die Welt verändern kann. Dabei zählt jeder einzelne Schritt und es ist erst einmal nicht wichtig, ob es ein kleiner oder ein großer ist, Hauptsache man geht ihn.

Das ist genauso wie bei einem Marmeladenglas, das man nicht aufbekommt, und alle in der Familie zeigen wollen, wie stark sie sind. Alle drehen an dem Glas, doch erst die letzte Person schafft es, dieses zu öffnen.

Doch sie hätte es nicht aufbekommen, hätten es nicht alle anderen bereits versucht und somit ihre Energie in dieses Glas gegeben. So ist das mit vielen Dingen, alle kleinen Schritte tragen zu einem großen Schritt bei. Das Wichtigste ist, einfach anzufangen.

»A year from now you wish you had started today« (Karen Lamb). Das ist auch ein sehr inspirierendes Zitat. In einem Jahr wünscht man sich, man hätte heute schon angefangen. Es trifft auf so vieles in meinem Leben zu. Zum Beispiel das Laufen. Ich habe mir vor ungefähr einem Jahr das Ziel gesetzt, wenn möglich jeden Tag laufen zu gehen, egal wie kurz oder lang, langsam oder schnell. Hätte ich das nicht getan, würde ich mir jetzt jeden Morgen wünschen, schon früher begonnen zu haben. Es ist so viel mehr wert, einfach mit etwas anzufangen, als es gleich von Anfang an gut zu machen.

Ich stelle es mir schön vor, von Feldern umgeben zu sein. Im Sommer ist es vielleicht etwas warm, aber dafür kann man bestimmt total weit schauen. Wir haben auch ein paar Felder um uns herum und es ist immer *soo* schön, wenn der Raps blüht und alles gelb ist.

Jonah hat eine kleine Spielzeugdrohne mit einer Kamera. Wenn man die im Frühling und Sommer fliegen lässt, dann sieht die Landschaft aus wie eine Patchworkdecke: Felder, Wald, die Dünen, das Meer, die Schafe und der Wind. Ich liebe mein Zuhause so sehr, ich kann es mir gar nicht vorstellen, in einer Großstadt zu wohnen.

Das hätte bestimmt auch Vorteile, vor allem kürzere Fahrzeiten. Auf Dauer wäre das Stadtleben bestimmt nichts für mich. Aber sollte ich später in einer Großstadt studieren, bekomme ich vielleicht noch einmal einen neuen Eindruck.

Hast du schon eine Idee, was du später einmal machen möchtest? Ich bin mir noch nicht sicher und auch wenn ich schon ein paar Ideen habe, kann ich mich noch nicht entscheiden. Aber wir haben ja noch Zeit zu überlegen.

Ich musste hier beim Schreiben einmal kurz unterbrechen, ich passe nämlich gerade auf Fria und Loki auf, die im Garten spielen, während ich in der Hängematte liege. Die beiden haben sich gerade ziemlich doll um einen Ball gestritten. Da wir nur *einen* roten Ball haben und der blaue Ball überhaupt kein Ersatz ist, musste ich kurz mal eingreifen.

Ich habe kein bestimmtes Buchgenre, das ich ausschließlich lese. Eigentlich lese ich das, was mir gerade gefällt. Das sind vor allem Romane, aber auch manchmal Sachbücher oder Ratgeber usw.

Was für Bücher liest du am liebsten? Ich finde es immer schwierig, mich auf nur ein Lieblingsbuch festzulegen.

Ich muss jetzt aufhören, die beiden wollen schaukeln und da muss ich Anschwung geben.

Liebe Grüße
Indie

***

Liebe Indie,

ich freue mich auch jedes Mal wieder, wenn ich einen neuen Brief von dir lesen kann. Sobald es geht, lasse ich alles stehen und liegen und setzte mich grinsend an den Computer – meine Mutter hat mich schon einmal gefragt, was denn so lustig sei. ;)

Ich habe eigentlich noch keine wirkliche Idee, was ich später einmal werden möchte. Theoretisch hätte ich auf etwas mit Sport oder Musik Lust, andererseits will ich mein Hobby nicht zum Beruf machen, weil ich das Hobby dadurch nicht mehr als Hobby hätte.

Eine andere Möglichkeit ist, etwas mit Kindern zu machen, schließlich bringt es mir immer sehr viel Spaß mit Linda und Timo zu spielen – aber ich weiß nicht genau, ob mir die zwei nicht schon anstrengend genug sind. ;)

Linda möchte Tierärztin werden (»Da kann ich den ganzen Tag Tiere streicheln!«), Timo will später unbedingt Deiche mähen (»Da kann man den ganzen Tag Schiffe beobachten!«). Als ich in deren Alter war, wollte ich professionell und hauptberuflich rhythmische Sportgymnastik aufführen, aber dazu hätte ich wohl deutlich mehr trainieren müssen. Was wolltest du werden, als du klein warst?

Ich lese richtig gerne Krimis. Ich finde es nur schwierig, gute zu finden, die meisten sind entweder zu schnell vorbei oder ziehen sich ewig in die Länge. Außerdem lese ich – wie du – einfach immer das, was gerade interessant klingt. Im Moment habe ich ein Buch, in dem eine Person aus weiter Vergangenheit in unsere Gegenwart reist. Das ist echt witzig und man lernt immer wieder, dass das, was uns selbstverständlich scheint, anderen ganz absurd und komisch vorkommen kann.

Es hat halt jeder Mensch eine andere Sicht auf die Welt und je nach Herkunft und Kultur eine ganz andere Vorstellung von Normalität. Aber was ist schon normal? Eigentlich gar nichts. Oder alles? Obwohl die Aussagen »Niemand ist normal« und »Alle sind normal« theoretisch total gegensätzlich sind, stimmen dennoch irgendwie beide.

Wenn man von der Aussage »Niemand ist normal« ausgeht, wie wäre dann eine komplett normale Person? Die durch und durch normale Person wäre aber nicht mehr normal, weil ihr das Unnormale fehlen würde, was alle anderen haben. Das macht alle anderen wieder normal. Somit wären dann alle normal, weil die Person ja nur fiktiv ist. Oder heißt das, dass doch niemand normal ist, weil alle etwas Unnormales haben? Irgendwie verwirrend ...

Eine Sache wollte ich dir noch erzählen: Und zwar ist heute Morgen, als ich mit dem Fahrrad zur Schule gefahren bin, plötzlich ein Reh direkt vor mir über den Weg gelaufen. Ich habe mich total erschrocken und bremste reflexartig, um es nicht anzufahren. Gleichzeitig drehte ich den Lenker zur Seite, um auszuweichen. Das war keine gute Kombination. Ich fiel hin, rutschte ein paar Meter über die Landstraße und schürfte mir dabei fast mein halbes Bein auf.

Mit quietschenden Bremsen hielt plötzlich ein Auto direkt vor mir. Da hatte ich Glück gehabt, es hätte mich auch überfahren können. Der Fahrer stieg aus und bot mir seine Hilfe an. Mit hochrotem Kopf lehnte ich dankend ab und stand wieder auf. Vom Beifahrersitz schaute mir ein Mädchen – etwa in unserem Alter – starr entgegen. Ich schaute weg und erklärte dem fremden Mann ein letztes Mal, dass ich gut alleine klarkam.

Dabei hätte ich ein wenig Hilfe eigentlich wirklich gebrauchen können. Mein Bein brannte wie verrückt und ich musste den restlichen Weg schieben. Als ich eine halbe Stunde zu spät in der Schule ankam, schickte mich meine Französischlehrerin gleich zu den Schulsanitätern, zu denen ich auch nur relativ ungern ging.

Ich hatte schon genug Unterricht verpasst. Und so schlecht ging es mir auch wieder nicht.

Warum fällt es uns eigentlich manchmal so schwer, Hilfe anzunehmen? Mir ist das schon öfter auch bei anderen aufgefallen. Dabei ist doch theoretisch nichts dabei, alle brauchen manchmal Hilfe und in der Regel kommt man nicht freiwillig in so eine Situation.

Ich hoffe, dir und deiner Familie geht es gut.

Viele liebe Grüße
Karina

P.S. Solche Geschichten wie die mit dem roten Ball kenne ich auch zu gut. Irgendwie ist es niedlich, kann aber auch auf die Nerven gehen …

$$* * *$$

Liebe Karina,

oh Mann, dein Fahrradunfall klingt ganz schön gefährlich, ein Glück, dass das noch einmal gut ausgegangen ist. Ich hoffe, dass es dir jetzt schon besser geht.

Mir fällt es auch schwer, Hilfe anzunehmen. Eigentlich verstehe ich gar nicht, warum. Es ist, wie du schon sagtest, total menschlich, Hilfe zu brauchen, und meistens ist man ja auch nicht freiwillig in so einer Situation. Ich glaube, es ist zu sehr in unserer Gesellschaft verankert, dass es schlecht ist, wenn man Fehler macht.

Das ist meiner Meinung nach nicht sehr sinnvoll. Den Kindern wird schon in der Schule, wenn auch indirekt, beigebracht, dass es schlecht ist, etwas nicht zu können und Fehler zu machen. Das übernehmen sie dann auch in ihr späteres Leben. Dass Fehler eigentlich etwas Gutes sind, weil man aus ihnen lernen kann, kommt oft zu kurz. Schließlich gehören sie zum Leben dazu.

Wenn ich immer fehlerfrei gewesen wäre, wäre ich heute eine ganz andere Person und hätte vieles noch nicht gelernt. Deshalb denke ich, dass man Fehler in einer gewissen Weise viel mehr wertschätzen sollte, wenn du verstehst, wie ich das meine.

Und weil Fehler so schlecht angesehen sind und sie zeigen, dass wir eben nicht perfekt sind, fällt es uns oft schwer, um Hilfe zu bitten. Das ist schade, denn gemeinsam, wenn man sich gegenseitig hilft, kann man viel mehr erreichen.

Wenn man das Ganze einmal aus einem anderen Blickwinkel betrachtet, ist es fast etwas egoistisch, sich nie helfen zu lassen. Ich weiß nicht, wie es dir geht, aber mich macht es glücklich, anderen zu helfen, egal ob es nur etwas Kleines oder etwas Größeres ist.

Wenn wir schon einmal beim Helfen sind: Ich würde später gerne etwas machen, wobei ich anderen helfen kann, zum Beispiel Sozialpädagogik oder Psychologie. Alternativ fände ich etwas Wissenschaftliches wie Meeresbiologie oder Naturforschung spannend.

Deine Geschwister haben wirklich niedliche Berufswünsche, vor allem das Schiffebeobachten beim Rasenmähen. :) Als ich kleiner war, wollte ich später unbedingt einen Kuscheltierladen haben, weil ich dann den ganzen Tag lang von Kuscheltieren umgeben wäre und sie alle streicheln könnte.

Weit oben auf der Liste stand bei mir auch *Kräuterhexe*. Heute weiß ich natürlich, dass das kein Beruf ist. Früher hatte ich einen Platz im Garten neben dem Sandkasten, der meine Kräuterküche war. Dort habe ich ganz professionell Gräser, Pflanzen, Erde, Sand und Zauberwasser, das ich extra aus einem kleinen Bach im Wald geholt hatte, vermischt. Meine Mutter ließ sich sogar, als sie sich den Fuß verstaucht hatte, etwas von meinem Heilkräutermix auf diesen schmieren und wie mit Magie war es dann besser. ;) Da war ich sehr stolz auf mich und dachte, das Arbeiten als Kräuterhexe sei meine Berufung.

Wenn wir schon einmal bei lustigen Kindheitsgeschichten sind: Als Jonah kleiner war, hat er immer wieder versucht, durch die Nase zu trinken, was natürlich nicht wirklich geklappt hat. Und er ist jeden Abend vorm Einschlafen zum Fenster gegangen und hat der Welt *Gute Nacht* gewünscht.

Fria möchte immer ihr ganzes Essen teilen. Wenn sie einen Bissen genommen hat, darf jemand anders abbeißen, und Loki fängt jedes Mal an zu tanzen, wenn sie irgendwo Musik hört, auch wenn es nur das Telefonklingeln ist.

Wenn ich einmal anfange, Geschichten über meine Familie zu erzählen, kann es lange dauern, bis ich wieder aufhöre. Irgendjemand macht immer etwas Komisches. Ich denke manchmal, dass wir keine normale Familie sind, aber du hast recht, *normal* gibt es nicht, entweder sind alle *normal* oder niemand. *Normal* ist einfach undefinierbar. Es ist sehr subjektiv. Alle sprechen zwar immer von *normal* und ich denke, wir haben auch eine ähnliche Vorstellung, dennoch kann man es nicht als Norm festlegen.

Meine Großeltern, also die Eltern meines Vaters, sind heute aus Kanada gekommen und wir haben und sehr gefreut, sie wiederzusehen. Jetzt sind schon fast zehn Jahre vergangen, seit wir von Kanada nach Deutschland gezogen sind. Die ersten sieben Jahre meiner Kindheit habe ich in einem kleinen kanadischen Dorf verbracht.

Meine Mutter hatte während ihrer Studienzeit ein Jahr im Ausland – in Kanada – studiert und dort meinen Vater kennengelernt. Für die Liebe blieb sie noch ein paar Jahre länger. In der Zeit heiraten die beiden, meine Mutter beendete ihr Medizinstudium, ich wurde geboren und sechs Jahre später kam Jonah auf die Welt.

Als er ein Jahr alt war, sind wir nach Deutschland gezogen und seit dem leben wir an der Nordsee. Und auch wenn hier mein Zuhause ist, wird Kanada immer ein Teil meiner Heimat sein.

Seitdem wir hierhergezogen sind, haben meine Großeltern uns noch nicht so oft besucht, deshalb freue ich mich sehr, dass sie heute angekommen sind. Es ist schon manchmal schwierig, wenn die Familie über die ganze Welt verstreut ist. Meine Tante ist gerade als Tierfilmerin in Afrika und dreht eine Dokumentation über die afrikanische Wildnis. Meine anderen Großeltern und meine Tante und mein Onkel mütterlicherseits wohnen hier in der Nähe, sodass wir sie öfter sehen. Wohnt deine Familie auch so weit auseinander?

Wir wollen gleich einen Strandspaziergang machen, deshalb höre ich jetzt auf zu schreiben. Ich hoffe, deiner Familie geht es auch gut. Dir noch ein schönes Wochenende.

Liebe Grüße
Indie

***

Hallo ehemalige Kräuterhexe und ehemals zukünftige Kuscheltier-ladenbesitzerin, :)

ich verstehe ganz genau, was du meinst. Helfen und helfen lassen ist doch eigentlich etwas Positives. Alle denken immer, Fehler sind schlimm, dabei sind sie vollkommen menschlich und auch hilfreich. Ich würde gerne behaupten, ich lerne immer dazu und mache keinen Fehler zweimal, doch so ganz klappt das leider nicht. Aber eigentlich ist das auch völlig okay.

Mein Opa hat früher immer gesagt: »Ich mache keinen Fehler zweimal. Ich mache ihn vier- oder fünfmal, nur um sicherzugehen.«

Wieso auch nicht? Man sollte wirklich in der Gesellschaft mehr Akzeptanz für Fehler schaffen. Niemand ist perfekt, sonst wäre das Leben doch langweilig, weil Schwächen auch viel Individualität schaffen. Schließlich sind wir Menschen und keine Roboter.

Außerdem bin ich der Meinung, dass perfekt zu sein gar nicht möglich ist. Wenn jemand nämlich absolut perfekt wäre, würden schon die Schwächen und Fehler zur Vollkommenheit fehlen. Man ist nicht umsonst nicht alleine auf dieser Welt. Gemeinsam ergänzen wir einander und können uns gegenseitig helfen. Wenn man zusammen etwas schafft, freut man sich gleich doppelt. (Das ist übrigens mit ein Grund, warum ich bei RSG Team-Choreos viel lieber mag als Einzel.)

Gestern am Frühstückstisch:

»Papa, warum heißt du *Hauser* und nicht auch *Fuchs* mit Nachnamen wie wir anderen?«, fragte Linda Max, »Mama, Oma, Karina, Timo und ich heißen alle *Fuchs* und du bist der Einzige in der Familie, der nicht so heißt. Im Kindergarten heißen alle Eltern so wie ihre Kinder.«

»Und das, obwohl du sehr schlau bist!«, ergänzte Timo, der immer noch sehr in seiner *Fuchs-gleich-schlau-Logik* steckte.

»Also Kinder, erst einmal hat der Nachname einer Person nichts mit deren Eigenschaften zu tun. Man kann also beliebig schlau oder weniger schlau sein, egal ob man Fuchs heißt, oder nicht. In meiner Grundschulklasse gab es zum Beispiel einen Jungen, der hieß *Klein*, war aber mit Abstand der Größte in der Klasse«, erklärte Max,

»Wenn zwei Erwachsene heiraten, nimmt oft der eine den Namen des anderen an, sodass beide den gleichen Nachnamen tragen. Wir haben das nicht gemacht. Karina gab es damals nämlich schon und die hätte ihren Namen nicht einfach so mit ändern können. Hätten wir dann beide meinen Namen genommen, hätte sie anders geheißen als ihre Eltern, und das wollten wir nicht. Wenn wir aber beide den Namen eurer Mutter genommen hätten, hieße ich *Max Fuchs* und das klingt blöd. Welcher Mensch will schon einen Zungenbrecher als Namen haben? Also haben wir beide unseren ursprünglichen Namen behalten.«

Ich erinnere mich noch sehr gut an die Zeit, als Max in unser Leben kam. Ich war acht, als meine Mutter ihn kennenlernte, und zehn, als er bei uns einzog und sie geheiratet haben. Ich hatte oft befürchtet, unterzugehen oder deren Beziehung nur im Wege zu stehen. Aber nach ein paar anfänglichen Schwierigkeiten hat alles sehr gut geklappt. Max und ich verstanden uns immer besser, inzwischen behandelt er mich wie eine eigene Tochter und ist für mich wie ein Vater geworden. Wir haben alle einen Weg gefunden, als Familie zusammen zu wachsen. Spätestens seit der Geburt der Zwillinge unterscheidet uns kaum noch etwas von anderen Familien.

Mein biologischer Vater ist noch vor meiner Geburt abgehauen – mehr weiß ich nicht über ihn und ich habe auch nie ein Foto gesehen. Es bringt nichts, nachzufragen, das habe ich schon früh festgestellt. Irgendwie ist das ein Tabu-Thema bei uns im Haus. Wenn es jemand anspricht, werden alle immer ganz still und wehmütig. Irgendetwas muss damals vorgefallen sein …

Zu der Familie von meinem Erzeuger haben wir dementsprechend ebenfalls keinen Kontakt (ich weiß über sie absolut gar nichts). Meine Mutter ist ein Einzelkind, ich habe also keine Tanten, Onkel, Cousins oder Cousinen. Der Vater meiner Mutter, mein Opa, ist schon länger verstorben und ihre Mutter, meine Oma, wohnt hier bei uns (oder wir bei ihr, das weiß ich ehrlich gesagt nicht so genau …).

Ich habe noch ein paar entfernte Verwandte, denen ich jedoch nur vor ein paar Jahren auf dem 70. Geburtstag meiner Oma begegnet bin. (»Oh, Karina, du bist aber groß geworden«, sagten alle möglichen Leute zu mir, die ich bis dahin nicht kannte und auch nicht weiter kennengelernt habe.)

Es gibt dann noch die Familie von Max. Seine Eltern und seine Schwester wohnen in Hamburg, was nur wenige Stunden entfernt ist. Zu denen, die noch mit Max verwandt sind, haben wir eigentlich keinen Kontakt. Aber wir sind auch ohne viele Verwandte glücklich und zufrieden und mit Mutter und Oma bin ich nicht sonderlich anders aufgewachsen als Kinder mit Mutter und Vater.

Ich wünsche dir auch noch ein schönes Wochenende und viel Spaß mit deinen Großeltern.

Liebe Grüße
Karina

***

Hallo schlauer Fuchs,

danke für deinen Brief. Bei uns war heute so viel los und ich habe die Zeit mit meinen Großeltern genossen, deshalb komme ich erst jetzt zum Schreiben. Sie bleiben noch eine Woche bei uns und machen dann noch Urlaub. Die Zeit wird bestimmt schnell vergehen.

Es tut mir leid, dass du deinen leiblichen Vater nie kennengelernt hast. Ich stelle es mir schwierig vor, nichts von ihm zu wissen. Aber es ist doch gut, dass Max bei euch ist und er ein so guter Vater für dich ist.

Ich weiß nicht, ob ich das nur sagen kann, weil ich meine beiden leiblichen Eltern kenne und bei mir habe, aber ich finde, Familie bedeutet nicht unbedingt nur, dass alle miteinander genetisch verwandt sein müssen, sondern eine Familie besteht aus Liebe. Meine Tante und mein Onkel haben zum Beispiel ihre zwei Kinder adoptiert. Die beiden waren für mich nie weniger meine richtigen Cousins, als wenn sie ihre biologischen Kinder wären.

Vielleicht hast du irgendwann einmal die Möglichkeit, deinen leiblichen Vater kennenzulernen und herauszufinden, was passiert ist. Du musst aber natürlich selbst entscheiden, ob du das möchtest, und deine Mutter müsste bereit sein, dir die Geschichte zu erzählen.

Nachdem wir gestern den Tag mit einem Strandspaziergang beendet hatten, haben wir heute nach dem Frühstück im Garten gleich wieder einen Spaziergang gemacht. Wir waren acht Personen mit Hund, und die Zwillinge können noch nicht so lange Strecken laufen. Also hatten wir einen Bollerwagen, in dem die beiden neben zwei Picknickdecken und einem großen Picknickkorb saßen.

Vorneweg lief Bo und war bei so vielen Menschen ganz aufgedreht. Danach kamen meine Oma und ich, Jonah und mein Opa, meine Mutter und mein Vater, der die Zwillinge zog. Ich glaube, wir sahen aus wie eine Karawane.

Die meisten Wege bei uns sind relativ schmal, sodass wir teilweise nicht mal zu zweit nebeneinander herlaufen konnten. Dazu waren wir alle sehr laut, weil wir geredet und gelacht haben.

Ich wohne in einem kleinen Dorf und da fällt man schon auf, wenn man sich zu acht ein Eis kaufen geht. Nach dieser kleinen Wegzehrung sind wir noch ziemlich lange spazieren gegangen und haben nach fast zwei Stunden ein schönes Plätzchen am Meer gefunden und dort gepicknickt.

Der Rückweg zog sich etwas in die Länge, weil Fria und Loki müde waren und unser Bollerwagen zum Schlafen nicht so gut geeignet war. Jonah hatte ebenso keine Lust mehr, denn sein Fußball lag zu Hause und ein paar Stunden ohne Ball sind für ihn kaum auszuhalten.

Wieder zurück waren wir alle sehr erschöpft. Bis auf die Zwillinge, für die der Bollerwagen dann doch bequem genug zum Schlafen gewesen war, und Jonah, der nun endlich wieder seinen Ball hatte.

Jetzt liege ich hier in der Hängematte und habe endlich Zeit, dir zu schreiben. Rate mal, was wir jetzt machen – natürlich wieder Essen. Wer hätte das gedacht?

Ist bei euch ein kleiner Familienausflug auch immer so aufregend? Also ich kann mir bei deinen Geschwistern gut vorstellen, dass sie bestimmt irgendetwas Lustiges anstellen.

Bis bald
Indie

P.S. Ich heiße übrigens *Wilson* mit Nachnamen – das ist leider keine Tierart. Aber in Kanada hatten wir ein Nachbarshund, der *Wilson* hieß und auch sehr schlau war. ;)

✳✳✳

Hallo schlauer Hund,

weißt du, was ich richtig unfair finde? In Fächern wie Deutsch wird uns die ganze Zeit gesagt, dass wir keine langen, verschachtelten Sätze schreiben sollen. Und dann haben wir Geschichte oder Philosophie und lesen irgendwelche Texte von Leuten wie Kant, die Sätze schreiben, die über einen ganzen Absatz gehen. Wieso dürfen die das und wir nicht?

Deiner Ansicht über Familie kann ich nur zustimmen. Familie besteht aus deutlich mehr als Verwandtschaft. Mit meinem biologischen Vater ist es nur leider nicht so einfach. Ich weiß nicht, ob ich ihn kennenlernen wollen würde, schließlich hat er sich mein ganzes Leben nicht für mich interessiert und meine Mutter alleine gelassen, als sie schwanger war.

Man könnte sagen, dass er schließlich mein Vater ist, aber was ist das für ein Vater, der seine Familie im Stich lässt? Ich würde schon gerne wissen, was damals vorgefallen ist. Aber ich möchte auch keinen dazu drängen, irgendetwas zu erzählen. Vielleicht erfahre ich das einmal …

Euren Familienausflug kann ich mir sehr bildlich vorstellen. Das war bestimmt witzig. Bei uns läuft das meistens etwas ruhiger ab, obwohl Linda und Timo auch ordentlich Schwung in die Sache bringen (indem sie zum Beispiel nach einem Abstecher zu einem kleinen Spielplatz in die falsche Richtung laufen …).

Wir haben seit heute ein neues Mädchen in der Klasse. Sie heißt Luna Pelzer. Und ob du's glaubst oder nicht, sie ist das Mädchen aus dem Auto von meinem kleinen Fahrradunfall am Freitag. Sie ist mit ihren Eltern neu hergezogen und wohnt jetzt in der Kleinstadt, in der ich zur Schule gehe.

Sie sitzt neben mir, was bei keinem von uns für Begeisterung gesorgt hat. Luna hat mich erst einmal eine Weile nachdenklich angeguckt, scheinbar hatte sie überlegt, woher sie mich kannte.

»Ach, du warst doch die, die zu blöd war, Fahrrad zu fahren«, sagte sie, als ihr die Erleuchtung kam.

»Da war ein Reh!«, verteidigte ich mich.

»Ach so, ja klar«, meinte Luna ironisch, »deshalb fällt man auch hin und bleibt mitten auf der Straße liegen.«

Ich hatte keine Lust, ihr das weiter zu erklären, und drehte mich weg. Den restlichen Schultag wechselten wir kein Wort mehr miteinander.

Später hatte ich rhythmische Sportgymnastik. Auch wenn wir mit der Team-Choreo (mit Reifen) noch ziemlich weit am Anfang stehen, nimmt das Ganze langsam Form an. Am Ende muss alles synchron sein, aber noch arbeiten wir daran, dass wir die Figuren überhaupt irgendwie hinbekommen, ohne uns dabei allzu oft gegenseitig im Weg zu stehen oder unsere Reifen aneinanderschlagen zu lassen.

Nach dem Training habe ich mal wieder festgestellt, was Sport für eine positive Auswirkung auf mich hat.

Am Mittag war ich wegen der Situation mit Luna noch ziemlich frustriert. Aber dann war ich eine Runde Laufen und hatte RSG. So bin ich auf andere Gedanken gekommen und war hinterher zwar erschöpft, aber glücklich.

Wie es mit Luna weitergeht, wird sich zeigen. Langfristig kann das so jedenfalls nicht wirklich funktionieren. Doch vielleicht sind es auch nur anfängliche Probleme ...

Du fehlst mir.
Karina

✳✳✳

Liebe Karina,

kennst du mich noch? Ich habe dir schon etwas länger nicht geschrieben, aber in dieser Woche ist ziemlich viel passiert. Auch wenn das jetzt nur ein paar Tage ohne Briefwechsel waren, kommt es mir schon ewig vor.

Gestern hat es hier ziemlich stark geregnet, sodass man bei kurzem Verlassen des Hauses schon bis auf die Knochen nass wurde. Das ist typisch für die Nordsee. Wenn es regnet, dann richtig doll, und es ist megawindig, sodass auch Regenschirme nicht helfen.

Wir haben auch schon einmal eine Sturmflut miterlebt und hatten echt Glück, dass unser Haus noch weit genug vom Strand entfernt war. Andere Häuser hat es

schlimm getroffen, denn Teile der Deiche waren überschwemmt …

An dem Regentag haben wir viel gebacken. Meine
Oma kann das sehr gut, wie fast alle Omas, aber meine
Oma ist für mich die beste. Am allerliebsten mag ich ihre
Pancakes mit echtem kanadischen Ahornsirup.

An den anderen Tagen sind wir natürlich spazieren
gegangen und einmal auch etwas weiter in die nächst-
größere Stadt gefahren.

»Was würdest du tun, wenn du keine Angst hättest?«
Über diese Frage sollten wir heute im Deutschunterricht
einen Aufsatz schreiben, und ich dachte, es wäre ganz
spannend, sich mit dir darüber auszutauschen.

Ich würde gerne fliegen. Da wir Menschen das ohne
Hilfsmittel jedoch nicht können, würde ich gerne Paragliden. Ich stelle mir das unfassbar vor, wie ein Vogel zu
fliegen und ohne Motor die Welt aus einer anderen Perspektive zu sehen. Leider habe ich Flugangst, was die
Sache etwas schwieriger macht. Das ist echt unpraktisch, da meine zweite Heimat Kanada ist und ich gerade
in Deutschland lebe.

Das erste Mal, das ich geflogen bin, war von Kanada
nach Deutschland. Ich war damals sieben Jahre alt und
der lange Flug ist mir in keiner guten Erinnerung
geblieben.

Ich kann mich erinnern, dass ich die ganze Zeit Angst
hatte und in einem Panikzustand war. Zum Glück konnten mich meine Eltern zwischendurch ein wenig ablen-

ken, doch das Einzige, was wirklich half, war wieder sicheren Boden unter den Füßen zu haben.

Auch wenn es keine gute Idee ist, jemanden mit starker Flugangst noch einmal fliegen zu lassen, sind wir, als ich elf war, wieder nach Kanada geflogen. Dieses Mal war ich besser vorbereitet und hatte von Anfang an Beruhigungstabletten dabei, die ich echt gebraucht habe. Obwohl ich gehofft hatte, dass meine Flugangst nicht erneut so schlimm werden würde. Ich hatte mich davor damit auseinandergesetzt und am Boden erkannt, dass das Fliegen mit einem Flugzeug sehr sicher ist.

Aber sobald wir abgehoben waren, wurde ich völlig irrational und alles, was ich vorher über Flugzeuge gelernt hatte, war für mich total unwichtig. Mein einziger Gedanke war, dass so ein großes, fliegendes Etwas nur abstürzen konnte, obwohl ich wusste, dass das nicht der Fall war. So hatte ich den ganzen Flug über Angst und die Beruhigungstabletten haben leider nur wenig geholfen.

Nach ein paar schönen Wochen in Kanada, kam der Zeitpunkt, an dem wir wiederzurückmussten, und glaube mir, ich wäre lieber geschwommen, als noch einmal in dieses Flugzeug einzusteigen. Doch ich hatte keine Wahl, denn mit dem Schiff hätte es mehrere Wochen gedauert. Der Rückflug sah genauso aus wie die anderen Flüge, irgendwie habe ich es aber überstanden.

Seit dem bin ich nicht mehr geflogen und eigentlich möchte ich daran auch nichts ändern, zumal das Fliegen auch echt schlecht für die Umwelt ist. Jetzt sind die

Zwillinge schon ein bisschen älter und eigentlich wäre es echt schön für die beiden, wenn sie auch mal nach Kanada könnten. Doch wenn sich in meinem Kopf nichts ändert, steige ich nie wieder in ein Flugzeug ein und lasse die anderen alleine fliegen.

Trotzdem stelle ich mir Fliegen schön vor und Paragliden erst recht, weil ich dann so frei wie ein Vogel wäre. Wenn ich irgendwann mal keine Angst haben sollte, dann würde ich gerne selbst fliegen. Am besten wäre es, wenn ich Fria und Loki Kanada zeigen könnte, also vielleicht erfinde ich vorher noch das Beamen. ;)

Irgendwann möchte ich auch gerne eine Weltreise (mit der Bahn) machen und neue Landschaften und neue Kulturen kennenlernen. Wenn ich mutig genug wäre, würde ich dabei gerne einen Dokumentarfilm drehen, genauso wie Jane Goodall. Sie hat ihn zwar nicht selbst gedreht, aber sie hat die Affen beobachtet. Das stell ich mir toll vor.

Da gibt es auch noch vieles mehr, was ich voll cool fände, aber jetzt habe ich erst einmal genug über mich geredet … Nun fände ich es spannend zu erfahren, was du machen würdest, wenn du keine Angst hättest. Natürlich nur, wenn du das erzählen möchtest.

Aber eigentlich sind viele Ängste gar nicht schlimm und genau wie Fehler, sind sie sehr wichtig und können uns weiterbringen, schützen uns oder lassen uns aus unserer Komfortzone hinauskommen. Wenn die Menschen in der Steinzeit vor dem berühmten Säbelzahntiger keine Angst gehabt hätten, hätten sie nicht überlebt. So können uns auch heute noch manche Ängste schützen.

Das mit Luna ist ja echt nervig …

Ich kenne auch manche Menschen, die ich am Anfang nicht sehr sympathisch fand. Luna hat dir aber nicht einmal die Chance gegeben, sie nett zu finden, weil sie auf dich so blöd reagiert hat. Ihr werdet euch mit der Zeit bestimmt besser verstehen. Und wenn nicht, da hast du recht, kann man ja auch nicht alle nett finden.

Wenn wir uns wiedersehen, musst du mir unbedingt eine Choreo von deiner Rhythmischen Sportgymnastik vorführen. Ich bin sehr gespannt, wie das genau aussieht.

Liebe Grüße
Indie

P.S. Mir ist gerade noch eingefallen, dass ich dich einmal fragen wollte, worauf du dich freust, wenn das Wetter schön ist und es nicht regnet.

Was ist deine liebste Jahreszeit? Ich liebe den Frühling, weil alles so schön blüht. :) Und du?

***

Liebe Indie,

natürlich kenne ich dich noch, dich vergesse ich nicht so schnell. :) Wobei mir die vergangenen Tage auch schon sehr lang vorgekommen sind.

Unser Wetter ist nicht viel überzeugender als eures, aber das wird bestimmt bald wieder besser. Die Felder um uns herum freuen sich dagegen, da es nach der Trockenheit in den letzten Tagen jetzt endlich wieder regnet.

Bei schönem Wetter freue ich mich besonders darauf, draußen Sport zu machen, alleine laufen zu gehen oder mit dem Leichtathletikteam auf dem Sportplatz zu trainieren.

Linda und Timo sind richtige Regenfans (leider – ich muss dann nämlich oft mit hinaus). Die beiden ziehen sich Gummistiefel an und lassen keine Pfütze aus. Ich finde es beeindruckend, wie sich Kinder so einfach an solchen kleinen Dingen (die viele andere Leute sonst nur ärgern) erfreuen können. Deshalb will ich ihnen den Spaß nicht nehmen und komme gerne mit.

Meine Lieblingsjahreszeit ist der Winter, aber nur, wenn Schnee liegt: wenn draußen alles weiß ist, die Sonne über den Schnee glitzert, man mit rosigen Wangen nach Hause kommt, eine heiße Schokolade trinkt und warme, frischgebackenen Kekse isst …

Doch leider sieht der Winter bei uns in der Regel anders aus. Alles ist grau, dunkel und höchstens matschig. Dann mag ich den Winter nicht mehr so gerne.

Alternativ finde ich den Frühsommer sehr schön: wenn man draußen wieder alles machen kann, keine Jacke mehr braucht und ein leichter Wind durch die Haare weht.

Am beeindruckendsten ist für mich der Frühling, wenn nach dem langen, grauen Winter alles wieder grün erstrahlt und überall die bunten Blumen auftauchen.

Eine Sturmflut stelle ich mir ziemlich gruselig vor. Da sieht man mal, was das Meer selbst bei uns in der Region für Kräfte haben kann. Ich habe schon Angst, wenn es bei einem Sturm in den Bäumen knackt. Wobei das bei euch im Wald bestimmt noch extremer ist, bei uns findet man nämlich für gewöhnlich nicht mehr als eine Hand voll Bäume auf einem Fleck.

Da sind wir auch schon beim Thema Angst. Deine Flugzeuggeschichte klingt echt horrorvoll. (Ist das ein Wort? Wenn nicht habe ich es hiermit erfunden.) Es muss schrecklich sein, mehrere Stunden mit der Angst gefangen zu sein, wenn man nichts tun kann, um aus der Situation zu kommen, außer abzuwarten.

Ich habe keine Flugangst, nur bei etwas stärkeren Turbulenzen, finde ich es gruselig. Normalerweise kommt mir ein Flugzeug jedoch sehr sicher vor. Im Gegensatz zu einem Paraglider. Man ist zwar nicht so hoch, doch dafür hängt man mitten in der Luft ohne Boden oder wenigstens einem festen Sitz unter einem. Außerdem scheint ein Paraglider weniger stabil und es hängt viel mehr von dem einzelnen Menschen ab. Bei einem großen Passagierflugzeug machen schließlich Autopiloten sowie unterstützende Maschinen und Softwares einen großen Teil des Fliegens aus.

Ich war noch nie in einem anderen Kontinent als Europa. Irgendwann möchte ich einmal auf die Südhalbkugel. Ich stelle es mir witzig vor, wenn vieles plötzlich anders ist, als man es gewohnt ist: wenn die Sonne im Norden steht, es im Winter warm ist oder es immer kälter wird, wenn man nach Süden kommt.

»Was würdest du tun, wenn du keine Angst hättest?« Das ist doch mal ein cooles Thema für einen Deutschaufsatz, auch wenn es ziemlich persönlich ist. (Ich wüsste nicht, ob ich das in der Schule jemandem zeigen wollen würde.) Mit dir kann ich jedoch gut darüber reden.

Ich würde sagen, Angst ist neben Faulheit und Motivationsmangel wohl mit der häufigste Grund, weshalb wir etwas nicht tun. Na ja, die Angst warnt vor dem Risiko, insofern schützt sie uns vor Leichtsinnigkeit, was uns in dem einen oder anderen Moment das Leben rettet.

Aber auf der anderen Seite gibt es Ängste, die uns abhalten, etwas zu tun, uns allerdings aus der Komfortzone bringen, wenn wir uns ihnen stellen. Aber da frage ich mich: Hätten wir ohne Angst überhaupt noch eine Komfortzone, aus der es sich lohnen würde herauszukommen? Die Frage ist vielleicht sehr hypothetisch, jedoch denke ich mir oft genug, dass Ängste einfach nur im Weg stehen – wie Bretter, die als kleiner oder größerer Käfig um uns herum gebaut sind.

Doch du hast recht, mit der Angst verhält es sich ähnlich wie mit Fehlern. Für Ängste sollte man sich genauso wenig schämen wie für Fehler. Alle machen Fehler und genauso hat jeder Mensch sinnvolle und weniger sinnvolle Ängste, manche mehr, manche weniger. Man sollte seine Ängste akzeptieren, durch Verdrängung werden sie nämlich nicht besser.

Ich denke, wenn man lernt, mit seinen Ängsten umzugehen, kommt man ziemlich gut durchs Leben. Man sollte die Angst berücksichtigen und dann mit möglichst kühlem Kopf entscheiden, ob man auf sie hört oder den Mut fasst, sie zu überwinden.

Der griechische Philosoph Demokrit hat einmal gesagt (oder geschrieben): »Mut steht am Anfang des Handelns, Glück am Ende.« Ich finde das sehr passend. Oft ist Mut einer der entscheidenden Schritte auf dem Weg zum Glück: Mut, zu sich selbst zu stehen, Mut, das zu ändern, was uns nicht gefällt, Mut, das zu tun, was uns glücklich macht.

Manchmal muss der Mut vielleicht nur für einen kurzen Moment ein kleines Stücken größer sein als die Angst und dann wächst er mit jedem weiteren Schritt. Vielleicht ist es mit der Angst wie mit Schnupfen: Es ist eine gute – wenn auch lästige – Reaktion des Körpers, aber kann wie bei Allergien in Form einer Phobie übertrieben und hinderlich sein. Wovor schützt einen auch eine Phobie?

Ich habe irgendwie nie verstanden, warum wir Phobien haben. Man hat unfassbare Angst, obwohl man genau weiß, dass die Situation absolut harmlos ist. Doch dann habe ich vor ein paar Monaten gelesen, dass Phobien als unlogische Ängste definiert sind. Ich finde, das erklärt es irgendwie.

Was würde ich also machen, wenn ich keine Angst hätte? Es finge schon bei recht alltäglichen Dingen an. Ohne Angst würde ich mir weniger Gedanken machen und mehr auf andere Leute zugehen. Wahrscheinlich wäre ich auch weniger »das brave Mädchen, das in der Ecke sitzt und Hausaufgaben macht«. (Zitat eines Jungen aus meiner Klasse, mit dem ich fast gar nichts zu tun habe. Dabei finde ich das ein bisschen übertrieben, aber wahrscheinlich bin ich die Einzige in meinem Jahrgang, die überhaupt ab und an irgendwo alleine sitzt.) Ich denke, das kommt daher, dass ich vor allem mit meinen Freundinnen rede, sodass mich andere vielleicht als ruhig und still wahrnehmen.

Ich habe nicht wirklich Angst davor, andere anzusprechen, aber ich weiß nie, was ich sagen soll. Es gibt Leute, die wesentlich mehr Selbstvertrauen haben als ich. Ich finde es sehr bewundernswert, wenn Menschen einfach sagen, was sie gerade sagen wollen (natürlich ohne jemanden zu verletzen), und mit jedem reden, wie sie gerade lustig sind. Dabei sollte es eigentlich kein Problem sein, das zu tun. Es wird einen schon niemand ablehnen und man hat genauso ein Existenz- und Präsensrecht wie alle anderen auch. In der Regel ist die Person, die einem am meisten im Weg steht, man selbst.

Als Aktion, die ich machen würde, wenn ich keine Angst hätte, würde mir spontan eine Segeltour über die Weltmeere einfallen. Es wäre mir jedoch nicht so wichtig, dass es sich lohnen würde, dafür die Angst zu überwinden. Ich glaube nämlich, wenn einem etwas wirklich wichtig ist, dann schafft man es auch, den Mut dafür zu finden. Egal, worum es geht.

Deine Idee mit dem Dokumentarfilm klingt auch sehr interessant. Solltest du das einmal machen, komme ich gerne mit, wenn du möchtest. Zu zweit haben wir bestimmt noch mehr Mut, Energie und kreative Einfälle.

Das Thema Angst ist wirklich sehr vielschichtig, es gibt einfach jede Menge dazu zu sagen. Zunächst möchte ich jedoch damit abschließen, dass ich finde, dass Angst einfach deutlich offener und toleranter behandelt werden sollte. Das würde vielen Ängsten wahrscheinlich schon einmal den Wind aus den Segeln nehmen.

Rhythmische Sportgymnastik kann ich dir bei der nächsten Gelegenheit gerne vorführen. Mir macht es immer wieder sehr viel Spaß. Besonders toll finde ich dabei die Kombination aus Sport und Musik als alternative Ausdrucksweise.

Außerdem habe ich festgestellt, dass ich auf den RSG-Matten oder mit Fagott an den Lippen ein deutlich höheres Selbstbewusstsein habe. Ich weiß auch nicht, woran das liegt. Es ist einfach so, als ob dann nur die starke Seite aus mir spricht (oder ein besseres Bild: alle

Seiten an einem Strang ziehen). Vielleicht macht das die Sicherheit, die dadurch entsteht, dass alles, was ich machen muss, in den Noten steht, bzw. in der Choreo fest vorgeplant ist. Ich muss keine eigenen, spontanen Entscheidungen treffen und kann mich somit nicht *falsch* entscheiden (wobei Fehler und *falsche* Entscheidungen ja nicht so schlimm wären).

Ich hoffe, die Pancakes haben geschmeckt.

Karina

***

Hallo Karina,

meine Großeltern sind heute wieder nach Kanada zurückgeflogen. Ich wollte dir so oft antworten, aber dann kam immer etwas dazwischen. So schnell werde ich sie nicht wiedersehen. Außer wir fliegen zu ihnen. Da sind wir schon wieder beim Thema Angst.

Ich finde dein Bild zu Phobien sehr treffend. Ein einfacher Schnupfen ist nicht so schlimm, ein Heuschnupfen ist aber ziemlich lästig und hinderlich und so ist das mit einer Phobie auch.

Ich kann das gut nachvollziehen, was du erzählt hast. Mir fällt es auch schwer, fremde Menschen anzusprechen. Mit Personen, die ich gut kenne, ist das kein Problem, aber sonst bin ich eher schüchtern.

Ich habe mal eine Zeit lang Theater gespielt, das ging sogar ganz gut. Aber nur, weil ich eine andere Rolle gespielt habe und der Text vorgegeben war. Aber ein Referat in der Schule zu halten, fiel mir gerade am Anfang noch schwer. Einmal hatte mich meine Lehrerin gefragt, wieso ich Theater vor vielen Leuten vorspielen konnte, aber bei einem Referat in der Klasse so unsicher war. Das war mir so unangenehm, dass ich knallrot wurde. Sie hatte den Unterschied irgendwie nicht verstanden.

Hätten wir keine Komfortzone, wenn wir keine Angst hätten? Vielleicht nicht, weil die Komfortzone erst durch die Angst entsteht. Trotzdem ist es auch gut, eine Komfortzone zu haben, denn wenn man sie mal verlässt, wächst man über sich hinaus. Es geht, glaube ich, nicht unbedingt darum, keine Angst zu haben, sondern der Angst nicht das Steuer zu überlassen. Sie darf dabei sein, sollte aber auf der Rückbank oder im Kofferraum sitzen. Manchmal muss man sich entscheiden, nicht auf die Angst zu hören, sondern dem Mut zu folgen.

Entscheidungen finde ich oft nicht einfach zu treffen und da sind wir schon beim nächsten großen Thema. Das fängt schon bei den kleinsten Dingen an:

Soll ich meine Überschrift blau oder grün unterstreichen oder lieber gar nicht? Ganz oft denke ich bei Entscheidungen viel zu sehr daran, was andere von mir denken könnten, wenn ich diese oder jene Entscheidung treffe. Vor allem bei Entscheidungen, die wichtiger sind als die Farbe der Überschrift. Aber meistens ist man sowieso die einzige Person, die sich darüber Gedanken macht.

Vielleicht haben wir auch zu sehr Angst vor falsche Entscheidungen. Aber wer entscheidet eigentlich, welche Entscheidung richtig oder falsch ist?

Man kann sich das Leben auf verschiedene Arten und Weisen vorstellen. Ich sehe es gerne als einen großen Wald mit vielen Wegen. Am Anfang sind alle noch auf dem gleichen Weg, doch mit jeder Entscheidung, die man trifft, betritt man einen neuen. Entweder ist er schon breitgetreten oder noch ganz unberührt.

Und jeder neue Schritt eröffnet wieder Zugang zu neuen Wegen. Man kann sich im Kreis drehen, vor- oder zurückgehen, langsam oder schnell, das ist eigentlich egal, denn jeder Baum, an dem man vorbeikommt, und jeder Weg, den man betritt, ist wunderschön und einzigartig. Manchmal ist ein Weg schwierig zu gehen, da er voller Gestrüpp und Ästen ist, weil ihn noch niemand gegangen ist. Aber wenn man erst einmal ein Stück geschafft hat, sieht man, wofür man es gemacht hat. Außerdem führen viele Wege zum Ziel. Es muss nicht immer geradeaus gehen. Über Umwege und Biegungen sieht man viel mehr vom Wald.

(Achtung, Themensprung) Ich stell mir das auch lustig vor, einmal auf der Südhalbkugel zu sein, weil vieles anders ist, als man es kennt.

Ich wünsche dir eine schöne neue Woche und freue mich, von dir zu hören. :)

LG
Indie

P.S. Den Dokumentarfilm können wir gerne gemeinsam drehen. So macht es bestimmt noch viel mehr Spaß.

✳✳✳

Hallo Indie,

ich habe mich sehr über deinen Brief gefreut, ich hatte schon angefangen, dich zu vermissen. Aber wenn du mal nicht dazu kommst, so schnell zu antworten, ist das auch okay, mach dir keinen Stress. :)

Was du zum Theater meintest, kann ich sehr gut nachvollziehen. Ich spiele zwar selbst nicht, aber mir ist aufgefallen, wie manche Leute auf der Bühne richtig über sich hinauswachsen und als eine andere Person selbstbewusster auftreten.

Ich finde auch sehr interessant, dass man schon beim Verkleiden teilweise zu einer anderen Person wird. Das ist mir besonders aufgefallen, als ich Linda und Timo von ihrer Faschingsparty im Kindergarten abgeholt habe. Die Pirat*innen waren zum Beispiel etwas wilder als sonst und die Prinzen und Prinzessinnen ruhiger und feiner.

Zum Thema Angst hätte ich noch eine etwas längere Geschichte aus meiner Kindheit zu erzählen: Wie die Angst und die Angst vor der Angst auf einmal mein Leben bestimmten.

Ich war neun und in der dritten Klasse. Max war gerade bei uns eingezogen und die Hochzeit von ihm und meiner Mutter stand in Planung. Für mich war das eine große Umstellung. Meine Mutter war sonst immer alleine, seit dem Tod meines Opas hatten wir keinen Mann mehr im Haus. Natürlich freute ich mich für sie, aber es veränderte sich dadurch viel für mich.

Ich fühlte mich oft allein und vermisste die ruhigen Abende nur mit meiner Oma und meiner Mutter. Es war einfach nicht mehr so wie früher. Oft machte ich mir Vorwürfe, dass ich manchmal so dachte. Als einziges Kind stand ich jedoch sehr im Fokus und die Erwachsenen sorgten sich. Niemand wollte, dass ich durch Mamas neuen Freund vernachlässigt würde.

Es war trotzdem nicht einfach. Ich verstand mich zwar gut mit Max, aber es ging einfach so schnell. Ich starrte viel in der Gegend herum und war oft mit den Gedanken ganz woanders. Mit der Zeit ging es mir immer schlechter. Es war, als hätte ich ein drückendes Vakuum in mir. Ich konnte das Gefühl nicht benennen und dachte am Anfang, ich hätte nur einen schlechten Tag.

Wenige Wochen später jedoch geschah etwas, was mehr als nur ein schlechter Tag war: Wir schauten mit der Klasse gerade einen Film. Verkehrsunfall. Quietschende Bremsen. Unruhig saß ich auf meinem Platz. Ich bekam Herzklopfen und begann zu hyperventilieren. Meine Hände waren verschwitzt. Ich fasste auf den Tisch und ein handförmiger Schweißabdruck blieb dort zurück. Ich wusste nicht wieso, oder wovor, aber ich hatte Angst. Ziemlich doll sogar. Ich wusste nicht, was mit mir passierte, und das verstärkte die Angst weiter.

Mir wurde schwindelig und das Bild verschwamm vor meinen Augen.

»Alles okay?«, fragte mich meine damalige beste Freundin, die neben mir saß.

Die Stimme klang, als wäre sie weit entfernt. Ich konnte nur stumm den Kopf schütteln. Sie wusste nicht, was sie machen sollte und ich konnte ihr das auch nicht sagen, also blieben wir erst einmal sitzen. Als die Stunde zu Ende war, gingen wir hinaus und es wurde langsam besser.

Später stellte ich fest, dass ich mich absolut nicht an das Ende des Films erinnern konnte. Ich wusste nicht einmal, ob wir ihn überhaupt zu Ende geguckt hatten. Das war schon ein bisschen gruselig.

Der Moment steckte mir noch länger in den Knochen und ich hatte Angst, dass das noch einmal passiert. Das ist auch passiert, mal schlimmer, mal weniger schlimm. Von Mal zu Mal vergrößerte sich meine Angst, dass es wieder passieren würde. Und mit zunehmender Angst kam das immer öfter vor. Ein Teufelskreis. Mir ging es immer schlechter, bis ich irgendwann nur noch mit dieser Angst beschäftigt war.

In deinem Bild, in dem die Angst im Auto entweder vorne oder im Kofferraum ist, saß sie zu der Zeit am Steuer und ich hatte viel damit zu tun, dafür zu sorgen, dass mein Auto nicht gegen einen Baum fuhr.

So ging das ein paar Wochen, dann merkten meine Eltern und Lehrkräfte, dass etwas nicht stimmte. Ich erfuhr, dass es sich um Panikattacken handelte und dass die Angst vor diesen – die Angst vor der Angst – mir das Leben auch zwischen den Panikattacken schwer machte.

Allein zu wissen, was das Problem war und dass man dagegen etwas machen konnte, hat mir schon sehr geholfen. Die Panikattacken kamen seltener und waren nicht mehr so schlimm. Ich war ein paar Mal bei einem Kindertherapeuten, der mir ein bisschen was mit auf den Weg gegeben hat. Von dort an wurde es nur noch besser.

Die Familiensituation mit Max hatte sich ziemlich bald auch eingependelt. Wir haben einen guten Weg gefunden, ein gemeinsames Leben zu führen. Meine Mutter und Max heirateten. Er wurde für mich der Vater, den ich nie hatte. Schließlich kam die Geburt der Zwillinge, wodurch wir noch mehr als Familie zusammengewachsen sind.

Ich lernte ziemlich schnell, wie man die Angst vom Steuer auf die Rückbank setzt. So kann man sie ohne Probleme überall mit hinnehmen, gibt ihr aber nie die Kontrolle.

Natürlich gab es in den Monaten und Jahren danach immer wieder Rückschläge, so schlimm wie zu der Zeit wurde es jedoch nie wieder. Jetzt bin ich vielleicht, was Angst angeht, etwas empfindlicher als andere, aber dafür habe ich gelernt (lernen müssen), damit umzugehen, was mich nun, sieben Jahre später, stark macht.

Ich finde das ist eine schöne Aussage von dir: »Manchmal muss man sich entscheiden, nicht auf die Angst zu hören, sondern dem Mut zu folgen.« Mutige Leute haben auch Angst, überwinden diese aber. (Wobei man immer darauf aufpassen sollte, dass es keine Angst vor einem Säbelzahntiger ist, auf die sollte man besser hören. Schließlich ist Mut etwas anderes als Leichtsinn.)

Wenn Held*innen in Büchern und Filmen keine Angst hätten, dann wäre ihr Heldentum nicht mehr so bedeutsam. Genauso kann der Mensch mit der größten Angst der größte Held werden.

Bei Entscheidungen kommt es mir manchmal so vor, als wären unwichtige Entscheidungen fast schwieriger zu fällen als wichtige (wie dein Beispiel mit den Überschriften). Es läuft auf das Gleiche hinaus, man muss sich aber trotzdem entscheiden. Glücklicherweise übernimmt unser Unterbewusstsein einen großen Teil der unzähligen Entscheidungen, die wir jeden Tag treffen.

Es gibt aber auch die Entscheidungen, die das Leben verändern. Soll ich die Schule wechseln oder an der alten bleiben? Soll ich später studieren oder eine Ausbildung machen? Soll ich der anderen Person verzeihen, oder hat sie es nicht verdient? Die Liste kann man endlos weiterführen. (Wobei ich finde, dass man sich nach Möglichkeit immer verzeihen sollte.)

Vielleicht sollte man sich darüber auch nicht zu viele Gedanken machen und einfach aus dem Bauch heraus das Beste auswählen. Man muss sich nun einmal für einen Weg entscheiden. Es mag manchmal schwer sein, doch wie du schon meintest, kann man sich in der Regel nicht wirklich falsch entscheiden. Irgendwie führen alle

Wege zum Ziel und wenn einem der Gewählte nicht gefällt, kann man immer noch umkehren oder sich etwas Neues überlegen.

Manchmal frage ich mich, wie sich mein Leben verändert hätte, wenn ich mich vor ein paar Jahren an einer Stelle anders entschieden hätte. Zum Beispiel hätte ich vielleicht, wenn ich damals nicht Fagott gelernt hätte, nie die Liebe zur Musik entdeckt. Das wäre sehr schade gewesen, wobei ich es in diesem Fall natürlich nicht vermisst hätte. Andererseits glaube ich, dass man, egal wie das Leben vielleicht anders gekommen wäre, glücklich sein und sein Leben genießen kann. Es wäre auf eine andere Weise schön, aber nicht unbedingt schlechter.

Irgendwie ist es schon traurig, dass kleine Dinge, wie simple Entscheidungen oder dämliche Ängste jemanden anzusprechen, uns so sehr beschäftigen können. Doch das Leben wäre sonst langweiliger, wenn alles einfach wäre, oder anstrengender, wenn es nur um gravierende Dinge ginge. Da feiert man viel lieber die kleinen Erfolge, wenn man wieder einen Schritt aus seiner Komfortzone gemacht hat.

(Achtung, auch Themensprung) Die Idee, gemeinsam einen Dokumentarfilm (vielleicht auf der Südhalbkugel?) zu drehen, sollten wir behalten. Das stelle ich mir richtig cool vor und es wäre bestimmt eine wertvolle Erfahrung fürs Leben.

Nach ein paar Tagen Schule hat sich die Situation mit Luna immer noch kaum verändert. Wir sitzen nach wie vor nebeneinander und reden dabei so wenig wie möglich. So ganz lässt sich das gegenseitige Ignorieren nicht durchziehen, da es immer wieder Partnerarbeiten gibt oder man im Unterricht einfach aufeinander eingehen *muss*. Ich finde solche Situationen immer blöd. Das Leben wäre viel entspannter, wenn alle immer lieb und nett zueinander wären.

Inzwischen hat Luna Anschluss in der restlichen Klasse und einen Platz in der Klassengemeinschaft gefunden. Sie versteht sich irgendwie mit allen außer mit mir. Ich weiß beim besten Willen nicht, wo ihr Problem liegt oder was ich falsch gemacht habe. Natürlich bin ich auch immer wieder von ihr genervt. Insofern beruht es irgendwie auf Gegenseitigkeit. Trotzdem bin ich mit der Situation im Allgemeinen nicht zufrieden, aber mal schauen, wie sich das weiterentwickelt. Ich bin immer noch zuversichtlich, dass wir irgendwann wenigstens normal miteinander umgehen können (man muss ja nicht mit jedem befreundet sein).

Viele liebe Grüße
Karina

P.S. Was ich dir noch erzählen wollte: Ich spiele ja schon etwas länger Mundharmonika, mein Opa hat es mir beigebracht, als ich ganz klein war. Seit er gestorben ist, habe ich keinen Unterricht mehr, weil ich niemanden kenne, der das machen kann. Also habe ich für mich weiter geübt und habe auch genügend Noten (größtenteils von meinem Opa geerbt), sodass ich weiter vorangekommen bin.

In der vierten Klasse habe ich zuerst mit Oboe angefangen und habe später (in der siebten) auf Fagott gewechselt. Heute habe ich meine Mundharmonika eigentlich immer in der Jackentasche dabei und spiele immer wieder gerne darauf.

Gestern hat Timo meine alte Anfängermundharmonika für sich entdeckt und läuft seitdem die ganze Zeit quer durchs Haus, während er einfach hineinpustet und dabei irgendwelche schrägen Klänge erzeugt. (Er sollte sich mal für Moderne Musik bewerben ...) Ich würde ihm auch beibringen, wie das richtig geht. Ich glaube jedoch, er hat dazu noch zu viel Temperament und zu wenig Konzentration, als dass er sich die Mühe machen würde, die Töne richtig zu treffen.

Na ja, so lasse ich ihm seinen Spaß. Für den Rest der Familie ist es jedoch schon etwas nervig und anstrengend geworden (und Linda findet es blöd, weil Timo mit der Mundharmonika so viel Zeit verbringt und dadurch weniger mit ihr spielt). Ich habe absolut kein Problem damit, es hat noch nie jemand geschafft, mich mit Musik zu nerven. ;) Außerdem ist das ein bisschen wie mit den Pfützen, man sollte die Kinder meiner Meinung nach einfach hineinspringen lassen, wenn sie das wollen. Später werden sie nie wieder so schlicht und einfach ihre Freude an etwas finden, das für andere nur lästig ist.

✳✳✳

Liebe Karina,

danke für deine lange Antwort. :)

Das mit den Panikattacken klingt echt schlimm. So richtig dolle Angst kenne ich nur aus dem Flugzeug und ich kann mir gar nicht vorstellen, solche Panik auch im Alltag zu spüren. Das ist dort natürlich viel präsenter und anstrengender. Ich kann deine Angst vor der Angst verstehen. Trotzdem hat dich die Erfahrung wachsen lassen, denn es ist viel Wert, seine Angst kontrollieren zu können. Denn jede Angst, jede Schwäche und jede Erfahrung machen uns zu dem Menschen, der wir sind. Sie machen uns stärker, genauso wie du das beschrieben hast.

Gestern haben wir mit der Familie über die beweglichen Ferientage einen Ausflug gemacht. Unsere Mission war es, Familienerinnerungen zu schaffen, und dazu gehört laut meiner Mutter auch die Übernachtung in einem Leuchtturm. ;)

Wenn wir alle zusammen wegfahren, ist unser Auto voll beladen. Zudem bin ich die halbe Fahrt damit beschäftigt, die Bedürfnisse der Zwillinge zu stillen (Hunger, Durst, Langeweile ...) und darf mit Jonah grüne Autos zählen.

Schon am Anfang der Fahrt hatten Fria und Loki Hunger und nachdem alles mit Reiswaffeln vollgekrümelt war, wollten sie etwas spielen. Das Highlight kam aber erst. Mitten auf der Landstraße hat unser Auto angefangen, vorne aus der Motorhaube zu qualmen. Wir sind schnell auf den Seitenstreifen gefahren und haben uns mit Warnwesten ins Feld gestellt.

Nach langem Warten kam der Pannendienst und hat unser Auto mitgenommen. Ein Bauer kam mit seinem Traktor und Anhänger vorbei und wir sollten in diesem mitfahren, weil der Pannendienst uns gerade kein passendes Auto zur Verfügung stellen konnte. Also saßen wir mit Sack und Pack im Anhänger des Traktors und tuckerten die Straße entlang. Doch wir waren alle glücklich über diese Situation. Man fährt ja nicht alle Tage in einem Traktor und zusätzlich haben wir noch eine tolle Familienerinnerung geschaffen. ;) Die Nacht im Leuchtturm war auch echt schön. Die Räume waren sehr klein und natürlich rund.

Alles in allem muss ich sagen: »Danke Mama und Papa, das war echt ein schöner Ausflug, den wir nicht so schnell vergessen werden.«

Auf der Rückfahrt hatten wir dann einen Leihwagen. Jetzt steht unser Auto wieder vorm Haus. Es ist halt schon etwas älter …

Ich finde es auch toll, wie sehr sich kleine Kinder über die einfachsten Dinge freuen können. Das ist etwas so Wertvolles und fehlt vielen Erwachsenen. Ich glaube, das Leben ist viel schöner, wenn man es aus der Sicht von Kleinkindern erlebt. Alles ist neu und aufregend. Deshalb bestaune ich jeden Marienkäfer mit den Kleinen und baue für alle Feen ein Haus, springe zehnmal in dieselbe Pfütze und backe die leckersten Sandkuchen. Ich glaube, manchmal würde es allen guttun, noch einmal Kind zu sein und die kindliche Sichtweise dann ins erwachsene Leben mitzunehmen.

Fria und Loki möchten mir jetzt unbedingt die Würmer und Spinnen zeigen, die sie im Garten gesammelt haben. Die beiden lieben sie gerade und wenn man nicht aufpasst, wollen sie sie sogar essen.

Also bis bald
Indie

P.S. Das mit Luna ist wirklich doof. Ich weiß auch nicht, wie ihr euch besser verstehen könntet. Da müssen auch irgendwie beide Seiten beteiligt sein und wenn sie jeglichen Kontakt abblockt, dann wird das schwierig.

Hast du sie schon nach ihren Hobbys oder so gefragt? Vielleicht habt ihr irgendwelche Gemeinsamkeiten …

✳✳✳

Liebe Indie,

wieder ein Brief, juhu!

Es ist wirklich sehr beeindruckend, woran sich kleine Kinder alles erfreuen können. Wo Erwachsene nur einen Wald mit einem umgestürzten Baumstamm sehen, eröffnet sich Kindern eine neue Welt voller ungeahnter Entdeckungen. Sorglosigkeit, Freiheit und Fantasie –

Kinder leben uns vor, was viele Erwachsene in Arbeit und Stress längst vergessen haben.

Natürlich ist es auch nicht schlecht, irgendwann erwachsen zu werden. Aber ich glaube, von Kindern kann man immer wieder etwas lernen, genauso wie sie von den Erwachsenen. Und man sollte das Kind in sich nicht vergessen, das in jedem Augenblick das Wunderbare sehen kann und für manche Dinge einfach nie zu alt ist.

Ich kann dir nur zustimmen: Auch wenn es erst einmal ganz anders aussehen mag, wird jede überstandene Krise, jede schwierige Zeit und jedes gelöste Problem uns letztendlich gestärkt und nicht geschwächt haben. Die Geschichte mit der Panik ist ein ziemlich gutes Beispiel dafür. Es ist zwar eine Erfahrung, die ich keinem wünsche, dennoch hat sie mir (im Nachhinein betrachtet) geholfen, weiterzukommen.

Ich habe eine Gemeinsamkeit von mir und Luna herausgefunden (wenn auch unfreiwillig ...). Sie ist gestern beim Leichtathletik-Training aufgetaucht und jetzt mit im Team. Normalerweise freue ich mich, wenn wir neue Teammitglieder bekommen, aber bei ihr war das irgendwie anders.

Luna ist an sich richtig gut, ich finde jedoch, dass sie das Ganze mit einer zu starken Verbissenheit sieht. Bei uns geht es eigentlich immer relativ locker zu. Alle haben ihre Stärken woanders, und alle zusammen versuchen wir im Laufe der Zeit – gemeinsam und für sich – besser zu werden.

Aber zusammen haben wir immer Spaß am Sport und nutzen das Training auch als Gelegenheit abzuschalten. Wir fahren zwar ab und zu auf Wettkämpfe, doch die Leistung steht bei uns immer weniger im Fokus. Luna allerdings sieht das anscheinend etwas anders. Als wir Sprints gemacht haben, war ich schneller als sie. Hinter der Ziellinie hat sie mir dafür ziemlich vorwurfsvolle Blicke zugeworfen, als wäre sie dazu bestimmt, Erste zu werden, und ich hätte ihr das komplett kaputt gemacht. Aber vielleicht ist sie es aus ihrem alten Verein auch nicht gewöhnt, geschlagen zu werden.

Eine Übernachtung im Leuchtturm stelle ich mir richtig schön vor. Es muss wunderbar sein, überall um sich herum das Meer zu haben. Auch wenn einiges schiefgelaufen ist, freut es mich sehr, dass ihr immer noch einen gelungenen Ausflug hattet – vor allem in Bezug auf Familienerinnerungen. Ich habe die Erfahrung gemacht, dass, wenn etwas schiefläuft, es viel besser in Erinnerung bleibt.

Als meine Mutter mit Linda und Timo im achten Monat schwanger war, habe ich mit Max eine lange Radtour gemacht. Wir nahmen Proviant mit und waren den ganzen Tag unterwegs, während meine Oma mit meiner Mutter zu Hause blieb.

Irgendwann am Nachmittag, als wir wieder auf dem Rückweg waren, begann es auf einmal ziemlich zu schütten. Dabei sah das Wetter bis dahin noch so gut aus! Wir wollten uns irgendwo unterstellen, doch der

Baum, der gerade in der Nähe war, verzögerte nur das Auftreffen der Tropfen. Eine andere Möglichkeit zum Unterstellen konnten wir leider nicht finden. Also fuhren wir weiter. Es goss wie aus Eimern, sodass wir nach wenigen Minuten bis auf die Knochen durchnässt waren. Zum Glück war es ein milder Sommertag und wir hatten Regenjacken dabei.

Als wir noch ca. ein bis zwei Stunden von zu Hause entfernt waren, bekam Max einen Anruf von meiner Oma: Meine Mutter war im Krankenhaus, bei einem der Babys stimmte etwas mit den Herztönen nicht. Wenn sich das innerhalb der nächsten Stunden nicht ändern würde, würde man die Geburt einleiten, sodass die beiden als Frühchen jetzt schon zur Welt kämen. Zum Krankenhaus war es nicht so weit wie nach Hause, sodass wir beschlossen, direkt dorthin zu fahren. Max radelte wie ein Irrer und ich hatte Mühe, mit ihm mitzuhalten. Völlig erschöpf und pitschnass kamen wir etwa eine halbe Stunde später an.

Als der Regen vorbei war, fuhren wir wieder nach Hause. Meine Mutter blieb über Nacht dort. Am nächsten Tag sah alles viel besser aus und Linda und Timo kamen einen guten Monat später kerngesund auf die Welt. Diese Fahrradtour werde ich auf jeden Fall nicht so schnell vergessen.

Mit meiner Familie sieht eine durchschnittliche Autofahrt typischer Weise ungefähr so aus:

Meine Mutter und Max sitzen vorne und wechseln sich mit dem Fahren stündlich ab. (Also immer, wenn wir aus irgendeinem Grund sowieso anhalten, was etwa einmal in der Stunde ist ...) In der mittleren Reihe sitzt meine Oma mit einem der Zwillinge und ich sitze mit dem anderen in der letzten Reihe.

Bevor wir einsteigen, diskutieren Linda und Timo für gewöhnlich mindestens fünf Minuten lang, wer bei Oma in der Mitte und wer hinten bei mir sitzt. (Ihre Prioritäten sind immer anders, aber trotzdem wollen beide jedes Mal dasselbe.) Am Ende einigen sie sich darauf, auf dem Rückweg zu tauschen. Die Diskussion, wer auf welchem Platz anfängt, dauert dann nur noch zwei bis drei Minuten. Dann können wir endlich los.

Sobald wir nicht mehr in unserer Straße sind, kommt das erste »Wann sind wir (endlich) da?« von einem der Kleinen. Auf der restlichen Fahrt wird das je nach Tagesform ein bis fünfmal pro Stunde wiederholt. Bevor es jedoch dazu kommt, fällt einem der Erwachsenen (meistens meiner Mutter) auf, dass wir etwas vergessen haben, und wir drehen wieder um.

Nach spätestens fünfzehn Minuten wollen Linda und Timo etwas essen oder trinken und nach einer halben Stunde muss einer auf Klo. Kurz vor dem Ziel biegen wir noch einmal falsch ab und drehen eine kleine Extrarunde.

Es ist fast jedes Mal das Gleiche, aber das ist in anderen Familien wahrscheinlich genauso. Oma und ich schließen schon Wetten ab, ob einer, und wenn ja, welcher Schritt dieses Mal wegfällt.

Bei uns ist es richtig schön warm geworden. Die Sonne scheint von einem strahlend blauen Himmel mit weißen Schäfchenwolken auf die frischen grünen Blätter der Bäume und Sträucher.

Beim Spielen im Garten wurde Linda heute von einer Wespe gestochen. (Ich wusste gar nicht, dass die schon wieder unterwegs sind …) Als Timo sah, wie sie geweint hat, wollte er sich für Linda an der Wespe rächen. Er jagte sie und schlug nach ihr. Kurz darauf musste er jedoch feststellen, dass das keine so gute Idee war. Er wurde auch gestochen, und wir hatten zwei weinende Kinder mit Wespenstichen. Daraufhin gab es ein Eis in der Küche und bald war der Schmerz wie weggezaubert.

Viele sonnige Grüße
Karina

***

Hallo Karina,

die Sonne ist angekommen. :) Bei uns ist gerade auch tolles und warmes Wetter. Man merkt, dass der Sommer kommt. Die Zwillinge wollten gestern unbedingt im Planschbecken spielen, aber dafür war es meiner Mutter noch nicht warm genug.

Mein Vater und ich sind stattdessen mit den beiden zum Strand gegangen und wir haben unsere Füße gebadet. Das Wasser war noch ziemlich kalt. Eine Welle hat Fria umgeschmissen und sie war von Kopf bis Fuß nass. Zum Glück fand sie selbst das total lustig und hat sich immer wieder ins Wasser geworfen.

Loki ist nicht ganz so der Wasserfan und die nassen Füße haben ihr gereicht. Hätte meine Mutter gewusst, dass Fria quasi im Meer gebadet hat, hätte sie das Planschbecken garantiert vorgezogen. Wir haben Fria in die Picknickdecke gewickelt und mein Papa hat sie nach Hause getragen. Da war Loki natürlich eifersüchtig und wollte unbedingt auch getragen werden, also durfte sie auf meinem Rücken Pferdchen reiten.

Das ist ja süß, wie Timo Linda verteidigt hat. Spätestens jetzt weiß er aber, dass die Wespen dann erst recht stechen.

Jonah ist heute Nachmittag vom Baumhaus gefallen. Er wollte, warum auch immer, unbedingt auf das Dach klettern. Zum Glück ist aber nichts Schlimmeres passiert. Sein Finger ist nur ein bisschen verstaucht, aber meine Mutter, die übervorsichtige Ärztin, hat den natürlich gleich verbunden. Ihm tat es gar nicht so doll weh, aber er war sehr stolz auf seinen Verband.

Ich kann das mit dem Team und Luna verstehen. Bei uns im Leichtathletikteam geht es auch vor allem um den Spaß. Aber ein anderer Verein in unserer Nähe setzt ziemlich doll auf Leistung und der Spaß steht im Hintergrund. Ich persönlich finde das sehr schade, aber den anderen gefällt es wohl. In unserem Team ergänzen wir uns ziemlich gut. Manche können gut sprinten, die anderen springen oder werfen. So können wir alle voneinander lernen. :)

Als ich heute Morgen laufen war, habe ich am Wegesrand ein leises Miauen gehört. Erst dachte ich, ich hätte mich verhört, aber im Straßengraben lag ganz allein ein kleines Katzenbaby.

Ich habe ein Stück entfernt gewartet, um zu schauen, ob ihre Mutter vorbeikommt, doch nach einer halben Stunde musste ich weiter, weil ich sonst zu spät zur Schule gekommen wäre. Also habe ich das Kätzchen mitgenommen. Es war ganz kalt. Mein Vater ist mit der Kleinen am Vormittag zum Tierarzt gegangen, um zu schauen, ob es ihr gut geht.

Das Kätzchen ist zum Glück gesund. Der Tierarzt hat gesagt, dass zur Zeit oft Katzenbabys gefunden werden. Wir dürfen es erst einmal behalten, aber er hat einen Zettel ausgehängt und schaut, ob sich jemand bei ihm meldet. Insgeheim hoffe ich ja, dass wir die Kleine ganz behalten können. Sie ist orange-weiß-gestreift mit einem schwarzen Fleck auf der Nase. Ihr Miauen ist zuckersüß.

Bo war am Anfang etwas eifersüchtig und hat versucht, sie zu jagen, oder hat gebellt und geknurrt. Ich hatte schon Angst, dass er das Kätzchen nicht akzeptiert. Aber nachdem ich ihm gezeigt habe, dass sie jetzt erst einmal zu uns gehört und dass es okay ist, dass sie da ist, hat er sie nicht mehr angebellt und saß mit ihr in einem Raum. Erst nur auf der anderen Seite, aber jetzt liegen die beiden bei meinen Füßen unterm Schreibtisch und schlafen. Bo ist in den Beschützermodus gewechselt und weicht ihr keinen Schritt mehr von der Seite. Er hat verstanden, dass ich ihn trotzdem noch genauso lieb habe.

Es könnte sein, dass das Kätzchen von einem der Bauernhöfe kommt, die um uns herum liegen. Ich bin noch am Überlegen, wie sie heißen soll, aber jetzt drücke ich erst einmal die Daumen, dass wir sie behalten dürfen.

Liebe Grüße
Indie

∗∗∗

Liebe Indie,

wie niedlich, ein kleines Kätzchen. :)

Dass Bo zuerst eifersüchtig wurde, kann ich gut verstehen. Es ist schließlich auch nicht einfach, sich deine Aufmerksamkeit nun mit jemandem teilen zu müssen – wie gut, dass er die Situation jetzt verstanden hat und die beiden sich angefreundet haben. (Wenn das bei Menschen nur genauso einfach wäre …) Ich hoffe für euch, dass das Kätzchen bleiben kann.

Die Planschbeckendiskussion kenne ich übrigens zu gut. Linda und Timo fragen auch immer sehr früh nach, ob sie baden gehen dürfen. Ich war früher allerdings auch nicht besser.

Irgendwann hat meine Mutter eine Grenze bei 28°C gesetzt. Ist es kälter als 28°C, gibt es kein Planschbecken, ist es wärmer, schon. Die Regel gilt genauso für sämtliche Formen von Wasserschlachten. Anstelle des Planschbeckens kommen bei uns nämlich viel häufiger der Gartenschlauch oder der Rasensprenger zum Einsatz. (Mir gefällt die Position hinter dem Schlauch am besten – man kann mitspielen und wird dabei im Normalfall kaum nass …)

In der Theorie soll die 28°C-Regel bewirken, dass die Zwillinge nicht so oft nachfragen, ob sie endlich eine Wasserschlacht machen dürfen. In der Praxis fragen sie allerdings immer, ob es endlich 28°C ist. Wir haben nämlich leider kein Außenthermometer und die beiden können ziemlich schlecht Temperaturen abschätzen. Also fangen sie ab 20°C an, nachzufragen.

Heute in Physik haben wir ein neues Thema begonnen (Wellen). Dabei sollten wir uns etwas selbst herleiten und überlegen. Meine Antwort hat jedoch zuerst nicht so viel Sinn ergeben.

»Oh stimmt, das hatte ich nicht bedacht«, meinte ich auf den Einwand der Lehrerin hin. (Es war schon ein bisschen dämlich, da hätte ich auch selbst darauf kommen können …)

»Siehst du, da merkt man's mal wieder«, zischte Luna mir zu, »du kannst einfach gar nichts.«

»Sehr wohl kann ich etwas«, entgegnete ich verärgert, »immerhin war ich beim Training schneller als du.«

»Du bist ja so eine Angeberin! Immer willst du alle Aufmerksamkeit auf dich ziehen!«

Ich? Angeberin? Alle Aufmerksamkeit auf mich ziehen? Nur so fürs Protokoll: Ich habe bis dorthin nie ausgesprochen, dass ich besser war als sie. (Außerdem würde sich das mit dem Vorwurf widersprechen, dass ich nichts kann.) Ansonsten habe ich absolut nichts dagegen, wenn ich nicht im Zentrum der Aufmerksamkeit stehe.

»Das ist gar nicht wahr!«, entgegnete ich also. »Du brauchst doch nur Anerkennung und kommst nicht damit klar, wenn jemand anderes einmal besser ist!«

Sobald ich es ausgesprochen hatte, ärgerte ich mich, dass ich so gemein war.

»Du hast ja keine Ahnung!!« Genervt drehte sie sich weg.

»Luna, Karina«, sprach uns unsere Physiklehrerin plötzlich direkt an, »könnt ihr einmal wiederholen, was ich gerade gesagt habe?«

Zum Glück bin ich multitaskingfähig, sodass ich nebenbei mit halbem Ohr zugehört hatte und das Gesagte halbwegs überzeugend wiedergeben konnte (Danke für das Training, Linda und Timo …). Luna hingegen hatte keine Ahnung, wovon gesprochen wurde und schaute mich noch einmal böse an. Glücklicherweise gab sich die Lehrerin mit meiner Antwort zufrieden und Luna musste nichts mehr sagen. Sauer war sie trotzdem. Obwohl ich sie ja irgendwie gerettet hatte.

Ich ärgere mich immer noch über den Streit. Und ich ärgere mich darüber, dass ich mich immer noch darüber ärgere. Kannst du das nachvollziehen?

In Philosophie haben wir uns heute verschiedene Gedichte und andere Texte zum Thema Identität angeguckt. Als Hausaufgabe sollen wir selbst einen kleinen Text oder etwas anderes Kreatives dazu erstellen.

Ich dachte mir, ich schicke dir mal mein Ergebnis (vom Grundkonzept ist es inspiriert an ein Gedicht, das ich vor ein paar Jahren mal gelesen habe):

<u>Ich bin ich</u>

Ich bin ich.

Nein, ganz im Gegenteil:

Wir sind doch alle gleich.

Keiner kann behaupten,

Jeder ist individuell.

Es ist doch sonnenklar,

Dass ich ein Niemand bin.

Es wäre falsch, wenn ich behaupte,

Dass ich jemandem etwas bedeute.

Ich weiß nur,

Dass ich nicht meinen eigenen Wert habe.

Ich kann nicht sagen,

Es lohnt sich, glücklich zu sein.

Nein,

Früher oder später werden wir sowieso alle sterben.

Jetzt lies das Gedicht von unten nach oben. Es ist alles eine Sache der Perspektive und der Einstellung. Du kannst entscheiden, welche Version dir besser gefällt.

...

Dazu könnte ich jetzt noch viel schreiben, aber ich lasse das einfach mal so stehen.

Liebe Grüße
Karina

P.S. Gute Besserung an Jonah. Ich habe mich schon erschrocken, als ich von seinem kleinen Unfall gelesen habe. Da hat er aber noch einmal Glück gehabt. Es ist auch eine gewisse Kunst dabei, von einem Baumhaus zu fallen und sich nur einen Finger zu verletzten. ;)

***

Liebe Karina,

das Gedicht finde ich richtig stark. :) Ich war am Anfang etwas verwirrt und habe mich gewundert, denn ich hätte von dir nicht so ein negatives Gedicht erwartet. Als ich es dann rückwärts gelesen habe, hat es schon viel besser zu dir gepasst. Die zweite Art zu lesen, ist auf jeden Fall schöner.

Ich habe davor noch nie so ein Gedicht gesehen und finde es echt beeindruckend! Du hast recht, alles ist eine

Frage der Perspektive. Man kann selbst entscheiden, ob man in einer Sache oder in einer Situation das Gute oder das Schlechte sehen möchte, und oft bekommt man einen ganz neuen Blickwinkel, wenn man mal die Sichtweise ändert. Denn im Grunde liegt alles im Auge der Betrachtenden.

<u>Perspektive</u>

Eine Blume ist für uns klein, für eine Ameise groß.

Eine Katze ist für uns ein Haustier, bedeutet für die Maus aber den Tod.

Man kann selbst entscheiden, welche Brille man aufsetzt

und welchen Blickwinkel man wählt,

denn am Ende zählt,

was wir in der jeweiligen Situation sehen.

Man kann auf einer Reise rennen oder auch ganz langsam gehen,

die wundersame Natur betrachten oder auch übersehen.

Die Welt ist für alle anders und für keinen gleich,

für den einen ein König-, für den anderen ein Schattenreich.

Nichts, was ich sehe, siehst du genauso.

Jedes Ende macht auch wieder Platz für einen neuen Anfang

und nach jedem *Tschüss* kommt ein *Hallo*.

Den einen macht es traurig, den anderen froh.

Suche dir deine Brille aus und tritt aus den Mauern
heraus,
die dich bisher noch umgeben.
Stelle dich auf deine Grenzen und schau von oben
einmal hinunter.
Werden deine Augen munter und kannst du endlich
das sehen, was du sehen willst?

Du stillst deinen Durst, deinen Drang nach Wissen.
Du entscheidest, was du trinkst.
Trinkst du das Glück oder das grausame Stück?

Du erschaffst deine eigene Realität.
Sie zu ändern ist nie zu spät. Glaub mir, es geht!
Schau in deine Kiste hinein und wähle eine andere
Brille aus,
mit der du eine neue Seite sehen kannst.
Wenn dir die eine nicht gefällt, dann schau von der
anderen Seite drauf.
Dabei gehen neue Türen mit einem neuen Blickwinkel
auf.

Lauf aus deinen Mauern heraus, die dich begrenzen,
und dir werden keine Grenzen gesetzt.

Vielleicht können Luna und du eine neue Brille aufsetz-
ten und eine andere Perspektive wählen, um euch besser
zu verstehen. Das mit den gemeinsamen Interessen hat
ja nicht so gut geklappt. Hat sie dir schon einmal gesagt,

was sie so stört? Vielleicht ist das nur ein Missverständnis? Ich hoffe echt, dass sich das irgendwann klärt, denn wenn man sich nicht versteht und noch die ganze Zeit nebeneinandersitzen muss, ist das echt nicht schön …

Auch wenn Luna und du vielleicht keine besten Freundinnen werdet, werdet ihr hoffentlich gut miteinander auskommende Sitznachbarinnen.

Ich sitze in der Schule gerade neben meiner besten Freundin Mia, das ist echt cool, weil wir gut zusammenarbeiten, aber natürlich auch mal kurz reden können. Wir tauschen uns oft über Blicke miteinander aus. Vor allem wenn jemand etwas Komisches sagt oder wenn es darum geht, Teams zu bilden.

In der Grundschule hatten wir kurzzeitig eine Geheimsprache. Die war im Unterricht allerdings nicht so praktisch, weil uns alle verstanden haben. Wir hatten nämlich in Deutsch das Thema Geheimsprachen durchgenommen und eine davon danach gleich ausprobiert. Sie war in der Klasse dann nur nicht mehr so geheim. ;)

Gerade sind Fria und Loki hereingekommen und wollen mit mir in der Sandkiste mit Wasser matschen – ihre derzeitige Lieblingsbeschäftigung. Vielleicht sollte ich mir da auch eine Temperaturregel für ausdenken.

Also ab in den Matsch. :)

LG Indie

P.S. Wir nennen das Kätzchen jetzt übrigens Mimi. Das ist wahrscheinlich der am häufigsten verwendete Katzenname, aber Fria und Loki waren sich von Anfang an

sicher, dass sie so heißt, und haben keine anderen Vor-
schläge zugelassen. :)

✳✳✳

Liebe Indie,

es freut mich, dass dir das Gedicht gefällt. Ich kann mir
ziemlich gut vorstellen, dass du am Anfang verwirrt
warst, und hätte liebend gern dein Gesicht gesehen, als
du es rückwärts gelesen hast. Meine Familie hat lange
diskutiert, wie das hinkommen kann. Linda meinte
dazu nur: »Sie kann ja auch zaubern.«

Dein Gedicht zu dem Thema Perspektive finde ich
auch richtig schön. Total beeindruckt, habe ich es mir
gleich noch ein zweites Mal durchgelesen. Ich finde, du
solltest Poetry-Slam machen (wenn du Lust hast), der
Text geht auf jeden Fall schon einmal in die richtige
Richtung.

Auf der einen Seite haben alle eine eigne Perspektive
mit ihrer eigenen Sicht auf die Dinge (wie bei der Katze
in dem Gedicht). Meine Mutter sagt immer, wenn es um
Aberglauben geht: »Ob eine schwarze Katze Unglück
bringt oder nicht, hängt davon ab, ob man ein Mensch
ist oder eine Maus« (Ursprünglich von Max O'Rell).

Das ist einerseits eine kritische Meinung zum Aberglauben, andererseits auch ein gutes Beispiel für die Re-
lativität der Rolle einer Katze.

Ein typisches Beispiel für verschiedene Sichtweisen,
welches in Geschichten, Filmen und auch im echten Le-

ben oft genug vorkommt, wäre folgendes: Jemand ist stark verliebt, dann geht das Ganze kaputt. Die Person nimmt irgendwann die rosarote Brille ab und fragt sich, was mochte ich bitte an diesem Idioten? (Oder dieser Idiotin, falls das die weibliche Form von *Idiot* ist ...)

Schätzungsweise kann man jedoch gegen die rosarote Brille weniger machen. Aber ich denke, dass das bestimmt auch ganz schön sein kann (also die rosarote Brille aufzuhaben). In dem Bereich fehlt mir bislang noch ein bisschen Lebenserfahrung.

Was jedoch die verschiedenen Brillen im Allgemeinen angeht, kann man sich immer selbst überlegen, aus welchem Blickwinkel man die Situation sieht, wie du es in deinem *Fast-Poetry-Slam* ziemlich gut auf den Punkt gebracht hast. So aussichtslos die Lage auch scheinen mag, es wird immer etwas Positives oder einen kleinen Lichtblick im Leben geben. Das hat mir auch die Erfahrung mit der Angst gezeigt. Ich war teilweise so am Ende, dass ich dachte, alles wäre schlimm, alles wäre gegen mich. Das stimmte jedoch nur teilweise, denn ich war nur nicht in der Lage, das Schöne zu sehen. Man kann nicht von heute auf morgen das komplette Denken umstrukturieren, aber man kann lernen, sich mehr auf das Positive zu konzentrieren.

So, wenn ich gerade schon die Theorie erkläre, kann ich jetzt auch vorbildlich sein und das Ganze in der Praxis anwenden: Was ist an meiner Situation gegenüber Luna positiv? – Gute Frage, da musste ich, ehrlich gesagt, etwas länger darüber nachdenken.

Erstens: Ich habe etwas in meinem Leben, an dem ich arbeiten kann; eine Aufgabe, die mich an Erfahrung bereichern wird. Zweitens: Ich kann an ihr meine Menschenkenntnisse verbessern (da sie scheinbar ganz anders tickt als ich). Und drittens: Mir wird wieder einmal klar, wie meine Hobbys mir helfen können abzuschalten und sie mir guttun.

Klar, das Negative überwiegt bei den ständigen Streitereien mit Luna eindeutig, aber zwischendurch einmal positiv zu denken, tut bestimmt allen gut.

»Denke in trüben Stunden daran: Auch hinter den Wolken scheint die Sonne!« Den Spruch hat Opa in mein Poesiealbum aus meiner Kindheit geschrieben. Er hatte das, eine Woche bevor er gestorben ist, eingetragen. Der Spruch ist für mich immer eine Erinnerung an ihn, womit er meinen Weg begleitet.

Wenn man sich ohne Worte versteht, wie das bei dir und Mia ist, ist das ein total schönes, vertrautes Gefühl. Ich hatte in der Grundschule zuletzt eine Freundin, mit der ich mich so richtig gut verstanden habe. Teilweise saß sie am anderen Ende des Klassenzimmers und ein Blick reichte, wenn wir uns kurz austauschen wollten. (»Ja, ich habe auch bemerkt, was der Lehrer gerade Komisches gemacht hat.«) Leider ist diese Freundschaft irgendwann kaputt gegangen. Sie ist ein komplett anderer Mensch geworden, (ich habe mich wahrscheinlich auch sehr verändert) und wir haben uns aus den Augen verloren. Heute haben wir keinen Kontakt mehr.

Momentan besteht mein Freundeskreis aus Natascha, Janne und Jill. So richtig gut oder tiefgehend sind wir jedoch nicht befreundet. Wir sind eher die Gruppe, die einfach nur zusammen abhängt. Ich mag die drei dennoch alle sehr gerne und auch wenn wir nicht allerbeste Freundinnen sind, ist es schön, sie zu haben.

Natascha ist mit Abstand die Beliebteste in der Klasse (vor allem bei den Jungs, doch dass sie einfach nichts von den Tröten aus unserer Klasse will, kapieren die irgendwie nicht). Wieso sie sich trotzdem mit uns abgibt, ist mir ein Rätsel, da wir drei in der Klassengemeinschaft eher am Rande stehen. Aber wahrscheinlich ist sie von den anderen nur genervt. (Sie ist vergleichsweise schnell genervt – außer von Janne, Jill und mir, warum auch immer.)

Janne ist trans. Bei der Geburt wurde sie als Junge identifiziert. Doch sie stellte schon ziemlich früh fest, dass sie *im Kopf* eigentlich ein Mädchen ist. (Wie man so etwas herausfindet, kann ich mir nur schwer vorstellen. Wahrscheinlich ist das aber auch völlig normal, das trifft schließlich genauso auf viele andere Dinge zu – manches kann man nicht richtig verstehen, ohne selbst in einer ähnlichen Situation gewesen zu sein.)

Sie ließ sich also die Haare lang wachsen, trug ähnliche Kleidung wie die anderen Mädchen und wurde *Janne* und *sie* genannt. Auf diesem Weg zu sich selbst unterstützten ihre Eltern sie sehr. Heute merkt man ihr gar nicht an, dass mit männlichen Geschlechtsmerkmalen geboren wurde. Ich kenne sie zwar noch nicht so lange, aber aus ihren Erzählungen weiß ich, dass sie, seitdem sie offen als Mädchen lebt, viel glücklicher und freier geworden ist. Ich finde es beeindruckend, wie selbstbewusst sie mit dem Thema umgeht, denn irgendwie macht es uns unsere Gesellschaft schwer, anders als die Mehrheit zu sein.

Janne erzählt das jetzt nicht überall herum, macht aber auch kein großes Geheimnis daraus. (»Es ist schließlich ein Teil von mir.«) Wenn sie jemand darauf anspricht, redet sie ganz offen darüber. Das kommt allerdings auch nicht so oft vor.

Jill ist auch immer sehr selbstbewusst. (Warum haben eigentlich alle Selbstbewusstsein außer mir?) Sie denkt sehr (also wirklich sehr!) positiv und ist fast immer gut drauf. Sie bringt immer wieder viel Schwung in unsere Runde, was manchmal auch anstrengend sein kann.

So sind wir vier ein bunter Haufen. Natürlich haben die drei noch andere Eigenschaften, doch das war jetzt jeweils etwas, das ich gerade erzählenswert fand. Ich denke mal, ihre Lieblingsessen interessieren dich eher weniger… und falls doch: chinesische Bratnudeln (Natascha), Pommes mit Käse überbacken (Janne) und Erbsensuppe (Jill).

Wenn ich darüber nachdenke, wie lange die drei schon kenne und wie locker unsere Freundschaft doch eigentlich ist, denke ich, dass ich mehr mit ihnen machen möchte …

Bei uns war das irgendwie anders: Obwohl wir uns gerade das erste Mal getroffen hatten, kam es mir nach einer Woche schon so vor, als wären wir bereits seit Ewigkeiten miteinander befreundet. Es gibt Menschen, die trifft man, und man versteht sich einfach. Als ich vor ein paar Wochen in den Osterferien zur Musikfahrt gefahren bin, hätte ich nie gedacht, dass ich dort jemanden wie dich kennenlernen würde, meine kleine Seelenverwandte an der Nordsee. Ich hoffe, wir können uns bald wiedersehen.

Liebe Grüße
Karina

***

Hallo Zauberin,

danke für das Lob zu meinem Text. :)

Der Satz von deiner Mutter zum Thema Aberglauben ist sehr treffend. Wie immer ist alles eine Frage der Perspektive. Ich glaube prinzipiell nur an Dinge, die Glück bringen. Wenn ich also mal ein vierblättriges Kleeblatt finden sollte, würde ich mich freuen. 13 ist meine Lieblingszahl, einfach weil sie schön aussieht und weil es genug Menschen gibt, die sie nicht mögen. Ich mag auch die Fünf und die Sieben sehr gerne. Generell finde ich ungerade Zahlen gut. Warum auch immer. Eigentlich ist es schon komisch, wenn man bestimmte Zahlen lieber mag, oder?

Es ist sehr cool, dass du etwas Positives in der Situation zwischen dir und Luna sehen kannst.

Würdest du dich eigentlich eher als optimistisch, realistisch, pessimistisch, idealistisch oder irgendetwas anderes beschreiben? Ich versuche eigentlich, in allem immer das Positive zu sehen, und glaube grundsätzlich daran, dass alle Menschen in sich gut sind. Das führt dann manchmal dazu, dass ich auch vieles idealisiere und mir schöner vorstelle, als es vielleicht tatsächlich ist.

Außerdem bin ich, glaube ich, häufig recht naiv. Mir ist es auch total wichtig, dass es allen um mich herum gut geht und ich bin sehr harmoniebedürftig, deshalb bin ich auch kein großer Fan von Konflikten und liebe Kommunikation. (Warum komme ich mir eigentlich gerade so vor, als würde ich eine Bewerbung schreiben?) Deshalb glaube ich, dass ich mich eher als Idealistin beschreiben würde, auch wenn es da bestimmt verschiedene Definitionen gibt.

Was ich gar nicht verstehen kann, ist, wenn Menschen Krieg führen. Das können aber wahrscheinlich viele nicht, egal ob idealistische, optimistische oder realistische Tendenzen vorliegen. Trotzdem ärgere ich mich darüber, dass manche Menschen denken, sie müssten andere Menschen umbringen. Es wird einfach zu viel zerstört.

Doch wenn ich versuche, mich in Menschen hineinzuversetzen, die Krieg führen/führen wollen, könnte ich mir höchstens vorstellen, dass diese Menschen unglücklich mit sich selbst sind und das auf andere spiegeln und durch Krieg ihre Wut herauslassen. Das wäre aber trotzdem kein Grund, um Krieg zu führen.

Es gibt einen Spruch von Konfuzius, den ich hier passend finde: »Verhalte ich mich korrekt, ist die Familie in Harmonie. Sind die Familien in Harmonie, ist es auch das Dorf. Sind die Dörfer in Harmonie, ist es auch die Provinz. Sind die Provinzen in Harmonie, dann ist es auch das Reich. Sind die Reiche in Harmonie, dann ist es auch der Kosmos.«

Der Spruch sagt aus, dass wir bei uns anfangen müssen, mit uns selbst in Harmonie zu sein. Wenn schon kein Frieden auf kleiner Ebene bei uns und in unseren Familien besteht, wie kann dann auf der ganzen Welt Frieden sein?

Natürlich gehören auch andere Faktoren zu einem Weltfrieden dazu, jedoch glaube ich, dass Konfuzius' Ansatz schon sehr viel erreichen kann. Wenn man dann nämlich noch gut kommuniziert und empathisch, respektvoll und liebevoll gegenüber anderen Menschen ist, gibt es keinen Grund mehr für einen Krieg. (Aber vielleicht spricht da auch die Idealistin in mir, die ganz fest daran glaubt, dass alle Menschen gut sind, und wir doch in Frieden und Harmonie so viel besser leben könnten…)

Deine drei Freundinnen klingen sehr sympathisch. ;) Ihr seid bestimmt eine lustige Truppe.

Ich kenne das auch, dass man zu jedem Menschen eine unterschiedliche Beziehung hat, auch unter Freunden. Mit den einen hat man richtig viel Spaß und macht Blödsinn, mit den anderen hat man tiefgründige Gespräche und mit dritten hat man nichts zu bereden. Das ist okay, denn so wie jeder Mensch anders ist, ist auch jede Beziehung anders und da ist es egal, ob es sich um eine liebevolle, berufliche oder freundschaftliche Beziehung handelt.

Ich finde es sehr besonders, dass wir eine Ebene gefunden haben, in der wir uns über Tiefgründiges und Banales austauschen können – einfach über alles, was uns in den Kopf kommt, wie bei einem Tagebuch.

Ich habe dir ja schon von meiner Freundin Mia erzählt. Früher waren Mia und ich ein Trio. In der Grundschule war Johann (genannt Jo) auch immer an unserer Seite. Wir waren eine kleine *Bande* und haben alles zusammen gemacht. Jetzt machen wir leider nicht mehr so viel zu dritt. Irgendwie haben wir uns auf dem Gymnasium auseinandergelebt. Jo ist später in eine andere Klasse gekommen als Mia und ich, und wir hatten neue Hobbys und Interessen.

Kennst du auch noch diese Grundschulbanden? Alle wollten irgendwie in einer sein, weil sie coole Bücher darüber gelesen hatten. Ich habe besonders gerne Detektivbücher gelesen und wir drei haben uns immer gewünscht, dass wir einen spannenden Fall lösen könnten. In unserem kleinen Dorf passierte aber nie etwas, außer einmal am Laden. Wir waren gerade am Einkaufsgeschäft, als wir eine ältere Dame sahen.

»Mein Fahrrad, es ist weg, jemand hat es gestohlen«, rief sie die ganze Zeit.

Da sahen wir unsere Chance für einen spannenden Fall: ein Diebstahl. Ganz aufgeregt wollten wir der Dame unseren selbstgebastelten Detektivausweis geben. »Sie haben ein Problem? Wir sind immer für Sie da. Wir lösen jeden Fall«, stand auf unserer Karte, doch leider kamen wir nicht dazu, ihr diese auch zu überreichen. Denn kaum waren wir bei ihr, fiel ihr ein, dass sie das Fahrrad woanders abgestellt hatte. Das war eine große Enttäuschung für uns.

Einen anderen Fall haben wir leider nie bekommen.

Bis bald
Indie

***

Mein kleines lebendiges Tagebuch,

ich sitze gerade bei uns auf dem Dachboden und habe eine unfassbare Ruhe, die es sonst höchstens abends gibt, wenn die Zwillinge im Bett sind. Alle sind weg. *Sadly-alone-party* (Natascha), *sturmfreie Bude* (Janne) oder *Karina allein zu Haus* (Jill) – nenne es, wie du willst, ich nutze jedenfalls die Zeit, um dir in Ruhe zu antworten.

Nur an Dinge zu glauben, die Glück bringen, ist auch eine schöne Methode. Viele glauben entweder an alles Abergläubische oder an nichts, aber so hat man höchstens einen Grund, sich zu freuen, aber keinen, sich Sorgen zu machen.

Wenn ich ein vierblättriges Kleeblatt finde, freue ich mich einfach, weil sie selten sind und meiner Meinung nach viel ästhetischer aussehen als dreiblättrige.

Meine Lieblingszahl ist vier. (Oh – der Zusammenhang zum vierblättrigen Kleeblatt fällt mir jetzt erst auf …) Ich finde die Vier am besten, weil sie so schön symmetrisch ist: Zwei mal zwei ist vier, und zwei hoch zwei ist auch vier, genauso wie zwei plus zwei vier ist. Außerdem ist das Würfelbild mit vier Punkten auch perfekt symmetrisch: In jeder Zeile, in jeder Spalte und auch diagonal sind immer zwei Punkte. Auch ein Quadrat (vier Ecken, vier Kanten) ist überaus gleichmäßig und in vielerlei Hinsicht symmetrisch. Und zu guter Letzt besteht das Wort *vier* aus vier Buchstaben. Dieses Phänomen, dass eine Zahl genauso viele Buchstaben hat, wie sie wert ist, gibt es bei keiner anderen Zahl.

Es ist schon ein wenig schräg, eine Lieblingszahl zu haben, dennoch kommt es mir irgendwie natürlich vor, manche Zahlen besser zu finden als andere. Was ich hingegen viel merkwürdiger finde, ist die Frage: Welche Zahl von eins bis zehn beschreibt die Farbe Orange am besten? Was würdest du sagen? Als ich meine Familie gefragt habe, gab es erst einmal eine hitzige Diskussion darüber. Alle hatten eine andere Meinung, es gab aber für keine der Seiten auch nur irgendein aussagekräftiges Argument.

Wenn man darüber nachdenkt, ist diese Frage einfach nur absurd. Was für einen Zusammenhang gibt es bitteschön von Farben und Zahlen?! Trotzdem haben irgendwie alle eine Antwort darauf, was die Frage interessant macht. (Ich habe jedenfalls noch keinen getroffen, der keinen Plan hatte, wie er die Frage beantworten sollte.) Das ist wohl eine Frage des Bauchgefühls.

Außer bei Menschen mit Synästhesie vielleicht. Ich weiß nicht, ob du davon schon einmal gehört hast. Das ist ein neurologisches Phänomen, wodurch Sinneseindrücke entstehen, die für andere Menschen ungewöhnlich sind. Dabei gibt es verschiedene Formen: Bei Betroffenen können zum Beispiel Farben einen akustischen Reiz auslösen oder ein Geruch ruft eine Farbwahrnehmung hervor. Genauso gibt es auch eine Form, bei denen Zahlen und Buchstaben automatisch eine festgelegte Farbe haben.

Ich glaube, ich würde mich am ehesten als Realistin (mit Tendenzen in alle anderen Richtungen) beschreiben. Das kommt daher, dass ich früher eine Zeit lang eher eine Pessimistin war und somit in allem nur das Schlechte gesehen hatte. Dann stellte ich jedoch fest, dass das keine besonders schöne Sichtweise war, und ich fing an, die Welt etwas realistischer zu sehen. »Ist das wirklich so schlecht? Oder gibt es vielleicht sogar etwas Gutes dran?« Ich versuche, möglichst viele Seiten der Dinge zu sehen. Dann habe ich ein relativ gutes und umfassendes Bild der Tatsachen.

Warum Menschen Krieg führen, ist mir auch ein Rätsel. Ich denke, oft steckt ein Verlangen nach mehr Macht dahinter. Doch was bringt einem Macht? Macht Macht glücklicher? Ich kann mir vorstellen, dass es auch mehr Verantwortung bringt und somit eine größere Last ist …

Aber ist diesen kriegführenden Leuten an der Macht denn gar nicht klar, was das für hohe Kosten hat? Es sterben viele Menschen, Familien und Freundschaften werden auseinandergerissen und der Alltag ist geprägt von Gewalt, Schrecken und ständiger Angst – hinterher bleibt ein kaputtes und traumatisiertes Land zurück.

Der Spruch von Konfuzius leuchtet ein. Man muss bei sich selbst anfangen. Ob es darum geht, in Frieden zu leben oder rücksichtsvoll gegenüber der Umwelt zu sein.

Ich denke, wir sollten grundsätzlich einander mit mehr Ruhe, Freundlichkeit und Respekt gegenübertreten. Dann kann Frieden entstehen und wir können viel besser leben. Im Einklang mit sich, seinen Mitmenschen und der Natur zu sein, ist etwas, das ich jedem Menschen in jeder Ecke der Welt wünsche. Und wenn alle in Frieden, Harmonie und Liebe leben, wird diese Erde zu einem besseren Ort. Man sollte keinen Platz für Hass lassen, dann entstehen auch Krieg und Gewalt nicht.

Ach ja, diese Grundschulbanden, ich erinnere mich …
Ich war irgendwie nie in einer, habe aber trotzdem eine
Geschichte dazu zu erzählen: In der ersten Klasse hatte
Amy allen, die sie mochte, das *Privileg* gegeben, in ihrem
Club zu sein. Alle fanden das total cool. Mich mochte sie
leider nicht. Anfangs war mir das egal, die Kinder, mit
denen ich zu dem Zeitpunkt hauptsächlich gespielt
hatte, waren ebenfalls nicht in ihrer Gruppe.

Doch der Club der *coolen* Kinder distanzierte sich immer mehr von den anderen, sodass irgendwann ein Riss
durch die Klasse ging. Plötzlich war es nicht mehr eine
Clique und alle anderen. Stattdessen gab es die Klassengemeinschaft und diejenigen, die aus ihr ausgeschlossen
wurden.

Mir fiel das erst nicht auf, bis ich eines Tages mit
einem Mädchen spielen wollte, mit dem ich bisher eher
wenig zu tun hatte. Sie hieß Lisa und war Teil der
Gruppe. Als ich zu ihr gehen wollte, wurde ich von Amy
weggeschickt. Kurz darauf saß ich weinend am Rand
des Pausenhofs. Unsere damalige Klassenlehrerin, die
gerade Aufsicht hatte, kam vorbei.

»Amy sagt, ich darf nicht mit Lisa spielen«, beschwerte ich mich, als sie fragte, was denn los sei.

»Wieso entscheidet Amy denn, mit wem Lisa spielt?«

»Weil Lisa in Amys Club ist und ich nicht, und ich
nicht in die Nähe von Amys Club darf, und Lisa nicht
vom Club wegdarf, weil Amy sie sonst ausschließt, und
Lisa will nicht, dass Amy sie ausschließt, weil sie dann
mit allen aus dem Club nicht mehr spielen darf.«

Meine Lehrerin war zunächst etwas verwirrt. (Ich kann es ihr nicht verübeln, meine Aussage kann nicht gerade die beste gewesen sein.) Dann kam sie aber mit zu dem Club, um die Sache zu klären. Das war jedoch gar nicht so einfach. Amy sah überhaupt nicht ein, was sie falsch gemacht hatte, und ein Großteil der Clique hatte noch nicht einmal bemerkt, wie der Rest der Klasse ausgeschlossen wurde.

Als wir nach der Pause wieder im Klassenraum waren, haben noch andere Kinder, die ebenfalls nicht im Club waren, ihre Erfahrungen erzählt. Amy schränkte einige Kinder sehr ein und grenzte andere aus. Niemand hatte etwas dagegen gesagt, weil sie Macht über die Klasse hatte.

Einen riesigen Klärungsaufwand später wurde es Amy (und allen anderen auch) verboten, irgendwen auszuschließen, auch wenn man die Person nicht mochte oder nicht mit ihr spielen wollte. Ihr Club musste aufgelöst werden. Es trauerte ihm aber niemand (außer Amy?) länger hinterher. Das lag aber auch daran, dass kaum noch jemand hinter ihr stand, nachdem allen klar geworden war, was geschehen war. Langfristig war es jedoch nicht so schlimm. Die Sache war bei den Grundschüler*innen schnell vergessen und ein paar Wochen später war alles wieder gut. Eine eigene Bande hatte ich also nie. Lisa wurde meine beste Freundin und wir waren seit dem immer im Duo unterwegs.

LG Karina

P.S. Meine Katze Mika lässt Mimi schön grüßen. Und damit sich niemand benachteiligt fühlt, grüße ich Bo.

***

Hallo Karina,

ich habe Bo und Mimi von euch gestreichelt. :) Sie haben sich sehr gefreut.

Oh man, die Grundschulbande bei euch war ja ziemlich blöd und echt gemein. So etwas kann natürlich auch nach hinten losgehen. Wenn eine Bande dafür sorgt, dass andere ausgeschlossen werden, ist es nicht mehr gut. Da ist es wichtig, dass eure Lehrerin die Sache geklärt und sich danach wieder alles eingependelt hat.

An welche Zahl denke ich bei der Farbe Orange? Das ist eine gute Frage. Mir würde spontan die Sechs einfallen. Einerseits hat das Wort Orange sechs Buchstaben, andererseits ähnelt die sechs auch der Farbe: Das O sieht aus wie der Bauch von der sechs und dieser sieht wiederum wie eine Orange (also die Frucht) aus.

In Physik haben wir uns neulich mit Farben beschäftigt: Weißes Licht setzt sich aus dem Farbspektrum zusammen, also aus den Regenbogenfarben. Deshalb entsteht ein Regenbogen, wenn es regnet und die Sonne scheint, weil das Sonnenlicht auf die Regentropfen fällt und in seine Spektralfarben aufgebrochen wird.

Farben haben auch viel mit Sprache zu tun. Wer kennt nicht diese Diskussionen darüber, ob der Buntstift jetzt violett, lila oder rosa ist? Wir nehmen Farben unterschiedlich wahr, trotzdem haben wir uns in unserer Kultur darauf *geeinigt*, dass Weiß häufig auf Hochzeiten und Schwarz auf Beerdigungen getragen wird. Auch andere Farben oder der Regenbogen haben eine besondere Bedeutung.

Farben sind stark mit Gefühlen verbunden. Etwas Rotes wirkt anders als etwas Blaues und helle oder dunkele Töne lassen Farben wiederum anders erscheinen.

Auch früher waren Farben sehr wichtig. An ihnen konnte man zum Beispiel erkennen, ob Beeren giftig sind. Das findet man ebenfalls in der Tierwelt wieder. Manche Farben sind Warnzeichen, an denen man ein giftiges Tier erkennen kann. So ist zum Beispiel der *Blaue Baumsteiger* ein sehr blauer und giftiger Frosch und schreckt andere Tiere mit seiner bunten Farbe ab.

Im Alltag spielen Farben ebenso eine große Rolle. Zum Beispiel hat jedes Schulfach für mich eine andere Farbe, an der ich dieses erkenne. Und diese Farbgebung ist so bei mir verankert, dass ich sie nicht mehr ändern könnte, ohne sehr verwirrt zu sein. Oder kannst du dir vorstellen, dass Mathe gelb ist? Das muss einfach blau sein …

Die Zeit um den Zweiten Weltkrieg stelle ich mir immer schwarz-weiß vor, einfach weil man es in Dokumentationen und auf Fotos auch so sieht. Dagegen wirkt die heutige Welt viel lebendiger. So unterstützt das Nicht-vorhanden-Sein der Farben die Grausamkeit dieser Vergangenheit. Da erkennt man, was für eine Bedeutung Farben haben.

Ich habe festgestellt, dass ich solarbetrieben bin. Gestern war es den ganzen Tag grau und die Sonne hatte etwas Besseres zu tun, als uns mit ihrer Anwesenheit zu erfreuen. Da habe ich mal wieder gemerkt, wie stark meine Motivation vom Wetter abhängen kann. Bei Sonnenschein und blauem Himmel geht alles viel einfacher als bei so einem Trübe-Tassen-Wetter. Kennst du das auch, wenn einen das Wetter beeinflusst? Wann funktionierst du am besten? Sonne, Regen oder ist es dir egal?

Heute kann meine Solaranlage wieder arbeiten und deshalb gehe ich jetzt hinaus und genieße die Sonne.

Alles Liebe
Indie :)

*** * ***

Liebe Indie,

leider konnte dir nicht so schnell antworten, wie ich es gerne getan hätte. Ich musste nämlich für Deutsch noch eine Dramenszeneninterpretation schreiben. Blöderweise war es nicht spannender, als es klingt. Jetzt ist es zwar schon etwas später, aber egal.

Farben sind echt interessanter, als ich gedacht hätte, und wenn ich länger darüber nachdenke, fällt mir immer mehr auf, wie abstrakt sie eigentlich sind. Dass jedes Schulfach eine Farbe hat, ist bei mir auch so. Aber ich denke, das ist eine Sache der Gewohnheit. Bei mir sind die Mappen im Regal nach Farben sortiert, dann finde ich alle sofort (und es sieht ästhetischer aus). Ein Problem gibt es nur, wenn sich die Mappenfarbe aus irgendeinem Grund einmal ändert, habe ich gleich die falsche Mappe dabei, wenn ich nicht aufpasse …

Die Farben lassen uns immer etwas assoziieren; wie du auch meinst, sind sie mit Gefühlen verbunden. Es wäre merkwürdig, wenn auf einer Beerdigung alle in Rot herumliefen (wobei das wahrscheinlich auch Gewöhnungssache ist …).

Jede Farbe hat eine andere Wirkung, welche sich aber bei den betrachtenden Menschen unterscheiden kann. Ich denke, das meiste hat unsere Kultur geprägt. In manchen asiatischen Kulturen dient zum Beispiel Weiß als Trauerfarbe. Auf mich zum Beispiel wirken Schwarz und Grau ziemlich abweisend, einfach weil sie so dunkel sind. Zu viel bunte Farben finde ich aber auch nicht so ansprechend, weil es zu durcheinander und somit nicht mehr ästhetisch ist. Außer die Farben sind regenbogenartig angeordnet, dann wirkt es wieder strukturiert und harmonisch …

Der Zweite Weltkrieg ist in meiner Vorstellung auch schwarz-weiß. Wir haben in Geschichte einmal einen nachkolorierten Film darüber gesehen, das hat mich ein bisschen durcheinandergebracht. Dadurch wirkte der Schrecken viel realer. Es passiert(e) in unserer Welt und nicht in einer längst vergangenen, schwarz-weißen Welt.

Der Vater von Max (Werner) ist Achromat, also farbenblind, und erkennt gar keine Farben. Bei Achromatopsie – so heißt die Krankheit dazu – liegt nämlich eine Funktionsstörung der Zapfen auf der Netzhaut vor. Das sind die Sinneszellen, die für das farbige Sehen zuständig sind. Die Stäbchen dagegen ermöglichen uns, auch bei wenig Licht noch relativ viel zu erkennen, dafür aber nur in Graustufen.

Neben dem Unvermögen, Farben zu erkennen, kommt hinzu, dass Achromaten nur etwa 10 % Sehstärke haben. Das liegt daran, dass es im gelben Fleck, wo das Zentrum des scharfen Sehens ist, fast nur Zapfen gibt und die Stäbchen vor allem im Außenbereich liegen. Funktionieren die Zapfen nicht, kann man auch nicht so scharf sehen. Diese Sehschwäche lässt sich auch leider nicht mit einer Brille ausgleichen. Werner hat aber eine andere spezielle Brille, die das Licht filtert. Da die Stäbchen, die für das Sehen in einer dunklen Umgebung sind, bei normalem Licht stark überlastet sind.

Auf der anderen Seite habe ich schon von Menschen gehört, die mehr Farben unterscheiden können als andere. Neben Zapfen für die Farben rot, blau und grün, die der durchschnittliche Mensch besitzt, haben sie nämlich noch eine vierte Zapfensorte. Das finde ich viel schwieriger nachzuvollziehen als Achromatopsie. Wie soll man sich auch vorstellen, mehr zu sehen als man es tut?

Das ist so ähnlich, als ob man versucht, einer von Geburt an blinden Person Farben beschreiben. Andererseits ist es für uns auch schwierig nachzuvollziehen, was Blinde sehen.

Ich war einmal in einer Ausstellung über verschiedene Sinne und Sinnesstörungen. Da wurde das nichtvorhandene Sehvermögen vollständig blinder Menschen in etwa wie folgt deutlich gemacht:

Schließe einmal kurz die Augen. Was hast du gesehen? – »Nichts«, denkst du dir jetzt wahrscheinlich. Doch dieses *Nichts* ist immer noch ein anderes *Nichts* als das, das blinde Personen wahrnehmen, die ebenfalls *nichts* sehen. Denn wir nehmen immer noch die Dunkelheit wahr – blinde Personen nicht einmal das.

Was siehst du in Richtung Hinterkopf? – Genau, *nichts*. Auch keine Dunkelheit, einfach gar nichts. Und so ist für blinde Menschen das ganze Gesichtsfeld. (Also wenn sie vollständig blind sind, sodass sie wirklich *nichts* mehr sehen, was ja nicht bei allen der Fall ist. In Deutschland gilt man als blind, wenn man eine Sehschärfe von 0,02 % oder ein Gesichtsfeld von 5° oder weniger hat.)

Jetzt ist es langsam wirklich spät, ich sollte mal lieber ins Bett gehen. Gute Nacht bzw. guten Morgen, da du den Brief wahrscheinlich heute nicht mehr lesen wirst.

Deine ebenfalls solarbetriebene Brieffreundin

P.S. Ich glaube, Windenergie kann meinen Akku eben-falls aufladen. Einmal nach draußen gehen und sich komplett durchpusten lassen, kann mir sehr helfen, wieder neue Energie zu bekommen. Wenn man aber gegen den Wind Fahrrad fahren muss, ist dieser eher ent-ladend …

P.P.S. Mathe ist bei mir übrigens wirklich gelb. ;)

∗∗∗

Hallo Karina,

Wind finde ich auch megaschön. Eine frische Brise um die Nase und wehende Haare fühlen sich nach Heimat an, denn hier an der Nordsee weht immer Wind. Nur leider ist es danach schwer, sich die vom Wind zerzaus-ten Haare zu kämmen. ;)

Ich konnte mir noch nie richtig vorstellen, was blinde Menschen sehen. Den Vergleich mit dem Hinterkopf finde ich ziemlich gut. Man sieht wirklich *nichts*.

Wir waren mit der Schule einmal in einer Ausstel-lung zu dem Thema. Dort haben uns sehbehinderte und blinde Menschen durch mehrere absolut dunkle Räume geführt, in denen verschiedene Alltagssituationen nach-gestellt waren. Mit Hilfe eines Langstocks und unseren anderen Sinnen haben wir versucht, uns zu orientieren, und konnten die Umgebung auf eine neue Art wahr-nehmen. Das war wirklich eine beeindruckende Erfah-rung, die mir den Alltag blinder Personen ein wenig nähergebracht hat.

Gestern waren meine Familie und ich mit unserem kleinen Boot rudern. Es war ziemlich eng, hat aber trotzdem Spaß gemacht. Mit Stöcken und Bindfaden haben Jonah und die Zwillinge *Fische* geangelt und mein Vater hat lustige Seelieder angestimmt. Unser Boot heißt *Indie und Jonah*. Als ich klein war, durfte ich einen Namen bei der Schiffstaufe aussuchen. Ich dachte damals, der Name des Bootes sagt aus, wem es gehört, also habe ich es Indie genannt. Später wurde das Ruderboot *Indie* um *und Jonah* ergänzt, weil Jonah auch wollte, dass das Boot genauso heißt wie er. Mal sehen, wann die Zwillinge ebenfalls Anspruch darauf erheben.

Wir proben gerade mit dem Schulorchester für eine kleine Aufführung am Strand. Wir beide haben ja schon erkannt, dass es sich am Strand wunderbar spielt und die Dirigentin, aka meine Musiklehrerin, sieht das genauso. Dieses Mal haben wir sogar Magnete dabei, damit uns die Notenblätter nicht wegfliegen. ;)

So eine blöde Dramenszenenanalyse haben wir auch schon geschrieben … Das ist echt nicht spannend. Das Einzige, was ich an Analysen und Interpretationen noch halbwegs gut finde, sind Gedichtinterpretationen. Ich mag zwar die ganzen Stilmittel nicht, aber Gedichte, und das macht es etwas leichter.

Ich freue mich schon aufs Wochenende, da wollen wir eine Fahrradtour machen. Morgen schreibe ich eine Klausur in Geschichte und möchte mir den Stoff noch einmal kurz anschauen.

Wie lernst du eigentlich am besten? Ich schreibe mir immer ein Lernzettel, denn durch die Hand kommt bei mir alles wie von selbst in den Kopf. Manchmal nehme ich auch eine Audiodatei auf, in der ich über das Thema spreche. Oder ich versuche, es jemanden zu erklären. Dabei fallen mir oft Dinge auf, die ich mir noch genauer anschauen muss. Aber wenn ich es geschafft habe, ein kompliziertes Thema einfach zu erklären, habe ich es verstanden (sollte ich zumindest und meistens klappt es auch).

Liebe Grüße
Indie

P.S. Mathe in Gelb?! Das geht ja gar nicht. ;) Aber da sieht man mal wieder, *normal* ist für alle anders.

∗∗∗

Liebe Indie,

mein Weltbild wurde zerstört. Jahrelang wird uns erzählt, es gebe keine gerade Kurve und wir lachten alle über den Witz dazu. Und jetzt taucht auf einmal unsere Mathelehrerin auf und will mit uns eine Kurvendiskussion mit einer geraden Kurve (also einer linearen Funktion) durchführen. Das geht doch gar nicht! Aber unsere Funktion sah das anders. Dann heißt es wohl doch *die* gerade Kurve …

Ich sitze gerade mit meiner Mutter, meiner Oma und Max auf der Terrasse. Linda und Timo sind bei Freunden. Dabei höre ich Musik über Kopfhörer. Hier sind zwar weit und breit keine Nachbarn, die die Musik im Garten stören könnte, aber Max meint immer, klassische Musik mache ihn aggressiv. Es sei denn, ich spiele live, dann bewundert er immer, »was man aus so einem langen Stück Holz denn alles hervorzaubern kann«.

Dass ich genau genommen nicht einmal klassische Musik, sondern vor allem Filmmusik höre, macht für ihn keinen Unterschied. Er selbst hört dagegen Hard Rock, was mich auf die Dauer aggressiv macht. Wobei das immer nur innerlich ist, von uns rastet niemand wirklich aus. Man merkt aber schon, wie wir beide ab einem gewissen Zeitpunkt genervt sind. Deshalb haben wir irgendwann ein allgemeines Kopfhörergebot abgeschlossen. Das besagt, dass, wenn der jeweils andere im Raum ist, die Musik im Interesse aller über Kopfhörer gehört werden soll. Jetzt sind wir zwar nicht in einem Raum, aber du weißt, was ich meine.

Euer Auftritt am Strand klingt richtig vielversprechend. Da wäre ich wirklich gerne dabei. (Ich bin übrigens immer noch der Meinung, dass wir das auf der Musikfahrt mit allen am Strand hätten spielen sollen, nicht nur heimlich zu zweit.) Mit den Magneten für die Notenständer seid ihr auch besser gegen den Wind gerüstet, als wir es waren. Es wäre schon sehr unpraktisch, wenn bei einer Aufführung plötzlich die Noten wegfliegen würden.

Wie ich lerne, ist fachabhängig. In vielen Fächern wie Musik, Mathe und Physik lerne ich das meiste dadurch, dass ich die Fragen von Natascha, Janne und Jill beantworte. Dadurch merke ich, was ich selbst noch nicht wirklich weiß, und kann mir das noch einmal genauer angucken. In anderen Fächern wie Französisch und Englisch klappt das allerdings nicht. Da ist es immer Janne, die unsere Fragen beantwortet.

Lernzettel schreibe ich mir vor allem als Übersicht für die Sachen, die ich noch auswendig lernen muss. Ich mag es auch, komplizierte Schaubilder oder andere Grafiken zu erstellen, durch die sich alles strukturiert und plötzlich Sinn ergibt. Aber ich gebe dir recht, wenn man ein neues Thema auf eine einfache Weise erklären kann, hat man es wirklich verstanden.

Ich freue mich auch schon aufs Wochenende, da übernachten Natascha, Janne und ich bei Jill. Wir vier haben uns nämlich vorgenommen, mehr miteinander zu unternehmen – besonders außerhalb der Schule. Meine Mutter war ganz überrascht. Nach Lisa aus der Grundschule habe ich mich nämlich kaum *just for fun* mit jemandem getroffen.

Linda und Timo waren schon neidisch, doch für eine eigene Übernachtungsparty sind die beiden noch etwas zu klein. (Beim letzten Versuch, auswärts zu schlafen, musste Mama sie spät abends wieder abholen, weil sie wegen Heimweh nicht einschlafen konnten.) Als Alternative habe ich den beiden angeboten, am nächsten Wochenende eine Übernachtungsparty mit ihnen zu Hause zu feiern, »richtig mit Isomatten und Popcorn«. Für sie ist es so nicht weniger wert als außer Haus.

Ich werde jetzt noch ein bisschen Fagott spielen – Linda und Timo wollten gerne, dass ich ihnen ein kleines Kinderliederkonzert gebe. Was hörst du eigentlich gerne für Musik?

Viel Spaß bei eurer Fahrradtour.

Liebe Grüße
Karina

**

Liebe Karina,

ich sitze gerade auf meinem Bett und bin ganz schön kaputt. Die Fahrradtour war anstrengend, aber auch total schön.

Auf Deichen kann man stundenlang fahren, ohne irgendwo anzukommen. Fria und Loki sangen mit meiner Mutter fröhliche Kinderlieder, Jonah tat so, als wäre sein Fahrrad ein Monster-Truck, und ich musste aufpassen, dass Bo keine Schafe jagt.

Später machten wir ein Picknick. (Ein Ausflug ohne Essen kommt bei meiner Familie nämlich nicht in Frage!) Danach fuhren wir wieder zurück. Mit Gegenwind! Und das war kein Spaß. Bei uns ist zwar Flachland, aber wenn auf dem Rückweg der Wind von vorne kommt, wünsche ich mir stattdessen lieber einen Berg.

Vor allem weil wir auf dem Hinweg die Länge des Weges unterschätzt haben, weil es da noch so einfach ging. (Bei unserem Glück hätte der Wind aber bestimmt

111

gedreht, wären wir zuerst mit Gegenwind gefahren ...)
Bei Jonahs Monster-Truck, aka Fahrrad, war das Benzin
leer und er quengelte, dass seine Beine wehtaten. Außerdem hatte er keine Lust mehr und da konnten wir ihn
alle verstehen. Doch mit lustigen Geschichten und
gegenseitiger Motivation sind wir wieder zu Hause angekommen und haben erschöpft, aber glücklich Abendbrot gegessen.

Musikgeschmack ist wirklich etwas, worüber man sich
streiten kann, aber nicht sollte, denn es ist doch schön,
wenn wir alle unterschiedliche Musik mögen. Trotzdem
gibt es Lieder, die ich mehr oder weniger gerne hören
und das ist auch gut so. Ich mag Lieder, die etwas sanfter sind und ein Gefühl vermitteln, aber auch fröhliche
und manchmal traurige. Das hängt von meiner Stimmung ab.

In unserem Dorf gibt es jedes Jahr ein kleines Fest mit
kleinen Aktionen und Aufführungen. Es ist eine Tradition, die schon sehr lange stattfindet. Mit unserem
Schulorchester haben wir dort auch den Auftritt am
Strand, von dem ich dir bereits erzählt habe. Alle aus
dem Dorf treffen sich am Stand und an der Promenade.
Dabei wird das Zusammensein mit viel Gesprächen,
Musik und Kartoffelsalat gefeiert.

Das Highlight ist das Anschwimmen (also das erste
offizielle Schwimmen im Jahr). Das Fest findet zum
Sommeranfang statt und eröffnet mit dem Anschwimmen offiziell die Badesaison. Es ist eine ganz lustige Tra-

dition, die sich vor sehr langer Zeit jemand ausgedacht hat.

Alles Liebe
Indie

P.S. Was ist eigentlich dein Lieblingsessen? Ich glaube, diese lebenswichtige Frage haben wir noch nicht geklärt. Ich mag sehr gerne Eis und Schokolade, am besten Schokoladeneis, aber da bin ich offen. Obst und Gemüse esse ich auch gerne, damit ich groß und stark werde. ;)

✳✳✳

Liebe Indie,

es freut mich, dass eure Fahrradtour trotz des anstrengenden Rückwegs Spaß gemacht hat. Vielleicht hätte Jonah bei seinem Truck, als das Benzin verbraucht war, auf Windenergie umschalten sollen …

Mit dem Orchester spielen wir jetzt das Thema aus *Schindlers Liste*. Wir haben letzte Probe damit angefangen. Das Stück ist richtig traurig, gerade wenn man den Hintergrund dazu kennt. Wir spielen eine bearbeitete Version, die besser zu unserem Orchester passt und ein wundschönes Fagott-Solo hat. Allgemein ist sie sehr solistisch und gefühlvoll geprägt; zwischendurch kann man gar nicht sagen, ob die Musik jetzt klagend, schreiend und sehnsuchtsvoll oder vielleicht sogar etwas hoffnungsvoll ist. Eine Mischung aus beidem wird es wohl sein.

Den Film habe ich nie gesehen, er soll wohl sehr grausam sein. Aber das waren viele Menschen zur Zeit des Nationalsozialismus – besonders gegenüber Juden. Ich finde solche Filme wichtig, um die Geschichte den Leuten nahezubringen. So etwas darf auf keinen Fall erneut passieren!

Für uns ist beim Musizieren der Ausdruck wohl das Schwierigste. Es ist aber auch eine gute Herausforderung, die ganzen Emotionen des Filmes zu vermitteln: die Trauer, die Sehnsucht und den Schrecken, aber auch die Hoffnung, die sich trotz allem an der ein oder anderen Stelle wiederfinden lässt. Wir sollten beim Spielen nur nicht anfangen zu weinen. Weinend kann man nämlich in etwa so gut spielen wie lachend und dass man lachend – jedenfalls mit Blasinstrumenten – nicht spielen kann, haben wir bei unseren Proben schon oft genug herausgefunden.

Im Allgemeinen spiele ich lieber schnelle Stücke. Ich finde, es ist einfach ein unglaublich schönes Gefühl, wenn man sie richtig gut kann und die Finger wie von selbst über die Klappen fliegen. Bei sehr langsamen Stücken, einem Largo zum Beispiel, fehlt mir oft die Geduld, die langen Töne abzuwarten, und mich nervt es, nur so langsam in den Noten voranzukommen.

Euer Dorffest klingt nach einer schönen Tradition. Die Kleinstadt, zu der unser Grundstück offiziell gehört und in der ich zu Schule gehe, veranstaltet jeweils einmal im Jahr Veranstaltungen wie Sommerfest, Neujahrsempfang oder das Maibaumaufstellen. Im Herbst gibt es

Laternenumzüge für die Kinder, bei denen immer ein Teil unseres Orchesters eine Art Spielmannszug bildet. Beim letzten Mal war ich zum ersten Mal auch mit dabei.

Es war richtig schön, aber auch anstrengend und am Anfang ein bisschen verwirrend, beim Spielen die ganze Zeit zu gehen. Der beste Kommentar des Abends: »Guck mal, eine Riesentrompete!« (Das war ein kleiner Junge, als er die Tuba sah).

In der Schule spiele ich in keinem Ensemble – es gibt nur ein Streichorchester und eine Bigband. Dass einmal irgendwer mit einem Fagott kommt und somit nicht ins System passt, damit hatten unsere Musiklehrkräfte nicht gerechnet. Ein halbes Jahr lang habe ich mit dem Fagott die Cellostimme im Streichorchester mitgespielt. Das war aber nicht wirklich optimal, woraufhin ich in das Orchester der Stadt gewechselt bin. Dort war ich am Anfang mit Abstand die Jüngste (und die Schlechteste). Es gab allerdings neben mir noch eine andere Fagottistin, die mir sehr geholfen hat, mich in das Orchester hineinzufinden. Zu Beginn habe ich sogar besonders einfache Stimmen bekommen, die extra für mich dazugeschrieben wurden. Vor einem Jahr ist die andere Fagottistin leider weggezogen, aber inzwischen bin ich gut genug, alleine zu spielen (also als einziges Fagott).

Die Übernachtung mit Natascha und Janne bei Jill war übrigens sehr schön. Zuerst wussten wir nicht, was wir machen sollten, wodurch eine etwas merkwürdige Atmosphäre entstand. Aber dann haben wir uns ins Wohnzimmer gesetzt und einfach über alles Mögliche geredet. Zwischendurch entstanden zwar immer wieder diese Situationen, in denen wir nicht wussten, was wir sagen sollten, aber mit der Zeit wurden es immer weniger.

Dazu wollten wir Musik anmachen. Es war jedoch nicht ganz einfach, sich zu entscheiden, *was* für Musik. Beim Thema Musikgeschmack sind wir uns nämlich absolut nicht einig. Natascha hört deutsche Pop-Musik, Janne ist der größte Abba-Fan, den ich je getroffen habe, Jill mag Schlager und ich höre meistens Musik ohne Gesang. Letztendlich haben wir als Kompromiss einfach den erstbesten Radiosender angestellt.

Zum Abendbrot haben wir Pizza gebacken. Das war echt witzig und durch die Menge des Käses war auch ganz klar, welches Stück wem gehörte. Zwischen Natascha, die keinen Käse mag, und Jill, die sich noch extra Scheiben Käse mit daraufgelegt hatte, sodass ein riesiger Berg entstand, lagen Janne und ich (dünne Schicht und normaler Übertreibungsfaktor).

Später haben wir einen Film geguckt, in dem eine Person den gleichen Tag immer wieder erlebt. Sie handelt jedes Mal anders, so nimmt dieser Tag immer wieder ein anderes Ende, sie wacht jedoch immer am selben Morgen wieder auf. Ich stelle mir das ziemlich gruselig vor, in diesem einen Tag gefangen zu sein, besonders wenn alle anderen davon nicht mitbekommen. Bestimmt ist es auch ziemlich langweilig, wenn nie etwas Neues passiert. Aber gibt es einen Tag, den du vielleicht

116

noch einmal erleben wollen würdest? Und wenn du für immer nur noch einen Tag hättest, welcher wäre das?

Liebe Grüße
Karina

P.S. Mein Lieblingsessen ist ebenfalls Schokolade – falls das überhaupt als Lieblingsessen zählt. Ansonsten mag ich sehr gerne Crêpes (mit Schokolade natürlich). Wenn es nicht so ungesund sein soll, finde ich Lasagne auch nicht schlecht.

***

Hallo Karina,

Musik ist wirklich etwas Magisches und kann uns sowohl schöne als auch traurige Gefühle vermitteln und einen ganz anderen Zugang zu Themen geben. Ich habe mir das Stück, das ihr mit dem Orchester spielt, einmal angehört und es ist wirklich bewegend.

Unser Land hatte zur Zeit der Weltkriege keine schöne Geschichte, es sind so viele grausame Dinge passiert und viele unschuldige Menschen mussten leiden. So etwas wie damals darf nie wieder passieren. Deshalb ist es wichtig, dass wir aus unserer Vergangenheit lernen, damit wir uns bewusst werden, wie wertvoll Frieden ist.

Ein und denselben Tag, immer wieder zu erleben, stelle ich mir auf Dauer ziemlich anstrengend vor. Routinen finde ich sehr schön, aber in einem Tag gefangen zu sein, ohne einmal etwas anderes zu erleben, wäre nichts für mich.

Ich erinnere mich an viele Tage, an denen ich sehr glücklich war. Gerade hätte ich Lust, diesen Tag noch einmal zu erleben: Wir haben mit der Klasse einen Ausflug in einen Freizeitpark gemacht. Mia und ich waren zuerst nicht sehr begeistert, da wir beide keine Achterbahnen fahren wollten. Trotzdem haben wir uns gefreut, den Tag gemeinsam zu verbringen.

Auf der Busfahrt haben wir zusammen Musik gehört und geredet. Im Park angekommen, haben wir uns die Achterbahnen erst einmal nur angeschaut und sind dann Fahrgeschäfte für kleinere Kinder gefahren, die uns viel Spaß gemacht haben.

Später haben wir uns sogar getraut, in eine *richtige* Achterbahn einzusteigen. Wir beide sind vorher noch keine Achterbahn gefahren und hatten ein bisschen Angst davor.

»Komm Indie, wir machen das jetzt«, hat Mia auf einmal gesagt.

»Okay«, war meine Antwort.

Und ohne weiter darüber nachzudenken, sind wir tatsächlich eingestiegen und hatten Spaß dabei.

An diesem Tag habe ich gelernt, dass man etwas, was man noch nie gemacht hat, erst einmal ausprobieren sollte, bevor man sich entscheidet, es nicht zu mögen.

»Wer nicht wagt, der nicht gewinnt.« Ich muss mich öfter daran erinnern, wenn ich mich etwas nicht traue.

Wer sagt denn, dass es nicht doch gut wird, auch wenn es im ersten Moment nicht so scheint. Manchmal braucht man eine Herausforderung, um zu wachsen. Jeden Tag würde ich das aber nicht so gerne erleben, das wäre mir auf Dauer zu viel Adrenalin.

Es gibt noch so viele andere schöne Momente und Erfahrungen, an die ich mich gerne erinnere. Welchen Tag würdest du gerne noch einmal erleben?

Deine Indie

***

Liebe Indie,

im Moment ist das Wetter bei uns richtig schön und warm. Die Sonne scheint und ein leichter Wind weht über die Felder. So ist es perfekt. :)

Wenn ich einen Tag noch einmal erleben könnte, würde ich mir vielleicht den der Geburt der Zwillinge aussuchen. Als ich an einem Morgen in den Sommerferien aufwachte, war nur meine Oma zu Hause. Sie erzählte mir, dass Mama und Max im Krankenhaus waren, da die Babys kommen würden. Ich war ganz aufgeregt, jetzt war es endlich so weit. Am Vormittag vertrieben wir uns die Zeit, indem wir irgendwelche Spiele spielten. Im Grunde warteten wir aber nur auf den Anruf von Max, dass die Kleinen da waren und wir sie auf dieser Welt begrüßen konnten. Als das Telefon endlich klingelte, nahmen wir schnell ab.

»Hallo, hier spricht Frau« – ich weiß nicht mehr, wie sie heißt – »vom Marktforschungsinstitut. Hätten Sie kurz Zeit, an unserer aktuellen Radioumfrage teilzunehmen?« – Nein, das hatten wir nicht.

Enttäuscht legten wir auf. Kaum hatten wir uns wieder hingesetzt, klingelte das Telefon erneut. Wieder nahmen wir ab, wenn auch mit etwas gebremster Euphorie. Dieses Mal war es Max. Die Zwillinge waren gesund und munter zur Welt gekommen. Meine Oma und ich atmeten erleichtert auf und umarmten uns. Sofort fuhren wir los.

Und als ich dann mit meinen zehn Jahren im Krankenhaus stand und diese beiden kleinen Häufchen Leben ansah, habe ich das Lächeln nicht mehr aus dem Gesicht bekommen. Das Leben ist ein Wunder, ein Geschenk, das wir jeden Tag wieder aufs Neue auspacken und uns daran erfreuen dürfen. Die letzten Monate waren nicht immer einfach gewesen, aber jetzt schien alles so vollkommen, dass nun endgültig ein neuer, schöner Lebensabschnitt für mich und für uns alle begann. Dieses Gefühl werde ich nie vergessen. Dennoch würde ich den Tag lieber nicht in Dauerschleife erleben wollen. Langfristig wäre mir das eine viel zu emotionale Achterbahnfahrt.

Alles in allem können wir froh sein, dass wir nicht immer denselben Tag erleben, sondern jeden Morgen einen neuen bekommen, der uns neue Erlebnisse, Chancen und Möglichkeiten bringt. Jeder Tag ist ein Geschenk und als solches sollte man ihn auch sehen. Man muss nicht auf morgen oder irgendwann warten, man kann jeden einzelnen Tag nutzen.

Alles Liebe
Karina

**

Hallo Karina,

bei uns war in den letzten Tagen auch sehr schönes Wetter, was für unser Dorffest am Wochenende sehr passend wäre. Im nächsten Brief kann ich dir bestimmt schon davon erzählen. Unser Orchester ist bereit zum Vorspielen. Jetzt muss nur noch etwas bei der Generalprobe schief gehen, damit der Auftritt gut wird. ;)

Es ist wirklich gut, dass wir nicht jeden Tag genau dasselbe erleben. Es wäre sehr langweilig und man könnte nie über sich hinauswachsen, wenn man nichts Neues probiert. Außerdem ist, wie du auch schon gesagt hast, jeder Tag ein Geschenk. Denn man kann sich jeden Tag neu entscheiden, sein Leben *zu leben*; jeden Tag neu entscheiden, wer man sein möchte, und jeden Tag mit seiner Einzigartigkeit neu genießen.

Ich kann mich auch noch sehr gut an die Tage erinnern, an denen meine Geschwister geboren wurden. Es war ein überwältigendes Gefühl, diese winzigen Kreaturen zu sehen. Sie waren zwar klein, aber trotzdem schon voller Leben. Die Momente, in denen ich Jonah,

Fria und Loki das erste Mal in den Armen hielt, werde ich nie vergessen.

In der Schule haben wir alle Klausuren geschrieben. Ein Glück. Jetzt habe ich endlich wieder mehr Zeit. Aber »Nach dem Test ist vor dem Test«, wie meine Physiklehrerin zu sagen pflegt.

Mia und ich waren in den letzten Tagen oft beim Eisladen. Es gibt dort viele leckere Sorten und der Verkäufer bietet auch veganes Eis an. Da er sehr experimentierfreudig ist, gibt es sogar Gemüseeis und viele andere Sorten, die ich vorher noch nicht kannte. Bis jetzt haben sie aber alle sehr gut geschmeckt. Heute haben wir Erdbeer-Spinat-Eis probiert. Wirklich lecker. ;)

Mia wirkt in letzter Zeit immer wieder abwesend und in Gedanken versunken. Ich frage mich, was mit ihr los ist. Irgendetwas beschäftigt sie, aber sie möchte nicht darüber sprechen. Vielleicht ist sie verliebt, denn sehr traurig sieht sie nicht aus.

Jetzt regnet es, obwohl den ganzen Tag die Sonne vom Himmel gelächelt hat. Nun kann ich im Regen mit Bo Gassi gehen. Juhu …

Freust du dich auch schon auf die Sommerferien? Was habt ihr vor? Wir fahren mit dem Wohnmobil etwas mehr als zwei Wochen weg. Es ist zwar immer sehr chaotisch, bringt aber super viel Spaß.

Ich gehe dann mal hinaus, bevor der Regen noch schlimmer wird …

LG Indie

Hallo Indie,

ich hoffe, du bist beim Gassigehen nicht allzu nass geworden. Bei uns schüttete es gestern auch ziemlich. Zum Glück war ich gerade zu Hause und musste nicht mehr los.

Heute hat unser Philosophielehrer Herr Lakatos Geburtstag. Die Information hatten wir von Jill, woher die das wusste, weiß ich auch nicht so genau. Jedenfalls hatte das zur Folge, dass unser Lehrer nicht wusste, dass wir wussten, dass er Geburtstag hat.

Also überlegten wir uns, dass wir eine kleine Geburtstagsüberraschung vorbereiten. Irgendwer hatte bunte Kreide dabei und in der großen Pause vor Philosophie gestalteten wir die Innenseite der Tafel mit Geburtstagsgrüßen in verschiedenen Sprachen. Herr Lakatos unterrichtet nämlich auch Englisch, stammt ursprünglich aus Ungarn und spricht noch einige andere Sprachen. Wir klappten die Tafel zu und schrieben das laut Internet ungarische Wort für *öffnen* (*nyit*) auf die Außenseite.

Aufgeregt saßen wir auf unseren Plätzen und sahen zu, wie Herr Lakatos hereinkam, der Tafel nur einen kurzen Blick zuwarf und sich an den Lehrertisch setzte. *Mist.*

Dann begann der Unterricht. Wir waren alle etwas nervöser und unkonzentrierter als sonst, Herr Lakatos schien das jedoch nicht zu bemerken. In der Stunde nahmen wir verschiedene Philosophen der Antike durch. Zuerst sollten wir Philosophen aus der Zeit nennen, die wir schon kannten.

Herr Lakatos stand auf, um an der Tafel mitzuschreiben. Er blieb jedoch vor der Tafel stehen, ohne sie zu öffnen. Als Erstes kam Noah dran. Er nannte Aristoteles. Herr Lakatos wollte dies gerade auf die Außenseite der Tafel schreiben, da meinte Noah:

»Warten Sie kurz, wäre es nicht viel schöner, das auf die Innenseite zu schreiben?«

Wir hielten die Luft an.

»Ach, ich denke das geht schon, hier ist ja noch Platz«, entgegnete Herr Lakatos.

Und dann schrieb er außen dran und ignorierte unser schönes *nyit* vollkommen. Das konnte doch nicht sein.

Es wurden noch Platon, Sokrates und Diogenes genannt, danach fiel keinem mehr etwas ein. Wir sollten unser Philosophiebuch herausholen und nachgucken. Dann suchten wir noch die Geburts- und Sterbedaten heraus und sollten diese dazu schreiben.

Als wir gerade am Arbeiten waren, stand Herr Lakatos auf und ging zur Tafel. Jetzt würde er sie vielleicht öffnen. Er nahm den Schwamm von der Kreideablage herunter, was dafür nötig war. Er brachte den Schwamm zum Pult, ging wieder zur Tafel, legte die Hand oben auf die äußere Tafelklappe und öffnete die Tafel …

… nicht.

Er schrieb einfach noch einmal außen dran. Och man, wenn er sie nicht bald öffnen würde, wäre die Stunde zu Ende.

»Erstellt einen Zeitstrahl, in dem ihr die wichtigsten Philosophen der Antike einordnet.«

Okay, die nächste Aufgabe. Die würde er hoffentlich auf der Innenseite besprechen wollen. Es sei denn, er käme auf die Idee, die Außenseite vorher noch zu wischen.

Aber leider wurden wir enttäuscht. Er wischte die Tafel. Inklusive unseres schönen *nyits*. :(

»Wenn Sie gerade schon dabei sind, die Tafel zu wischen, dann können Sie die Innenseite doch gleich mitmachen. Wir brauchen sowieso noch Zeit«, gab Noah ihm erneut einen Wink mit dem Zaunpfahl.

Herr Lakatos nickte. Und dann öffnete er tatsächlich die Tafel! Endlich. Doch ob du's glaubst oder nicht, er schaute sich den Inhalt nicht an, sondern fing einfach an zu wischen!

»Nein!«, quiekte Jill.

Herr Lakatos stockte und schaute sich die Tafel genauer an. Noah gab einen kurzen Einsatz und wir fingen an, *Happy Birthday* zu singen. Unser Lehrer war richtig überrascht, am Anfang etwas verwirrt, freute sich aber sehr.

Im Musikunterricht haben wir einen Exkurs zum Thema *Neue Musik* gemacht. Es ist schon verrückt, was man da so alles anstellt. Teilweise ist es auch grenzwertig, ob man das überhaupt noch *Musik* nennen kann.

Im Grunde geht es darum, irgendetwas Neues (Schräges) entgegen den Hörgewohnheiten zu schaffen. Manches klingt einfach nur ungewohnt, anderes scheint jedoch komplett zusammenhangslos oder ist schief mit ekligem oder grausigem Klang. Ich finde es interessant und lustig, es ist einmal etwas ganz anderes und das ganze Musikbild wird auf den Kopf gestellt – denk dir einfach irgendetwas Verrücktes aus und alles ist super.

Ein besonderes Beispiel ist das Klavierstück *4'33''* von John Cage, in dem ein*e Pianist*in vier Minuten und 33 Sekunden an einem Flügel sitzt und dabei keinen einzigen Ton spielt. Das Stück besteht aus drei Sätzen – alle *tacet* (Spielanweisung, die besagt, dass der entsprechende Teil pausiert wird). Praktischerweise kann es mit jeder Besetzung gespielt werden, ohne dass es großartig bearbeitet werden muss.

Bei der Interpretation sind sich die Leute nicht einig: Machen jetzt die Hintergrundgeräusche oder die Stille das Stück aus? Ich finde den Gedanken von John Cage spannend, mitten im Konzert einmal Ruhe zu schaffen und die Menschen dazu zu bringen, einmal für knapp fünf Minuten einfach nichts zu tun. Ich denke, wenn auf einmal alles leise ist, werden andere Dinge laut.

Ich hätte Lust, das einmal mit dem Orchester zu spielen (vielleicht, wenn die Probenzeit sowieso knapp wird und wir noch ein Konzertstück brauchen …). Ich wäre gespannt, wie das Publikum reagieren würde. Wenn

126

viereinhalb Minuten zu lang wären, könnte man ja auch nur den ersten Satz spielen …

Die Meinungen meiner Klasse über die Moderne gingen sehr weit auseinander. Einige schauten einfach nur komisch oder konnten nicht viel damit anfangen. Janne war dagegen ziemlich begeistert. Ich finde, man kann solche Musik ganz treffend mit *nicht schön, aber witzig* beschreiben. Natürlich können auch schöne Sachen dabei sein, aber in der Hinsicht gefallen mir andere Epochen/Stilrichtungen besser.

Nach der Unterrichtsstunde haben Janne und ich beschlossen, dass wir solche Musik auch ausprobieren wollen. Sie spielt Gitarre. Ich weiß, Gitarre und Fagott passen normalerweise eher weniger gut zusammen, aber hier geht es um Neue Musik.

In den Sommerferien fahre ich mit meiner Familie eine Woche nach Schweden auf eine kleine Insel. Ich hoffe, das Wetter wird schön, dann können wir baden gehen. Aber wenn ich mir überlege, wie warm es jetzt schon ist, kann es im Sommer doch nur gut werden. Es ist nur blöd für die Natur, wenn es wieder so wenig regnet.

Ich stelle es mir auch sehr schön vor, mit einem Wohnwagen unterwegs zu sein und einfach nach Lust und Laune durch die Gegend fahren zu können. Wisst ihr denn schon, wo es hingehen soll?

Am Wochenende steht bei mir die Übernachtung zu Hause mit Linda und Timo an. Ich bin sehr gespannt, wie das wird. Aber erst einmal wartet noch eine

Musikklausur auf mich, für die ich jedoch etwas mehr wissen sollte, als dass bei John Cage vier Minuten und 33 Sekunden nicht gespielt wird.

Liebe Grüße
Karina

P.S. Wir haben leider keine Eisdiele, die so nahe bei uns ist, dass wir zu Fuß hingehen können. Dafür ist eine kleine in der Nähe der Schule, die wir manchmal in den Freistunden besuchen.

Vor ein paar Jahren waren wir in Italien im Urlaub. Da gab es viele Eisdielen, von denen manche wirklich sehr viel Auswahl hatten. Teilweise gab es sogar schon bis zu fünf oder sechs verschiedene Sorten Schokolade. Ganz interessant, aber sehr lecker, fand ich auch Sorten wie Zimt, Ananas oder Spekulatius. Reis und Basilikum habe ich mir dagegen erspart. (Wie auch immer Reiseis schmecken soll – ich stelle mir das sehr merkwürdig vor …)

***

Liebe Karina,

letztes Mal beim Wetter aufgehört, jetzt schon wieder damit angefangen. Bei uns war das Wetter heute voll schön. Na ja, *fast* die ganze Zeit. Heute war unser Dorffest:

Es ging am Vormittag damit los, dass sich alle, die mitmachen wollten, am Strand versammelten. (Es war

128

so ziemlich das ganze Dorf da, außer einer Familie, die etwas seltsam ist und schon aus Prinzip bei so etwas nicht mitmacht …)

Der inoffizielle Bürgermeister Heinz, der schon seit Kindheitstagen in unserem Dorf wohnt und den Ehrentitel *Bürgermeister* bekommen hat, hat eine Rede gehalten. Offiziell gehört unser Dorf zur nächsten Kleinstadt, aber wir sind durch die räumliche Entfernung relativ abgetrennt davon und haben so unser *eigenes Dörfchen*. In der kleinen Stadt sitzt der richtige Bürgermeister, doch der kommt nicht extra zu unserem Fest, also übernimmt Heinz immer die Rede.

Heinz erzählte, wie sehr er sich schon auf den Tag gefreut hat und wie lange diese Tradition schon besteht. Außerdem berichtete er von spannenden und lustigen Dingen, die das letzte Jahr im Dorf passiert sind. Eigentlich war es das Gleiche wie jedes Jahr.

Ein paar Kinder und Erwachsene führten mit dem Sportverein, der Musikgruppe oder eigenständig etwas vor und dabei wurde selbstgebackener Kuchen, Waffeln und Kartoffelsalat gegessen. Bald kamen wir auch mit unserem Schulorchester dran. Wir spielten auf der Promenade. Eigentlich hätte ich lieber direkt am Strand gespielt, aber wegen Sand, Wind und Meer war es auf der Promenade praktischer. Die Stücke liefen richtig gut und erzeugten eine sehr schöne Atmosphäre.

Doch dann beschloss ein Teil des Wassersdampfes in den Wolken zu kondensieren und in dicken Regentropfen herunterzufallen. Wir waren unter freiem Himmel und Holzinstrumente Regen auszusetzen, ist keine gute Idee. Alle bis auf die Blechblasinstrumente sprangen so schnell wie möglich auf, um ihre Instrumente in Sicherheit zu bringen. Die Trompeten, Hörner, Posaunen und die Tuba spielten einfach weiter. Deren Instrumente macht Regen schließlich nicht so viel aus.

Das sah bestimmt lustig aus; als wäre ein Schwarm Wespen gekommen und hätte uns alle verjagt. Aber in dem Moment konnte ich mir darüber nicht so viele Gedanken machen, denn ich wollte auf keinen Fall, dass mein Cello nass wird. Also zog ich meine Jacke schnell aus, bedeckte das Instrument damit und rannte so schnell wie möglich zu meinem Cellokoffer, um es vor dem Regen zu schützen. Es war etwas chaotisch, doch kurz darauf hatten alle ihre Instrumente in Sicherheit gebracht. Es ist nichts weiter passiert, außer, dass unsere Noten den Regen nicht überlebten.

Ich glaube, gerade den kleinen Kindern gefiel diese Aktion noch mehr als das eigentliche Spielen und Heinz kann dieses Ereignis das nächste Mal in seiner Rede mit in die Rubrik lustige Anekdoten einbringen.

Der restliche Teil verlief ziemlich gut. Der Kuchen war lecker und die anderen Vorführungen liefen ohne weitere Zwischenfälle.

Am Ende kam der kalte Teil: das Baden.

Da mittlerweile wieder die Sonne schien, war es zumindest außerhalb des Wassers warm. Jonah, ich und die anderen Kinder und Jugendlichen wollten unbedingt ins Wasser gehen. In Badekleidung standen wir nebeneinander. Wir hielten uns an den Händen und liefen schreiend ins Wasser. Es war megakalt. Trotzdem gingen wir bis zum Bauch hinein, tauchten einmal unter und rannten so schnell wie möglich wieder hinaus in die Handtücher.

Jetzt kann der Sommer beginnen! Und mit dem Sommer kommt schon bald der Urlaub. :)

Euer Ferienhaus klingt sehr gut. Ein Haus auf einer Insel in Schweden – mehr braucht man nicht, um einen schönen Urlaub zu verbringen.

Wir fahren mit unserem Wohnwagen von Stellplatz zu Stellplatz und verweilen dort, wo es uns gefällt. Noch sind wir nicht sicher, ob wir in den Norden oder Süden fahren. Zur Auswahl stehen aktuell Norwegen und Süddeutschland. Ich würde, glaube ich, lieber nach Norwegen fahren. Da war ich noch nie, aber ich denke, die Natur ist wunderschön.

Unser Wohnwagen ist ziemlich klein und wenn wir darin schlafen, ist fast jeder Zentimeter belegt. Deshalb haben wir ein Zelt dabei, in dem Jonah und ich manchmal übernachten, damit die anderen drinnen ein bisschen mehr Platz haben. Auch unser Bad ist mikromäßig klein. Man kann gleichzeitig duschen, Zähneputzen und aufs Klo gehen. Aber so eng es auch ist, es macht immer viel Spaß *on the Road* zu sein. Und es ist ein tolles Gefühl, seinen Schlafplatz immer dabei zu haben.

Jetzt wo ich genauer darüber nachdenke, finde ich, dass Norwegen eine super Idee ist und wir da unbedingt hinmüssen. Die Alpen können wir noch einmal wann anders besuchen.

LG Indie

*** *** ***

Liebe Indie,

du hast recht, wir reden (bzw. schreiben) wirklich viel übers Wetter, aber es hat schließlich auch Auswirkungen auf die Stimmung.

Dass es bei eurem Dorffest so plötzlich angefangen hat zu schütten, ist wirklich blöd – die armen Noten. Vielleicht hättet ihr ein Zelt aufstellen müssen, aber wer rechnet schon an einem sonnigen Tag mit plötzlichem Regen? Außerdem wäre das für die Instrumente wahrscheinlich gar nicht so viel besser gewesen, da das Wasser durch die hohe Luftfeuchtigkeit immer noch ins Holz oder in die Filze gezogen wäre.

Wie schon angekündigt, habe ich dieses Wochenende die Übernachtung mit Linda und Timo gemacht. Sie haben sogar extra ihre Taschen gepackt – und beide sowohl den Schlafanzug als auch die Zahnputzsachen vergessen. Gut, dass es bis nach Hause nicht weit war. ;)

Um fünf vor sechs sind die beiden mit ihren Taschen hinaus gegangen und haben um Punkt 18:00 Uhr geklingelt. (Linda hätte ihre Tasche auch drinnen stehen gelassen, aber Timo meinte, das zählt dann nicht.) Nach dem

Abendessen haben wir im Wohnzimmer die Betten (also Isomatten) aufgebaut und die Erwachsenen wurden auf den Dachboden verbannt. (»Eine Übernachtungsparty ist schließlich ohne Eltern.«)

Nach einer ewigen Diskussion, welchen Film wir gucken, gab es schließlich *Wickie*. Irgendwann fand Linda es so spannend, dass sie zu mir kuscheln kam. Kurz darauf ist sie in meinem Arm eingeschlafen und ich konnte mich nicht mehr bewegen, da ich sie nicht wecken wollte.

Mit dem Beginn des Abspanns ist sie jedoch von alleine wieder aufgewacht und wollte wissen, wie der Film weiterging. Timo konnte es ihr sehr lebhaft erzählen, sodass wir bald alle vor Lachen Tränen in den Augen hatten.

Um halb zehn machten wir uns bettfertig. Für ihre Verhältnisse war das recht spät. Als wir in den Betten lagen, beschlossen Linda und Timo, sich die ganze Nacht zu unterhalten und Geschichten zu erzählen. Eigentlich hatte ich schon vor, wenigstens ein bisschen zu schlafen. Jedoch ging ich nicht davon aus, dass die beiden allzu lange durchhalten würden.

Ziemlich bald bestätigte sich meine Vermutung: Linda war kurz auf Klo, und als ich Timo nach einer kurzen Gesprächspause wieder ansprechen wollte, schlief er tief und fest. Als Linda wiederkam, hatte sie keine Lust mehr, weiter wach zu bleiben, und schlief ebenfalls ein. Ich lag noch lange wach. Wahrscheinlich kennst du das auch, wenn man manchmal einfach nicht einschlafen kann, obwohl man total müde ist …

Irgendwann muss ich trotzdem eingeschlafen sein, denn kurze Zeit später wurde ich schon wieder wachgerüttelt.

»Da ist etwas im Garten«, flüsterte Timo mir ängstlich zu.

Draußen war es noch stockdunkel. Ich stand auf. Durch das Rascheln und die Schritte wurde auch Linda wieder wach.

»Was ist los?«, fragte sie verschlafen.

»Komm her, da ist was«, wisperte Timo.

Und so standen wir kurz darauf zu dritt der Terrassentür. Tatsächlich, dort raschelte etwas.

»Ist das ein Gespenst?«, überlegte Timo.

»Quatsch, Gespenster schweben ja und sind somit leise«, widersprach Linda. »Es ist eher ein Einbrecher.«

Ich öffnete die Tür und leuchtete mit Lindas Taschenlampe durch den Garten. Da entdeckten wir den Ruhestörer: Ein Waschbär streunte zwischen den Büschen herum. Kurz blieb er im Lichtkegel der Taschenlampe stehen und verschwand wieder in der Dunkelheit.

»Das war ein waschechter Waschbär«, sagte ich, ein wenig stolz auf meinen Wortwitz.

Wir gingen wieder schlafen und der Rest der Nacht verlief ruhig. Wobei das von der Definition von Nacht abhängt. Denn kaum wurde es am Morgen hell, waren die Kleinen wach und tobten im Wohnzimmer herum.

Während sich die Zwillinge am Vormittag allein beschäftigten, holte ich noch etwas verlorenen Schlaf nach. Soweit ich weiß, sind Linda und Timo zwar offiziell zu der Übernachtung gekommen, aber nie wieder nach Hause gegangen. Egal, wahrscheinlich haben sie sich einfach teleportiert …

Ich freue mich ebenfalls schon sehr auf den Urlaub. Eure Wohnwagentour wird bestimmt richtig schön – einfach ganz flexibel durch die Gegend fahren und jedes Mal woanders übernachten. Ich würde das gerne einmal mit einem kleinen Boot machen, dann wäre man auch noch den ganzen Tag auf dem Wasser. Ich mag Wasser – vor allem das Meer. :)

Ich drücke dir die Daumen, dass das mit Norwegen klappt. Vor zwei Jahren waren wir mit der Familie dort und die Natur ist wirklich wunderschön.

Viele liebe Grüße
Karina

***

Liebe Karina,

eure Übernachtungsparty klingt megacool. :) Vor allem der waschechte Waschbär war bestimmt süß!

Wir haben mit dem Leichtathletik-Team bald unseren ersten Wettkampf. Es ist nur ein kleiner bei uns in der Nähe, trotzdem sind wir alle positiv aufgeregt und freuen uns auf die Herausforderung. Mit dem Team laufen wir gemeinsam eine Staffel und es gibt Einzeldiszip-linen. Ich trete im Sprint an. Darauf freue ich mich schon, denn anders als beim Ausdauerlauf fühlt es sich zwischenzeitig so an, als würde man fliegen.

Bist du eigentlich eine Lerche oder eine Eule, also ein Morgen- oder Abendmensch? Ich bin auf jeden Fall eine Lerche. Morgens bin ich viel produktiver und energie-geladener als abends. Und ein guter Start am Morgen ist ein guter Start in den Tag. Eine Zeit lang bin ich morgens immer recht knapp aufgestanden, sodass ich nur noch Zeit hatte, schnell zu frühstücken und mich fertig zu ma-chen. Das war relativ stressig. Außerdem war ich nach-mittags auch nicht mehr so produktiv, weil ich erschöpft von der Schule war. So kam es mir so vor, als hätte ich den ganzen Tag *keine* Zeit, was eigentlich nicht stimmte. Ich habe nur die *falsche* Zeit benutzt.

Irgendwann bin ich morgens einfach ein bisschen früher aufgestanden und habe gemerkt, dass ich am An-fang des Tages viel energiegeladener bin als am Ende. Mit der Zeit habe ich den Morgen für mich entdeckt. Alles ist ruhig und frisch. Vor einem liegt ein neuer Tag, den man so gestalten kann, wie man möchte. Das fühlt sich an, wie ein neuer Collegeblock in der Schule – ich liebe neue Collegeblöcke.

Am Morgen gehe ich gerne mit Bo spazieren, laufen oder, wenn es ganz warm ist, im Meer schwimmen. Manchmal übe ich Cello (wenn die anderen schon wach sind), mache Schulaufgaben oder etwas anderes, auf das ich Lust habe. Die ersten Morgenstunden sind mir sehr wichtig und dafür gehe ich auch gerne ein bisschen früher ins Bett, denn es geht nichts darüber, als das erste Vogelgezwitscher bei einem geöffneten Fenster zu genießen.

Mia ist in diesem Punkt das komplette Gegenteil von mir, sie ist eine Eule. Früh aufzustehen, gefällt ihr gar nicht. Dafür blüht sie abends noch einmal total auf, ist sehr produktiv und möchte alles Mögliche machen. So unterschiedlich sind die Menschen. Bist du eher *Team Indie* (Morgenmensch) oder *Team Mia* (Abendmensch)? Oder liegst du dazwischen?

Apropos Mia ... Sie verhält sich nach wie vor anders als sonst. Ich habe noch einmal darüber nachgedacht. Eigentlich hat alles angefangen, als Emily neu zu uns in die Klasse gekommen ist. Mia verhält sich irgendwie merkwürdig, wenn sie in ihrer Nähe ist.

Emily ist sehr nett und aufgeschlossen. Ich glaube nicht, dass Mia sie nicht mag. Ich glaube eher, dass sie sie mag. Entweder möchte sie mit Emily befreundet sein, oder Mia mag sie ein bisschen mehr. Das kann ich mir schon eher vorstellen. (Oder ich liege komplett falsch und sie kennen sich aus einem früheren Leben, in dem sie sich nicht leiden konnten. Wer kann das schon wissen ...)

Noch hat Mia nichts dazu gesagt und ich möchte sie auch nicht drängen. Ich warte einfach, bis sie auf mich zukommt, und habe ein offenes Ohr für sie (oder zwei). (Übrigens habe ich Mia gefragt, ob es für sie in Ordnung ist, dass ich über sie in unseren Briefen schreibe, und sie findet es okay. Die Briefe sind für mich wie ein Tagebuch und sie weiß auch, dass ich nichts erzähle, von dem sie möchte, dass es unter uns bleibt.)

LG Indie

***

Liebe Indie,

heute haben wir in Chemie ein Experiment mit Geruchsstoffen durchgeführt. Eigentlich war es sehr spannend und witzig, bloß haben meine Hände hinterher lange noch nach Erbrochenem gerochen. Doch von vorne:

Unser Thema waren Veresterungen. Das sind Verbindungen aus einem Alkohol und einer Carbonsäure. Wir hatten verschiedene Stoffe zur Auswahl und sollten ausprobieren, was passiert, wenn man je ein Alkohol und eine Carbonsäure kombiniert – also zusammen erhitzt.

Die Säuren waren sehr geruchsintensiv, nach der Verbindung mit dem Alkohol sollten sie besser riechen. Das beste, interessanteste, aber auch schlimmste Beispiel war die Buttersäure. Die roch sehr (!) stark nach Erbrochenem, sodass wir den Säurebehälter die ganze Zeit unterm Abzug stehen hatten und die Abzugstür immer wieder schließen mussten. Nachdem wir ein bisschen davon in ein Reagenzglas abgefüllt hatten, transportierten wir die Flüssigkeit nur mit Stopfen. Außerdem mussten wir dicke Gummihandschuhe tragen. Unter einem zweiten Abzug konnte man das Reagenzglas wieder öffnen und zusammen mit dem Alkohol erhitzen.

Der Geruch nach der Reaktion war das andere Extrem, es roch sehr süß und blumig und hat mich ein bisschen an den Geschmack von übertrieben künstlichen Bonbons erinnert. Immerhin war es besser als Buttersäure. Denn trotz aller Vorsichtsmaßnahmen stank es in einem Meter Umkreis vor dem ersten Abzug so entsetzlich, dass man es dort kaumaushalten konnte. Vor dem zweiten war es ein bisschen besser, da der schlimme Gestank von dem übertrieben süßen verdrängt wurde.

Beim Gehen durch den Raum konnte man richtig merken, wie man durch eine Geruchswolke nach der anderen ging. Diverse künstliche Düfte wie Banane oder Erdbeere wechselten sich mit Klebstoff, Essig oder Buttersäure ab. Am Ende war der Raum nur noch ein einziger Mief aus vielen verschiedenen intensiven Gerüchen.

Irgendwann kam der Lehrer aus dem benachbarten Chemieraum vorbei, um sich wegen des Gestanks zu beschweren. Daraufhin öffneten wir ein Fenster. Viel brachte es jedoch nicht.

Als wir nach der Stunde auf den Flur traten, atmeten wir alle erleichtert auf. Die Geruchsneutralität war in dem Moment unglaublich angenehm. Selbst der Gestank, der von den Klos ausging, störte uns nicht mehr. Mir taten nur die Leute leid, die als Nächstes in dem Raum Unterricht hatten.

Hinter uns kam eine siebte Klasse aus dem gegenüberliegenden Physikraum auf den Flur.

»Boah, das stinkt hier«, beschwerten sie sich untereinander.

Ups.

Scheinbar rochen wir es nur nicht mehr, weil wir von eben Schlimmeres gewohnt waren.

Wieder in unserem Klassenraum stellten wir ziemlich schnell fest, dass der Buttersäuregeruch leider nicht im Chemieraum geblieben, sondern mit uns und unserer Kleidung mitgewandert war. Auch unsere Hände rochen extrem, obwohl wir sie gewaschen hatten.

Als unsere Lehrerin für die nächste Stunde hereinkam, bat sie uns sofort darum, dass alle Fenster sperrangelweit geöffnet werden, und bedankte sich bei unserer Chemielehrerin für die durch den *schönen* Geruch besonders *angenehme* Stunde.

Im Laufe des restlichen Schultages wusch ich mir immer wieder die Hände, sodass sie ganz trocken und rissig wurden. Doch der Geruch war nicht wegzubekommen. Sobald ich zu Hause war, warf ich sämtliche Klamotten in die Wäsche und duschte mich mit Lindas Duschgel, da es das geruchsintensivste im Haus war. Hinterher roch ich zwar nach Einhorn, aber das war besser als Buttersäure.

Lerche oder Eule? Ich glaube, ich bin eine Mischung aus *Team Indie* und *Team Mia*. Ich habe kein Problem, morgens zur Schule früh aufzustehen, würde freiwillig aber nicht eher aus dem Bett kommen. (Dazu ist es einfach viel zu gemütlich!)

Bei Übernachtungen und Jugendfahrten bleibe ich allerdings, wenn der Tag nicht allzu anstrengend war und ich mich in der Runde wohlfühle, gerne bis mitten in die Nacht wach. (Die gemeinsame Zeit ist einfach viel zu schade, um zu schlafen, das kann ich immer noch machen, wenn ich zu Hause bin.)

Als wir mit der Klasse auf Kennenlernfahrt waren, hatten Natascha, Janne, Jill und ich allerdings etwas übertrieben. Die Lehrkräfte waren so frei, uns keine Schlafenszeit vorzugeben, was wir natürlich ausnutzen mussten. Wir waren in einem Zimmer und hatten vorher noch fast keinen Kontakt zueinander. An dem besagten Abend hatte sich das gerade geändert. Wir saßen auf dem Bett, spielten Spiele und aßen Chips und Schokolade. (Im Nachhinein war das keine gute Idee, Krümel im Bett nerven ...) Dabei unterhielten wir uns über alles Mögliche. Wir schauten selten auf die Uhr und wenn jemand müde wurde, hielten ihn die anderen wach.

Um drei Uhr nachts beschlossen wir, lieber schlafen zu gehen. Aus Trägheit und ein paar anderen Sachen, die noch dazwischenkamen, verzögerte sich das etwas und als wir um kurz vor vier aus den Waschräumen kamen, konnten wir die Augen kaum noch aufhalten. Plötzlich wurde mir total schwindelig, sodass ich mich kurz hinsetzen musste. Es wurde wirklich allerhöchste Zeit, schlafen zu gehen. Kurz darauf lagen wir im Bett und die anderen waren ziemlich schnell eingeschlafen. Mir war immer noch ein bisschen schwindelig, was mich paradoxerweise vom Schlafen abhielt. Irgendwann war ich noch einmal auf Klo gegangen. Halb fünf. Am letzten Morgen bin ich bereits um sechs aufgewacht, da wir vergessen hatten, die Vorhänge zuzuziehen, und die Sonne genau auf mein Gesicht schien.

Als ich vom Klo wiederkam, ging ich ins Bett, schlief unruhig und wurde schon bald darauf um zwanzig nach sieben, vom Wecker wieder geweckt, da es um halb acht Frühstück gab. (Wir hatten eine optimistische Zeiteinteilung.)

Ich habe einmal gelesen, dass 24 Stunden ohne Schlaf eine ähnliche Auswirkung wie 1,2 Promille Alkohol im Blut haben. Ich habe nie wirklich Alkohol getrunken, nur einmal unfreiwillig probiert und das Zeug schmeckte echt grausam. (Ich dachte, das wäre Apfelschorle und kein Bier!) Außerdem finde ich betrunkene Leute unsympathisch bis gruselig und es etwas besorgniserregend, was sie so anstellten. Natürlich ist Alkohol in großen Mengen auch sehr gesundheitsschädlich, schließlich ist Alkohol Gift für den Körper.

Am nächsten Tag der Klassenfahrt musste ich wohl das Äquivalent zum Kater gehabt haben: Ich war zu nichts zu gebrauchen, meine Konzentration war im Eimer, mir wurde andauernd schwindelig und einen großen Teil meiner Engie verbrauchte ich dafür, die Augen offen zu halten. Wie andere einfach so eine Nacht durchmachen können, ist mir ein Rätsel. In Ausnahmefällen reicht mir zwar wenig Schlaf, aber fünf Stunden wären schon nicht schlecht.

Ich finde das total schön, wie du und Mia befreundet seid. Da muss es eine Menge Vertrauen und Verbundenheit zwischen euch geben. Dass sie in Emily verliebt ist, könnte ihr Verhalten schon irgendwie erklären. (Dass sie sich aus einem früheren Leben kennen, halte ich für weniger wahrscheinlich …) Ich weiß nicht, ob es mein erster Gedanke gewesen wäre, dass man als Mädchen ja auch in ein Mädchen verliebt sein könnte, aber du hast recht: Wieso nicht?

Ich bin irgendwie bislang kaum mit dem Thema in Kontakt gekommen. In der Schule wird höchstens einmal kurz erwähnt, dass es auch homosexuelle Liebe gibt, aber das war's dann auch und es wird nur noch von Mädchen und Junge (bzw. Mann und Frau) geredet. Dabei sollte es eigentlich als *normal* angesehen werden, wie du es auch tust.

Ich habe ein bisschen über Mias Situation nachgedacht und kann mir gut vorstellen, dass sie erst einmal selbst mit ihren Gedanken in Bezug auf Emily zurechtkommen muss. Schließlich ist Liebe kompliziert und gleichgeschlechtliche wahrscheinlich erst recht, da neben der Liebe an sich noch weitere Probleme wie zum Beispiel das Outing dazu kommen und man meistens nicht genau weiß, wie andere reagieren.

Das könnte erklären, warum sie noch nichts erzählt hat. Vielleicht kannst du sie einfach unterstützen, indem du sie merken lässt, dass du bei ihr bist und hinter ihr stehst (egal, was passiert). Wenn es möglich ist, kannst du vielleicht *zufällig* erwähnen, dass du nichts gegen gleichgeschlechtliche Paare hast. Das könnte ihr die entscheidende Sicherheit geben und du drängst sie nicht, über irgendetwas zu reden. Vielleicht liegen wir auch total daneben und sie kennen sich wirklich aus einem früheren Leben, in dem sie sich nicht ausstehen konnten. Ihr zu zeigen, dass du für sie da bist, kann auf jeden Fall nicht schaden. :)

Mit der RSG-Team-Choreo sind wir übrigens schon richtig schön weit. Inzwischen geht es nur noch um Details und Nuancen. Mir macht es richtig viel Spaß als Gruppe so ein großes Projekt zu haben und das Ganze dann immer weiter zu optimieren.

Am Freitag treffe ich mich mit Janne, wir wollen uns genauer mit der Modernen Musik beschäftigen, das wird bestimmt witzig.

Liebe Grüße
Karina

P.S. Die Situation mit Luna ist und bleibt frustrierend. Sie distanziert sich immer mehr von mir und versucht, mich zu ignorieren. Auf der anderen Seite wird sie in der Klasse immer beliebter und knüpft Kontakte mit allen anderen. So ist es zwar besser als ein Streit, aber trotzdem blöd …

***

Liebe Karina,

zum Glück kann man über E-Mails keine Gerüche transportieren, denn euer Experiment hätte ich nicht so gerne gerochen. ;)

Ich mag Chemie richtig gerne. Leider haben wir nicht so einen großen und gut ausgestatteten Chemieraum, da unsere Schule sehr klein ist, aber es bringt trotzdem Spaß.

Ich habe heute mit Mia geredet und dabei sind wir auf Emily gekommen:

»Seit Emily in unsere Klasse gekommen ist, fühle ich mich so anders. In mir drin ist ein riesiges Gefühlschaos. Alles ist durcheinander. Ich weiß nicht, was ich denken und fühlen soll, und erst recht nicht, wie ich da wieder Ordnung reinbringen kann«, meinte sie.

»Mia, das ist okay«, antwortete ich und umarmte sie, »man muss nicht jedes Gefühl verstehen. Ist es ein schönes Gefühl? Kribbelt es im Bauch?«

»Ja, nein, keine Ahnung. Es ist viel mehr chaotisch. Ich versuche es zu unterdrücken, doch das geht einfach nicht. Indie, was soll ich denn jetzt machen? Was ist falsch mit mir?«

»Gar nichts, gar nichts ist falsch mit dir! Ich denke, du musst erst einmal nichts tun. Aber ich weiß es auch nicht so genau. Schau dem Chaos vielleicht einfach zu und hör in dich hinein, was es dir sagen möchte. Es ist okay, nicht zu wissen, was man fühlt und deine Gefühle sind überhaupt nicht falsch.«

»Wenn du meinst … Ach, ich weiß nicht, warum ist es denn so schwierig?«

Ja, warum ist es so kompliziert? Das frage ich mich auch oft. Ich denke, dass Mia wirklich in Emily verliebt ist, das aber selbst noch nicht erkannt hat. Es ist aber auch nicht einfach und von außen betrachtet ja noch einmal etwas anderes.

In der Unterstufe dachte ich immer, dass ich in der Oberstufe erwachsen und schon voll groß bin. Doch jetzt bin ich hier, fast erwachsen, fühle mich aber immer noch wie ein Kind. Das Erwachsenwerden ist irgendwie sehr schwierig, aufregend, voller neuer Dinge und ich stecke mittendrin. Aber ich glaube, man sollte trotzdem versuchen, jede Phase seines Lebens zu genießen. Denn aus jedem Abschnitt lernt man etwas, nimmt etwas fürs weitere Leben mit und geht größer und stärker heraus als hinein.

Gestern war ich mit Bo auf einem Spaziergang. Alles war wie immer, doch dann fing er an zu bellen. Dabei bemerkte ich nichts um uns herum.

Doch dann kroch plötzlich eine Schlange über dem Weg.

Eine Schlange!

Ich habe ziemlich Angst vor Schlangen. Ich erschrak mich so sehr, dass ich erst kurz aufschrie, dann eine Sekunde in eine Schockstarre fiel und als mein Körper das Adrenalin zur Flucht vorbereitet hatte, rannte ich so schnell wie möglich weg.

Bo war nicht an der Leine und anstatt mir zu folgen, wollte er lieber der Schlange hinterher, die schnell weggekrochen war.

»Bo, komm sofort her, hier!«, schrie ich hysterisch.

Doch Bo fand die Schlange einfach spannender als mich.

Ich war immer noch am Weglaufen, als mein geliebter Hund endlich kam. Er hielt das Ganze wohl für ein Spiel.

Auf dem Rückweg erschrak ich schon vor den kleinsten Geräuschen, da ich Angst hatte, dass die Schlange wiederkommen könnte.

Jetzt sitze ich zu Hause und mir ist klar, dass meine Angst etwas unbegründet war, aber in dem Moment fand ich die Schlange sehr angsteinflößend.

Heute wollte ich den Weg eigentlich nicht noch einmal gehen, hätte ich jedoch länger gewartet, hätte ich bestimmt noch mehr Angst vor der Stelle gehabt. Außerdem hielt ich es für sehr unwahrscheinlich, dass die Schlange erneut auftaucht.

Trotzdem scannte ich den Weg ab und rechnete überall mit der Schlange. Als ich an der Stelle von gestern angekommen war, war ich schon kurz erleichtert, dass das Kriechtier nicht da war. Doch ich hatte mich zu früh gefreut.

Fünf Meter weiter kroch diese blöde Schlange über den Weg. Ich erschrak mich wieder, war aber dieses Mal darauf vorbereitet. Eine 180-Grad-Drehung später gingen Bo und ich im Laufschritt wieder zurück.

Ich habe ihr jetzt einen Namen gegeben. Die friedliche Frieda. Das war ziemlich nett von mir, denn ich fand sie überhaupt nicht friedlich. Aber als Jonah früher Angst vor Spinnen hatte, hat es ihm geholfen, als er ihnen einen Namen gegeben und mit ihnen geredet hatte. Ich kann mir also gut vorstellen, dass mir das auch hilft. Mit einem Namen wirkt so eine Schlange gleich weniger bedrohlich (hoffe ich ...).

LG Indie

***

Liebe Indie,

unsere Chemielehrerin meinte übrigens, dass die Buttersäure so schrecklich riecht, weil sie ab einer gewissen Konzentration hochgiftig ist. Es ist also ein Selbstschutz, dass wir den Geruch als so unangenehm wahrnehmen. Dadurch wird jedes Lebewesen schon längst über alle Berge sein, wenn eine gefährliche Konzentration erreicht ist.

Liebe ist schon ein schwieriges Thema. Ob Mia sich jetzt wirklich verliebt hat, wird sich wahrscheinlich einfach mit der Zeit zeigen, schließlich muss sie es selbst erst einmal herausfinden.

Ich glaube, ich war noch nie wirklich verliebt. Es gab zwar früher einmal einen Jungen, den ich ganz toll fand, aber da war ich in der siebten Klasse und im Nachhinein denke ich, dass ich noch gar nicht so weit war, um wirklich von Liebe oder Verliebtsein sprechen zu können. Vielleicht bin ich es jetzt immer noch nicht oder mir fehlt bislang einfach nur die richtige Person. Doch in der Hinsicht habe ich es noch nicht so eilig.

Ich stelle es mir sehr schön vor, mich irgendwann einmal voll und ganz auf eine andere Person einlassen zu können und Sätze zu erleben, wie »bei der Person fühlt es sich an, wie nach Hause zu kommen«.

Wenn ich länger über Liebe nachdenke, stelle ich fest, dass da für mich noch viele Fragen offen sind. Wo fängt Liebe an? Und wo genau liegt der Unterschied zwischen Freundschaft und Liebe? Schließlich kann man sich auch in einer Freundschaft wie zu Hause fühlen. Ich denke jedoch, dass freundschaftliche Liebe genauso wie familiäre Liebe eine Form von Liebe sind. Liebe ist allgemein sehr facettenreich und bestimmt auch für alle anders. Ich würde sagen, dass Liebe eines der wichtigsten Dinge auf der Welt ist: romantische Liebe, Liebe unter Freunden, Liebe in der Familie oder einfach Nächstenliebe, die uns dazu bringt, auch an andere und nicht nur an uns selbst zu denken.

Doch noch einmal zurück zur romantischen Liebe: Ich bin noch vollkommen planlos, was das angeht, und habe keinerlei Erfahrungen in dem Bereich. Von meinen Freundinnen hat nur Janne eine Geschichte zu erzählen: Ein Junge beim Reiten mochte sie ganz gerne, woraufhin sich die beiden auch ein paar Mal miteinander trafen. Als sie jedoch erzählte, dass sie trans ist, reagierte der

Junge (nett gesagt) nicht gerade nett. Daraufhin brach Janne den Kontakt ab.

Ich weiß nicht einmal, ob ich überhaupt auf Jungs stehe – bevor du von Mia und Emily erzählt hast, bin ich irgendwie nie auf die Idee gekommen, das infrage zu stellen. Aber das muss ich jetzt auch noch nicht wissen. Ich denke, irgendwann wird einmal eine Person in meinem Leben auftauchen, an der sich das zeigt. Und bis dahin muss ich mir nicht den Kopf darüber zerbrechen.

Die Geschichte mit der Schlange ist schon unheimlich, gerade wie sie zweimal am selben Ort aufgetaucht ist. Ich kann gut nachvollziehen, dass du dich erschrocken hast. Hoffentlich triffst du sie nicht noch einmal. Und falls doch, wird Bo dich beschützen. Außerdem tut dir die *friedliche* Frieda bestimmt nichts, die will nur spielen. ;)

Die Idee mit den Namen klingt übrigens sehr interessant. Vielleicht probiere ich das auch einmal aus, wenn das nächste Mal eine Spinne auf dem Dachboden auftaucht …

Vor ein paar Minuten als ich in meinem Zimmer saß und dabei war, dir zu schreiben, ging plötzlich das Licht aus. Ich dachte mir erst einmal nichts dabei und drückte wieder auf den Lichtschalter. Aber es blieb dunkel. Also beschloss ich, nach unten zu gehen und Max zu fragen. Auf dem Flur traf ich Linda und Timo.

»Ist bei euch auch gerade das Licht ausgegangen?«, fragte ich.

»Ja, und der CD-Player auch.«

Merkwürdig. Unten sah alles ganz normal aus. Mama, Oma und Max saßen (mit Licht) auf dem Sofa und hatten den Fernseher an. Wir erzählten von unserem Problem und gingen mit Max in den Keller zum Sicherungskasten.

Wie erwartet war eine Sicherung herausgesprungen – und zwar die vom Obergeschoss, weshalb dort der Strom aus war, aber unten noch alles funktionierte.

Max legte die Sicherung wieder ein, aber diese sprang sofort wieder heraus.

»Okay, Kinder«, begann er, »wahrscheinlich ist oben irgendein Gerät kaputt, weshalb aus Schutz vor Kurzschlüssen die Sicherung rausspringt. Das heißt, wir gehen jetzt wieder nach oben und ziehen alle Stecker heraus. Dann ist das kaputte Gerät hoffentlich nicht mehr im Stromkreis, sodass die Sicherung wieder hineingeht.«

Linda und Timo hatten zwar höchstwahrscheinlich keine Ahnung von Stromkreisen oder Sicherungen, aber »Stecker ziehen« verstanden sie und liefen voller Elan wieder nach oben. Es war schon irgendwie verrückt. Zu viert liefen wir im gesamten Obergeschoss von Steckdose zu Steckdose und zogen alles ab. Für die beiden Kleinen war es wie ein lustiges Spiel. Als wir der Meinung waren, alle Stecker gezogen zu haben, sind wir wieder in den Keller gegangen. Doch es funktionierte immer noch nicht.

In Timos Zimmer hatte Max erst gestern eine neue Deckenlampe eingebaut. Er vermutete, dass es an dieser liegen könnte, und baute sie wieder ab.

Es tat sich aber immer noch nichts.

Daraufhin rief Max einen Freund an, der Elektriker war, in der Hoffnung, dass dieser noch einen Tipp hatte. Linda, Timo und ich warteten in Timos Zimmer mit der Lampe in der Hand. Plötzlich war der CD-Spieler wieder an.

»Und, was meinte er?«, fragte ich Max, als dieser wieder kam.

»Alle Stecker ziehen.«

»Aber das haben wir doch gemacht«, wunderte sich Linda.

»Na ja fast«, antwortete Max, »ihr habt Karinas Schreibtischlampe übersehen.«

Dann haben Linda und Timo sich an die Aufgabe gemacht, die ganzen Stecker wieder einzustecken, während ich Max geholfen habe, die Deckenlampe wieder anzubringen.

Jetzt sitze ich wieder in meinem Zimmer und brauche wohl eine neue Schreibtischlampe.

Liebe Grüße
Karina

P.S. Ich hatte dir ja erzählt, dass ich mich am Freitag mit Janne treffen wollte. Leider klappt das doch nicht. Kurz nachdem ich den letzten Brief abgeschickt hatte, rief sie an, um zu sagen, dass sie doch keine Zeit hat. Sie ist auf einer Party von Luna eingeladen. Es tue ihr total leid, aber sie habe in der Schule nicht daran gedacht und es später zu Hause in ihrem Kalender gesehen. Ich kann ihr das nicht übelnehmen, bin aber trotzdem enttäuscht.

Ich habe überlegt, mich stattdessen mit jemand anderem zu treffen, aber irgendwie scheinen alle auf dieser Party zu sein. Schade. Doch an Lunas Stelle hätte ich mich auch nicht eingeladen …

∗∗∗

Hallo Karina,

du hast recht, Liebe ist wirklich mit das Wichtigste auf der Welt. Wer sind wir ohne Liebe? Und was tun wir, wenn nicht lieben? Mit ein bisschen mehr Liebe für uns selbst, unsere Mitmenschen, alle Menschen und alle Tiere auf der Welt, können wir einen so großen Unterschied machen.

Viele Menschen wollen reich sein, viel Geld haben, viele Dinge haben, einen großen Einfluss besitzen und noch so viel mehr. Doch das, was wir alle gleich in uns tragen, ist der Wunsch, geliebt zu werden. Was bringt uns schon ein volles Konto, ein großes Haus oder die Chefposition, wenn wir das alles nur alleine haben? Wenn wir nicht geliebt werden und nicht lieben? Das macht uns nicht glücklich. Die entscheidende Zutat fehlt. Erst wenn Liebe ins Spiel kommt, kommen wir an das Glück heran. Und das Gute ist, dass Liebe nicht kleiner wird, wenn man sie teilt, sondern umso größer. Liebe ist ein Geschenk, das wir allen schenken können, und da geht es nicht nur um romantische Liebe.

In einem Wort, in einem Blick, in einer Handlung, die noch so klein sein mag, kann so viel Liebe stecken und diese kann Leben verändern. Ich glaube, es ist eine Entscheidung zu lieben. Nicht *wen* wir lieben, sondern *dass* wir lieben. Wir können durch unser Leben gehen, ohne zu lieben. Wir können uns aber auch dazu entscheiden, Liebe in uns zu tragen und liebevoll auf unsere Umwelt und Mitmenschen zu schauen, und mit diesen Gedanken sehen wir die Welt anders. Wir haben Mitgefühl, Empathie, Freude und so viel mehr.

Euer Stromausfall war bestimmt ein spannendes Erlebnis. Bei uns war es heute auch schlagartig dunkel geworden, aber nicht, weil wir keinen Strom hatten, sondern weil es ein kurzes Unwetter gab. Es regnete und donnerte und der Himmel war schwarz. Ich war froh, dass wir alle zu Hause waren, ansonsten wären wir klatschnass geworden. Mimi hatte total Angst vor dem Gewitter, deshalb hielten wir sie die ganze Zeit auf dem Arm. Jetzt hat es zwar wieder aufgehört, aber es ist sehr schwül draußen. Man kann gar nicht richtig durchatmen, so dick ist die Luft.

Die Situation mit Lunas Party ist irgendwie blöd. Ich kann verstehen, dass du enttäuscht bist, dass alle außer dir eingeladen sind.

Heute Vormittag vor dem Gewitter war ich mit meinem Vater und meinen Geschwistern mit unserem Boot *Indie und Jonah* auf dem See. Es war ganz schön eng mit fünf Personen. Die Zwillinge mochten es nicht so gerne. Die Rettungswesten waren ihnen zu unbequem und das Boot zu schaukelig. Außerdem wollten sie ständig etwas anderes machen: erst Äpfel essen – doch die waren nach einem Bissen schon wieder uninteressant; dann Füße ins Wasser halten – zu kalt; *Ich sehe was, was du nicht siehst* spielen – keine Lust mehr. Irgendwann gingen uns die Ideen aus. Na ja, vielleicht gefällt ihnen die Bootstour besser, wenn sie ein wenig älter sind.

Übrigens konnte ich meine Eltern überreden und wir fahren jetzt gemeinsam nach Norwegen. Ich freue mich schon. :) Viel Überredungsarbeit hatte ich aber gar nicht, denn sie finden es auch ein schönes Reiseziel.

Jetzt sind wir gerade dabei, unseren Wohnwagen auf Vordermann zu bringen, und freuen uns auf Norwegens wunderschöne Natur!

LG Indie

✳✳✳

Liebe Indie,

was du zur Liebe gesagt hast, finde ich sehr schön. Was bringt uns der größte Reichtum, wenn wir einsam sind? Ich denke, Glück und Liebe hängen eng zusammen.

Glücklichsein ist wesentlich schwieriger, wenn man in einem Umfeld voller Hass lebt.

Und du hast recht: auch Selbstliebe spielt mit hinein. Genauso wie wir eine gesunde Beziehung zu unseren Mitmenschen suchen, sollten wir auch eine gesunde Beziehung mit uns selbst führen. Es ist vielleicht nicht immer ganz einfach, sich mit all seinen Schwächen und Fehlern anzunehmen und zu sich zu stehen. Aber auf der Reise in ein erfülltes Leben führt an Selbstliebe und Selbstakzeptanz kaum ein Weg vorbei. Wenn wir alle Menschen annehmen, warum dann nicht uns selbst? Wenn wir andere lieben, warum nicht uns selbst?

In der Woche vor den Sommerferien haben wir ein großes Konzert mit dem Orchester. Unser Thema ist *Eine Reise durch die Zeit*. Dabei spielen wir Stücke aus vielen verschiedenen Epochen sowie Filmmusik aus Filmen, die in der Vergangenheit spielen. Unter anderem auch *Schindlers Liste*, was wir ja schon seit ein paar Wochen proben. Als letzte Zugabe gibt es ein Mary-Poppins-Medley mit einer Einladung zum Mitsingen für das Publikum. Wir spielen im Forum der Stadt, wo man eine Leinwand herunterfahren kann, auf der dann der Liedtext eingeblendet wird.

Ansonsten findet man im Programm alles Mögliche von einem Satz aus einem Klarinettenkonzert von Mozart bis zu *Can't help falling in love with you* von Elvis Presley. Eins meiner Lieblingsstücke ist ein Medley aus den bekanntesten klassischen Melodien, von denen die meisten Leute die Titel nicht kennen – so wird es jedenfalls anmoderiert. Aber es stimmt, die ganze Zeit denkt man sich: Ah, das kenne ich doch, wie heißt das bloß?

Ich freue mich schon sehr, auch wenn ich bereits langsam nervös werde. Es ist zwar nicht das erste Konzert für mich im Orchester, aber trotzdem ist es immer wieder etwas Besonderes.

Liebe Grüße
Karina

P.S. Bei uns gewittert es im Moment auch öfter, zwar nie wirklich stark, trotzdem bin ich jedes Mal froh, gerade nicht draußen zu sein.

***

Liebe Karina,

heute waren wir Erdbeeren pflücken. Meine Tante, mein Onkel, meine Cousine Annie und mein Cousin Fiete waren zu Besuch und wir sind gemeinsam zum Erdbeerfeld in der Nähe gegangen. Es war schon fast wie ein Traum, so viele Erdbeeren auf einmal zu sehen. Gewappnet mit Körben in der Hand, haben wir sehr, wirklich sehr viele Erdbeeren gepflückt und noch mehr gegessen. Besonders Fria und Loki hatten einen roten Mund und ein Lächeln auf dem Gesicht. Nach gut einer Stunde haben wir glücklich unsere Ausbeute nach Hause getragen.

Zu Hause haben wir diese verarbeitet: Annie und ich haben Erdbeermarmelade gekocht, Fiete und Jonah haben sich an einem Erdbeerkuchen probiert und Fria und Loki hatten keine Lust mehr auf Erdbeeren.

Dann haben wir gemeinsam den Tag ausklingen lassen und hatten viel Spaß zusammen.

Wann fahrt ihr in den Ferien eigentlich weg? Am Anfang oder am Ende oder mitten drin?

Wir fahren am Anfang der Ferien nach Norwegen und sind danach kurz bei unseren Großeltern.

Wenn du nicht gerade weg bist, können wir uns ja am Ende der Ferien mal treffen? Das wäre megaschön. :)

LG Indie

P.S. Bei eurem Konzert würde ich zu gerne dabei sein. Drinnen kann es ja zum Glück nicht regnen. Da braucht ihr euch keine Gedanken um die Instrumente zu machen. ;)

***

Liebe Indie,

jetzt habe ich auch Lust auf Erdbeeren. ;)

Wir sind am Anfang der Sommerferien ein paar Tage bei der Familie von Max in Hamburg. Max' Eltern, also sozusagen meine Großeltern, sowie seine Schwester wohnen dort. Es ist schon etwas länger her, seit wir das letzte Mal bei ihnen waren, weshalb ich mich besonders freue. Außerdem besuchen wir dort ein Konzert eines Profiorchesters. Die Gelegenheit dazu habe ich nicht allzu oft, da hier in der Nähe leider keine größeren Konzerthäuser, in denen Profiorchester spielen, sind.

In der Mitte der Ferien sind wir in Schweden, aber am Ende hätte ich Zeit und würde mich riesig freuen, wenn es klappt, dass wir uns treffen. :)

Am Wochenende ist bei mir richtig viel passiert und damit meine ich (leider) vor allem nichts Gutes, aber lies selbst:

Es fing Freitagnachmittag an. Mama und Max waren im Kino, Oma saß strickend im Wohnzimmer und schaute Fernsehen. Linda, Timo und ich wollten eigentlich auf dem Dachboden spielen (die Betonung liegt auf *eigentlich*). Ich war bereits oben, die Zwillinge wollten gleich kommen. Als ich schon anfing, mich zu wundern, wo die beiden bleiben, hörte ich plötzlich ein Poltern dicht gefolgt von einem Schrei von der Treppe kommend. Schnell lief ich hin. Am oberen Ende der engen Wendeltreppe konnte ich nur erahnen, dass am unteren Ende jemand lag.

Einer der beiden musste hinuntergefallen sein!

Ich rannte die Treppe hinunter. Unten angekommen bot sich mir ein erschreckendes Bild: Timo lag schräg auf den untersten beiden Stufen mit dem Kopf auf dem Boden. Linda lag in einer anderen Schräglage auf ihm und hing mit einem Arm in einem unnatürlichen Winkel am Treppengeländer fest. Linda musste gefallen sein und

Timo mit hinuntergerissen haben. Sie krümmte sich und ihr Gesicht war schmerzverzerrt. Timo bewegte sich nicht, doch er atmete leicht.

Laut rief ich nach Oma und versuchte, Lindas Arm aus dem Geländer zu befreien, ohne ihr zu sehr wehzutun, was gar nicht so einfach war. Meine Oma kam angelaufen und rief den Notruf. Danach zogen wir Timo ein Stück von der Treppe weg und legten ihn in die stabile Seitenlage. Als ich seinen Hinterkopf anhob, fasste ich in blutverklebte Haare. Linda legte sich neben ihren Bruder und sprach leise mit ihm. Ich brachte den beiden jeweils ihr Lieblingskuscheltier und kurz darauf kam Timo wieder zu sich. Zuerst guckte er etwas verwirrt und fragte sich wahrscheinlich, wieso er auf dem Boden lag. Dann wollte er aufstehen, legte sich aber, sobald er den Kopf gehoben hatte, wieder stöhnend hin. Daraufhin versuchte meine Oma, Mama und Max zu erreichen, deren Handys allerdings ausgeschaltet waren. Anscheinend lief gerade der Film, also hinterließen wir nur kurz eine Nachricht.

Eine gefühlte Ewigkeit später kamen zwei Krankenwagen, die Linda und Timo mitnahmen. Sobald sie weg waren, fuhren wir mit dem Auto hinterher. Im Krankenhaus wartete ich nervös im Warteraum, während meine Oma irgendetwas Formales mit dem Krankenhauspersonal klärte.

Auf einmal klingelte mein Handy. Jill war dran.

»Hallo, warum bist du noch nicht da? Ist irgendetwas passiert? Hast du's vergessen? Oder kommst du einfach nur zu spät?«

»Wie? Was?«, fragte ich verwirrt. *Was hatte ich vergessen?*

»Die Party.«

Stimmt, da war was.

»Ach so, ich bin nicht eingeladen«, erklärte ich.

»Warum denn nicht? Die ganze Klasse ist da.«

»Ich weiß es auch nicht so genau«, antwortete ich kurz, »aber egal, schöne Grüße und wir sehen uns Montag.«

In dem Moment dachte ich nicht daran, dass es vielleicht provokant wirken könnte, es war nur eine Angewohnheit von mir, am Telefon immer schöne Grüße auszurichten.

»Schöne Grüße von Karina!«, hörte ich Jill in den Raum rufen. Im Hintergrund vernahm ich ein genervtes Grummeln von Luna.

»Schöne Grüße zurück«, verkündete Jill, ignorierte dabei das geschriene »Nein!« von Luna und legte auf.

Timo hatte neben dem aufgeschlagenen Hinterkopf eine Gehirnerschütterung und eine geprellte Rippe, Linda hat sich den Arm gebrochen. Beide mussten erst einmal im Krankenhaus bleiben. Wir fuhren wieder nach Hause. Ich hatte mich gerade aufs Bett gesetzt, um ein bisschen zu lesen, da klingelte es an der Tür. Es waren Janne und Jill.

»Hallo, was macht ihr denn hier? Wieso seid ihr nicht auf Lunas Party?«, fragte ich überrascht.

»Wir waren da«, erklärte Janne, »aber wir wollten nicht, dass du hier den ganzen Abend alleine bist, deshalb dachten wir uns, wir bleiben nicht so lange bei Luna und gehen die zweite Hälfte des Abends zu dir. Dürfen wir reinkommen?«

»Äh, klar«, antwortete ich etwas überrumpelt. Natürlich freute ich mich, dass die beiden da waren, war aber dennoch etwas verwirrt.

Wir gingen auf die Terrasse. Kaum hatten wir uns hingesetzt, klingelte es erneut. Es waren Natascha und drei andere, die eigentlich ebenfalls bei Luna sein sollten. Nach und nach kamen immer mehr Leute, bis irgendwann die ganze Klasse bei uns auf der Terrasse saß. Nur Luna blieb weg.

Anscheinend hatten es alle unfair gefunden, dass ich als Einzige nicht eingeladen wurde, zumal Luna keinen wirklich guten Grund dafür hatte. Eine Party mit der ganzen Klasse ist schließlich groß genug, um einander aus dem Weg zu gehen. Jedenfalls hatten die anderen versucht, Luna zu überreden, dass ich spontan dazu kommen könnte, doch sie wollte nicht nachgeben. Also hatten sie beschlossen, nach der Hälfte des Abends alle zu mir zu gehen, sodass die erste Hälfte der Party bei ihr und die zweite bei mir stattfand. Luna hätte auch mit herkommen können, wollte aber nicht.

Die Idee war schon ein bisschen verrückt, sie konnte nur von Janne oder Jill kommen. Die beiden wurden als meine Freundinnen auch zu mir vorgeschickt, damit ich nicht ganz so überrumpelt war (was jedoch nicht viel gebracht hatte). Auf dem Weg zu mir sind einige noch kurz beim Supermarkt vorbeigegangen, damit wir hier Essen und Trinken hatten. Um halb zwölf waren alle wieder weg und Janne, Jill und Natascha halfen mir beim Aufräumen.

Eigentlich wollte ich mich freuen, es war schon irgendwie rührend von meiner Klasse, mit einer solchen Aktion dafür zu sorgen, dass ich nicht ausgegrenzt wurde, aber ich war den ganzen Abend mit den Gedanken immer wieder bei Linda und Timo. Deshalb fiel mir auch erst am nächsten Morgen auf, dass Luna nun erst recht sauer auf mich sein musste …

Am Samstag fuhren wir nach dem Frühstück direkt ins Krankenhaus. Die Kleinen hatten Glück und durften am nächsten Abend wieder nach Hause. Wobei besonders bei Timo noch ein paar Tage Bettruhe angesagt waren. Den Vormittag verbrachten wir im Krankenhaus. Wir hatten ein paar Spiele und Kinderbücher mit, sodass wir uns mit den beiden beschäftigen konnten.

Als Max eine Cola haben wollte, die im Krankenhauskiosk leider ausverkauft war, nutzte ich die Gelegenheit, einen Spaziergang zum nächsten Supermarkt zu machen und ein bisschen frische Luft zu schnappen. Wie es der Zufall wollte, traf ich auf dem Rückweg ausgerechnet Luna. Sie saß auf einer Bank am Wegesrand.

»Hallo«, grüßte ich und blieb vor ihr stehen.

»Was gibt's?«, fragte sie genervt.

»Was hast du gegen mich? Was ist dein Problem?«
Vielleicht fiel ich etwas mit der Tür ins Haus, aber die
Gelegenheit war einmalig, jetzt endlich in Ruhe mit ihr
reden zu können.

»Wieso waren gestern alle bei dir?«, fragte Luna an
Stelle einer Antwort.

»Weil du mich ausgeschlossen hast und wir zusam-
menhalten«, entgegnet ich ruhig.

Keine Antwort.

»Es tut mir leid, dass du dann alleine zu Hause saßt«,
entschuldigte ich mich.

»Schon okay.« Luna blickte ins Nichts. »Vielleicht
habe ich's auch verdient.«

»Niemand verdient es, allein zu sein. Du hättest mit-
kommen können.«

Oder mich gleich einladen können, dachte ich, lies es
aber unausgesprochen.

»Du hast ja keine Ahnung! Lass mich doch einfach in
Ruhe! Ich bin halt alleine und gerade du …« Sie brach
ab, sprang auf und ging.

Verwirrt blickte ich ihr hinterher. Habe ich etwas Fal-
sches gesagt? Dabei war das Gespräch bis eben doch
noch vergleichsweise ganz gut gelaufen.

Heute in der Schule war es schlimmer denn je. Sobald
ich auch nur annähernd in ihre Richtung schaute, warf
sie mir einen giftigen Blick zu. Ich fühlte mich schlecht.
Ich hatte das Gefühl, irgendetwas falsch gemacht zu ha-

ben, wusste aber nicht, was. Ein paar Mal hatte ich versucht, noch einmal mit ihr zu reden, aber sie ließ es nicht zu. Was hat sie nur gegen mich? Was habe ich falsch gemacht? Ich meine, mich müssen nicht alle mögen, aber ich werde auch nicht gerne gehasst.

Zur Krönung des Tages kam unsere Klassenlehrerin auf die glorreiche Idee, dass wir beide ein Referat zusammen ausarbeiten und halten sollten. Am letzten Schultag vor den Sommerferien machen wir nämlich einen kleinen Projekttag zum Thema Freundschaft. Die Gruppen durften wir uns leider nicht aussuchen. Unsere Lehrerin hat sie einfach so eingeteilt, wie sie es sinnvoll fand. Wahrscheinlich wollte sie damit ein paar Spannungen lösen. Bislang ist sie damit jedoch nicht auf Begeisterung gestoßen. Wenigstens sind Luna und ich uns in dem Punkt einig …

Unser Thema ist *Veränderung der Bedeutung von Freundschaft im Laufe des Lebens*. Andere haben zum Beispiel *Freundschaft im Wandel der Zeit, Berühmte Freundschaften, Freundschaften in der Literatur* oder *Typische Unterschiede von Freundschaft zwischen Jungen und Freundschaft zwischen Mädchen* oder *Gemischtgeschlechtliche Freundschaften*. Eigentlich ist das Thema interessant und wenn ich das Ganze nicht mit Luna ausarbeiten müsste, hätte ich bestimmt Spaß daran. Aber ich freue mich schon darauf, die Referate der anderen zu hören.

Liebe Grüße
Karina

***

Liebe Karina,

ich habe mich richtig erschrocken, als ich gelesen habe, dass die Zwillinge die Treppe heruntergefallen sind. Zum Glück ist das noch relativ gut ausgegangen und bald sind sie bestimmt wieder fit. Ich wünsche den beiden gute Besserung und dass sie schnell wieder spielen können.

Eine schöne Überraschung, dass deine Freundinnen und alle anderen zu dir gekommen sind. Schade, dass Luna nicht mitgekommen ist. Dann hättet ihr euch mal aussprechen können, aber ich glaube, bei ihr steckt etwas anderes dahinter, was viel mehr mit ihr selbst zu tun hat als mit dir. Es ist aber gut, dass du trotzdem nett zu ihr bist. Ich finde auch, dass es niemand verdient, alleine bzw. einsam zu sein.

Allein und *einsam* sind zwei Dinge, die zwar eine ähnliche, aber nicht die gleiche Bedeutung haben. Ich bin gerne auch mal allein: einfach mit mir selbst, nachdenken und auftanken. Für mich ist es wertvolle Zeit, Zeit nur mit mir selbst. Es mag komisch klingen, aber es tut gut.

Mit dem Menschen, mit dem man am meisten Zeit verbringt, sollte man sich gut verstehen, liebevoll mit ihm umgehen und ein guter Freund*eine gute Freundin sein. Wer ist der Mensch, mit dem du am meisten Zeit verbringst? Ganz einfach: du selbst. Jeder einzelne

Mensch ist mit sich selbst die Person, mit der er am meisten Zeit verbringt. Ein Leben lang. Deshalb sollte man gut zu sich selbst sein, sich selbst kennen-, verstehen und lieben lernen. Das ist leichter gesagt als getan, aber es geht. Es ist eine Reise, ein Weg, bei dem sich jeder Schritt zu gehen lohnt. Es passiert nicht über Nacht, aber mit jedem Moment, in dem wir gut zu uns sind, uns liebevoll behandeln, kommen wir immer näher zu uns selbst. Das ist wohl die schönste, aufregendste, aber auch schwierigste Reise, die wir antreten.

Jetzt bin ich etwas vom Thema abgekommen, aber was ich sagen möchte: Man kann allein sein, ohne sich einsam zu fühlen. Aber wenn man sich allein fühlt, kann man von vielen Menschen umgeben sein und ist trotzdem (oder gerade deswegen) einsam. Luna fühlt sich bestimmt allein. Vielleicht kannst du ja trotzdem für sie da sein, wenn sie es zulässt.

Ich schreibe Mia gleich mal eine Nachricht, um ihr zu sagen, wie froh ich bin, sie als Freundin zu haben. Dir kann ich das ja gleich so sagen. :) Danke, meine liebe Karina, auch wenn ich hier alleine vorm Computer sitze, fühle ich mich mit dir nicht allein.

Wem möchtest du heute danke sagen?

Deine Indie

P.S. Mia hat Emily heute gefragt, ob die beiden ein Eis essen wollen, und Emily hat ja gesagt. :)

***

Liebe Indie,

bei uns ist es unglaublich warm geworden, dabei hat der Sommer doch gerade erst angefangen. Wie heiß wird es wohl erst in den Ferien sein?! Wenigstens sind wir dann in Schweden, wo wir theoretisch den ganzen Tag im Wasser verbringen können.

Wem möchte ich heute danke sagen? Das ist eine Frage, über die es sich lohnt, immer wieder nachzudenken, da uns vieles, wofür wir uns glücklich schätzen können, oft selbstverständlich vorkommt. Ich bin besonders für meine Freundinnen und meine Familie dankbar. Aber mich macht auch die Gemeinschaft im Orchester oder beim Sport sehr glücklich.

Bald ist auch schon unser Sommerkonzert. Inzwischen proben wir drei Mal pro Woche, dazu kommen extra Proben mit einzelnen Stimmen- oder Instrumentengruppen. Bei den ganzen Proben komme ich bloß kaum noch zum Üben … Wenn der Dirigent sagt, die Stelle bitte üben, dann muss man das wirklich direkt am nächsten Tag machen, da dann schon wieder Probe ist. Mir macht das aber ziemlich viel Spaß und ich mag das Gefühl, wenn sich alles langsam zuspitzt. Es ist zwar sehr zeitaufwendig, doch die intensiven Proben mit dem Ziel direkt vor Augen sind sehr motivierend und machen richtig viel Spaß. Dabei bin ich froh, dass wir keine Klausuren mehr schreiben. Nur das Referat mit Luna steht noch an …

Gestern haben Janne und ich unser Treffen zur Modernen Musik. Das war echt witzig, wir haben viel gelacht. Ich fand es nur unfair, dass sie mit der Gitarre beim Lachen noch deutlich länger weiterspielen konnte als ich mit dem Fagott. (Das Leid der Blasinstrumente ...) Ideen zur Modernen Musik haben wir unzählige; man kann einfach alles machen. Erst einmal haben wir einiges ausprobiert und eine umfangreiche Ideensammlung angefertigt. Als Jannes Gitarre gerade zum Schlagzeug mutiert ist und ich nur auf dem Mundstück gespielt habe, ist ganz verwundert Jannes Mutter hereingekommen und hat gefragt, was wir denn anstellen. Ich denke, wir haben das Ziel erreicht – Moderne soll ja nicht so klingen, wie man es gewöhnt ist. ;)

Das Thema *allein* und *einsam* hast du ziemlich gut getroffen, finde ich. Man kann allein und superglücklich und zufrieden sein, genauso wie man sich einsam fühlen kann, obwohl viele Menschen da sind.

Dass Luna einsam ist, kann ich mir gut vorstellen. In der Klasse versteht sie sich zwar mit allen (außer mit mir), aber sie ist eigentlich mit niemandem richtig befreundet. Ich weiß aber auch nicht, wie ich einen Zugang zu ihr finden soll. Ich glaube, ich bin nicht die richtige Person für eine Freundin von Luna. Schließlich kann sie mich nicht leiden. Aber vielleicht entspannt sich die Lage auch schon, wenn sie andere Freundschaften schließt. Ich wünsche ihr jedenfalls sehr, gute Freunde zu finden.

So, ich werde jetzt noch ein bisschen Fagott üben, heute Abend ist wieder Probe und *Schindlers Liste* steht mit auf dem Plan. Mein Solo kann ich inzwischen fast rückwärts und im Schlaf, was mich allerdings nicht davon abhält, es immer wieder zu spielen, damit es beim Konzert auch sicher ist, wenn ich nervös bin. Ich weiß nämlich jetzt schon, dass ich sehr nervös sein werde.

Normalerweise übe ich auf dem Dachboden, doch dort ist es im Moment nicht auszuhalten, da es einfach viel zu heiß ist. Seit gestern bin ich lieber im Keller. Es ist nicht gerade der schönste Ort im Haus, aber dort bin ich ungestört und die Temperaturen sind echt angenehm. Aber wenn ich wieder hochgehe (weil ich zum Beispiel das Metronom vom Dachboden brauche), ist es, als würde ich in eine Sauna spazieren …

Liebe Grüße
Karina

P.S. Linda und Timo geht es schon wieder besser. Timo muss die ganze Zeit im Bett liegen, was ihn sichtlich nervt. Inzwischen ist er aufs Sofa im Wohnzimmer umgezogen und darf ganz viel Fernsehen schauen, wodurch ihn das Rumliegen weniger nervt. Linda hat einen Arm eingegipst. Aber abgesehen davon, dass sie sich immer beschwert, dass es unter dem Gips sehr warm ist, geht es ihr ganz gut. Auf dem Gips haben wir alle unterschrieben und etwas Kleines dazu gezeichnet, was sie sehr gefreut hat. Linda versucht auch immer, sich mit Timo zu beschäftigen, damit ihm nicht so lang-

weilig wird, und leistet ihm gerade beim Fernsehen sehr
großzügig Gesellschaft.

***

Liebe Karina,

da bin ich erleichtert, dass es Linda und Timo so weit
gut geht. :) Bei uns ist es auch sehr warm und ohne den
typischen Nordseewind würde man es nicht aushalten.

Fria und Loki sind jeden Tag im Planschbecken. Obwohl da fast kein Wasser drin ist, schaffen sie es, sich,
die Umgebung und alles, was sie anfassen, nass zu machen. Ich war heute auch schon mit Mia im Meer
schwimmen. Das kühle Wasser lädt zum Baden ein. Wir
sind auch ein bisschen geschnorchelt, haben jedoch außer trübem Wasser und ein paar Quallen nicht viel
gesehen. Für ein richtiges Schnorchel-Erlebnis bräuchte
man ein kristallklares Meer, von *kristallklar* ist die Nordsee nämlich weit entfernt.

Aber die meisten Meere sind leider voller Müll, Plastik, Öl und so viel anderem, was da nicht hingehört. Wir
haben das Thema in der Schule behandelt. Ich fand das
ganz spannend und wollte dir einmal davon erzählen.
Bestimmt hast du vieles davon schon gehört, aber ich
finde das Thema sehr wichtig und vielleicht erfährst du
so auch noch etwas, das du noch nicht weißt.

Es fängt damit an, dass Kohlenstoffdioxid durch Ver-
kehr und Industrie und andere sogenannte *Kohlenstoff-
quellen* in die Atmosphäre gelangt. Als Treibhausgas

erwärmt es die Erde und da der jetzige CO_2-Gehalt weit über den natürlichen hinausgeht, ist diese Erhitzung problematisch. Durch die zusätzlichen Treibhausgase wird der Treibhauseffekt verstärkt. Weniger Sonnenstrahlen, die von der Erde reflektiert werden, gelangen zurück ins Weltall, da sie von den Treibhausgasen in der Atmosphäre aufgehalten werden. So bleibt mehr Wärmeenergie auf der Erde und heizt diese auf, was gravierende Folgen hat: Zum einen schmilzt das Eis am Nord- und Südpol, wodurch der Meeresspiegel steigt. Das führt dazu, dass immer mehr meeresnahe Städte und Inseln überschwemmt werden.

Außerdem speichert das Eis an den Polen CO_2 und ist eine *Kohlenstoffsenke,* wie zum Beispiel auch (Regen-) Wälder. Allerdings werden diese durch den Menschen immer weiter zerstört, sodass weniger CO_2 gespeichert werden kann und schon gespeichertes wieder frei wird.

Zu viel CO_2 ist aber nicht nur in der Luft, sondern auch im Meer. Das Meer wird dadurch saurer, nicht wortwörtlich, sondern der pH-Wert sinkt. Obwohl, wenn ich mir das so recht überlege, ist das Meer bestimmt ziemlich sauer auf die Menschheit. Wir stopfen es mit Müll voll, beuten es aus und nehmen, was uns nicht gehört.

Die Versauerung hat vor allem Folgen für kalkskelettbildende Lebewesen (z. B. Korallen, Muscheln, Schnecken, Krebse ...). Die Fähigkeit, die Skelette aus Kalk zu bilden, lässt bei einem sinkenden pH-Wert nach, wodurch diese Lebewesen geschädigt werden und sterben. Das hat starke Auswirkungen auf die anderen Meeresbewohner, weil unter anderem die Nahrungskette unterbrochen wird.

Doch nicht nur die erhöhte CO_2-Konzentration schadet dem Meer, auch Müll, Öl, die Überfischung und Ausbeutung zum Beispiel durch Ressourcengewinnung. Eine Plastikflasche im Meer braucht zum Beispiel 450 Jahre, um sich zu zersetzten. 450 Jahre!!! Das sind viele Menschenleben und es gibt nicht nur eine Plastikflasche.

Das war nur ein kleiner Einblick in den Klimawandel und seine Folgen, deswegen ist es allerhöchste Eisenbahn, etwas zu tun. Wir wissen doch, wie es um unseren Planeten steht, warum handeln wir nicht? Wir stehen am Rand der Klippe und anstatt einen Schritt nach hinten zu gehen, gehen wir zwei nach vorne. Ich möchte nicht weiter nach vorne rennen, sondern den Rückwärtsgang einlegen, damit wir uns von der Klippe entfernen. Ein Mensch allein kann das nicht schaffen, nur wenn alle gemeinsam das Steuer herumreißen und umdrehen, kann es funktionieren.

Viele Menschen handeln schon bewusster, achten auf ihre Taten und/oder demonstrieren für eine bessere Zukunft. Denn neben uns als Einzelperson ist es natürlich sehr wichtig und ausschlaggebend, dass unser ganzes System nachhaltiger wird und wir strukturelle Veränderungen erleben. Dennoch glaube ich daran, dass wir auch durch unser tägliches Handeln einen großen Einfluss haben und ALLE etwas bewirken können.

Jede und jeder macht einen Unterschied.

Es gibt viel, was man tun kann, und natürlich kann man nicht alles tun, aber darum geht es nicht. Das Wichtigste ist, anzufangen. Weitere Schritte ergeben sich von selbst. Wir alle haben einen CO_2-Fußabdruck, denn alleine, dass wir existieren, hat Auswirkungen auf die Umwelt. Unser Ziel sollte es sein, diesen möglichst klein zu halten. Wir machen alle Fehler und werden sie auch weiterhin machen, aber anstatt uns von ihnen abschrecken zu lassen, sollten wir lieber aus ihnen lernen.

Ich habe für mich entschieden, meine Ernährung zu verändern und keine tierischen Produkte mehr zu essen. Ernährung hat einen großen Einfluss auf die Umwelt und ist somit ein großer Faktor beim Klimawandel. Wasser, Platz, Ressourcen und vieles mehr wird für die Herstellung von Fleisch und tierischen Produkten gebraucht. Außerdem werden die Tiere zu Tausenden eingesperrt, gequält und getötet und das möchte ich nicht unterstützen.

Ich finde, es geht nicht darum, dass sich jetzt alle sofort vegan oder vegetarisch ernähren müssen. Es geht darum, dass jeder Mensch sein Handeln hinterfragt und das tut, was er kann. Im Großen und Ganzen geht es auch nicht darum, perfekt zu sein, das ist gar nicht möglich. Es gibt so viele verschiedene Bereiche, in denen man sich engagieren kann. Das Wichtige ist nur, dass man anfängt, sich einsetzt und bewusster lebt. Ich glaube daran, dass wir es gemeinsam schaffen können, und ich habe Hoffnung für die Zukunft. Um es in Jane

Goodalls Worten zu sagen: »Together, we can. Together, we will.« (Gemeinsam können wir es schaffen, gemeinsam werden wir es schaffen.)

Euer Thementag in der Schule klingt spannend. So etwas in der Art haben wir noch nie gemacht. Wir gehen am letzten Tag vor den Zeugnissen in den Kletterpark und ich freue mich schon.

Ich kann es gar nicht mehr abwarten, bis endlich Ferien sind. Es sind jetzt ja nur noch knapp zwei Wochen!

Genieß die Sonne! :)
LG Indie

***

Liebe Indie,

ich bin gerade von der Probe nach Hause gekommen und wir hatten ein Problem: Ich hatte doch erzählt, dass wir beim Konzert einen Satz aus einem Klarinettenkonzert von Mozart spielen wollen. Jetzt ist jedoch unser Solo-Klarinettist mit einer Blinddarmentzündung ins Krankenhaus gekommen und wird nächste Woche nicht spielen können. Das ist blöd, zumal keine andere Klarinette spontan einspringen kann, das ist viel zu kurzfristig. Bei der Probe kam daraufhin die Idee auf, stattdessen ein altes Stück aus dem Repertoire zu spielen. Doch eigentlich haben wir mit den anderen Stücken genug zu tun, als dass wir noch ein Stück neu üben können. Dann war die Überlegung, dass wir das einfach weglassen und ein Stück weniger spielen. Auch blöd.

In der Pause unterhielt ich mich mit einer Mitspielerin über Musik und das kommende Konzert. (So weit ist es erst einmal nichts Besonderes, wir reden in den Pausen eigentlich immer über Musik und kommende Konzerte.) Ich erzählte ihr von dem Treffen mit Janne, woraufhin wir noch weiter über Neue Musik redeten. Mein Lieblingsbeispiel für Moderne ist immer noch das Stück 4'33'' von John Cage, von dem ich dir ja auch schon erzählt hatte – ein*e Pianist*in sitzt 4:33 Minuten am Flügel und spielt nicht.

Da tauchte plötzlich Björn, unser Dirigent, hinter uns auf.

»Habe ich da gerade etwas von ›ohne Aufwand und mit jeder Besetzung spielbar‹ gehört?«

Ähh ...

Ich wurde rot und erklärte kurz, worum es ging.

»Oh ja, das ist super«, meinte er und verschwand wieder.

»So liebe Leute«, begann Björn nach der Pause, »ich habe eine vielleicht nicht ganz optimale, aber auf jeden Fall witzige und eigentlich richtig gute Lösung für unser *Solist-ist-eine-Woche-vor-dem-Konzert-ausgefallen-Problem.* Ich habe mir nämlich ein anderes Stück überlegt, dass wir nun stattdessen spielen werden. Es passt auch perfekt in unser Thema *Eine Reise durch die Zeit,* es stammt nämlich aus der Moderne.«

Ich ahnte bereits, was kommen würde, wusste jedoch nicht so genau, ob ich es gut finden sollte.

»Die Idee habe ich von Karina, auch wenn sie selbst wahrscheinlich nicht vorgeschlagen hätte, dieses Stück tatsächlich aufzuführen.«

Oh nein …

»Der ein oder andere von euch kennt vielleicht John Cage oder sein Stück 4'33''.«

Einzelne kannten es und fingen an zu tuscheln, weil sie die Idee verrückt fanden. Andere kannten es nicht und fingen an zu tuscheln, weil sie nicht innerhalb einer Woche ein komplett neues Stück lernen wollten.

Björn bat wieder um Ruhe. »Im Original wird es von einem Klavier gespielt, es lässt sich aber leicht bearbeiten. Viel üben müsst ihr dafür auch nicht, ihr könnte es sicherlich alle vom Blatt spielen. Trotzdem ist es sehr witzig und macht im Konzert einen gewissen Eindruck.«

Ein gewisser Eindruck trifft's …

»Es besteht aus drei Sätzen und dauert insgesamt 4:33 Minuten, daher kommt auch der Name.«

Inzwischen konnte ich mir ein Lachen kaum verkneifen, weil Björn das so sachlich beschrieb und alle so gebannt zuhörten.

»Dabei«, fuhr er weiter fort, »wird kein einziger Ton gespielt. Die Sätze eins bis drei sind alle *tacet.*«

Einige lachten, andere guckten verwirrt.

»Und was passiert dann die ganze Zeit?«, fragte eine der Posaunen (also die Spielerin).

»Der Pianist sitzt am Flügel und spielt nicht. Er wartet einfach ab. Es erklingt die Stille, was in einem bunten Konzert sicherlich eine gute Abwechslung ist und durchaus einen großen Interpretationsraum liefert.«

»Und deine Idee ist es, dass wir das nächste Woche statt dem Klarinettenkonzert spielen – oder eher nicht spielen?«, frage eine Oboe.

»Ja, genau«, antwortete Björn, »Ich finde nur, viereinhalb Minuten sind etwas zu lang, deshalb hatte ich mir gedacht, dass wir vielleicht nur die ersten beiden Sätze spielen. Oder wir nehmen den ersten und den letzten, da bin ich mir noch nicht ganz sicher.«

Ich musste lachen. In der Praxis machte das natürlich keinen Unterschied, aus Prinzip war es aber doch entscheidend.

»Das ist doch eigentlich voll die perfekte Idee«, meinte einer der Schlagzeuger, »ich würde auch die Noten für unser Orchester arrangieren.«

Die meisten anderen waren ebenfalls überzeugt, auch wenn das Stück schon ein bisschen gewagt war, schließlich ist es etwas ganz anderes als das, was wir sonst so spielen – Moderne eben. Natürlich gab es auch einige, die zweifelten, doch nach kurzer Diskussion stand fest, dass wir das spielen – oder nicht spielen, wie auch immer.

»Ja, der Plan ist vielleicht etwas verrückt, aber wieso nicht mal verrückt sein?«, meinte Björn noch. »Negative Kritik wird es geben, aber es ist nur ein kleines Stück in einem längeren Konzert und das soziale Experiment ist es mir wert, ich bin jetzt schon gespannt, wie das Publikum reagiert.«

Ich auch.

»Im Zweifel ist unser Motto einfach *No risk, no fun* oder *Not macht erfinderisch*, sucht es euch aus.«

Heute vor der Probe habe ich mich das erste Mal mit Luna getroffen, um das Referat auszuarbeiten, und es war echt schräg. Aber eigentlich ist es ganz gut gelaufen, wir haben uns gar nicht gestritten. (Das heißt nicht unbedingt, dass wir uns gut verstanden haben, aber es ging voll.)

Ich habe bislang auch nur Projekttage zu schulischen Themen gemacht, doch unsere Lehrerin, die wir jetzt seit diesem Halbjahr haben, ist der Meinung, dass es so viele wichtige Themen im Leben gibt (wie zum Beispiel Freundschaft), die normalerweise in der Schule viel zu wenig behandelt werden. (Sehe ich genauso.) Deswegen macht sie mit ihrer Klasse am Zeugnistag immer einen Projekttag über Dinge, die wichtig sind und nicht im Lehrplan stehen.

Luna und ich trafen uns in der Bücherei, sodass das erste Treffen auf neutralem Boden stattfand. Wir saßen an den öffentlichen Büchereicomputern und begannen zu recherchieren. Ich hätte nicht gedacht, dass es zu dem Thema so viel Interessantes zu finden gibt. Dass eine Freundschaft im Kindergarten etwas anderes ist als eine Freundschaft zwischen Erwachsenen, ist offensichtlich, es ließen sich aber auch Details und Dinge finden, auf die ich selbst nicht gekommen wäre. Wir hatten auf jeden Fall genügend Stoff, um damit ein interessantes Kurzreferat zu füllen.

Am Anfang war die Stimmung richtig angespannt, doch mit der Zeit wurde es immer besser und später konnte ich mir schon fast einbilden, dass zwischen uns alles *normal* wäre. Am Ende hatten wir einiges an Informationen herausgesucht und es war klar, dass wir uns noch ein zweites Mal treffen sollten.

»Willst du am Donnerstag vielleicht zu mir kommen?«, schlug ich vor, weil ich da ausnahmsweise keine Probe und auch nichts anderes vorhatte.

Außerdem dachte ich mir, nachdem es heute so gut gelaufen war, würde sie vielleicht auch zu mir kommen. Wir verabredeten uns direkt nach Schulschluss. Ich war selbst überrascht, wie gut plötzlich alles funktionierte: Dieses Mädchen, das mich letzte Woche noch so angefeindet hat, kommt jetzt zum Mittagessen und für den restlichen Nachmittag mit zu mir nach Hause. Natürlich ist zwischen uns nicht alles geklärt, aber ich glaube, es wird langsam besser. Vielleicht ist das Referat doch keine so schlechte Idee.

Es entstand nur noch eine etwas unangenehme Situation: Wir standen vor der Bücherei und wollten uns theoretisch gerade verabschieden. Irgendetwas gab mir jedoch das Gefühl, dass Luna noch etwas sagen wollte.

Aber sie sagte nichts.

Und ich auch nicht.

Also standen wir etwas unbeholfen voreinander. Verlegen fasste ich mir ans Ohrläppchen – ein komischer Tick von mir, wenn ich nervös bin. (Hast du eigentlich auch komische Ticks?) Luna folgte meiner Hand mit ihrem Blick. Ertappt ließ ich sie wieder sinken.

»Das Muttermal neben deinem Ohr erinnert mich irgendwie an meine kleine Schwester«, brach Luna das Schweigen. »Sie hatte auch eins, das genauso geformt war.«

Sie schwieg und zuckte traurig mit den Schultern.

»Und sie hat sich auch immer so ans Ohrläppchen gefasst, wie du gerade.«

»Wieso hat?«, fragte ich.

»Sie ist vor einem Jahr bei einem Autounfall gestorben.« Luna schluckte. Ich spürte, wie sie den Tränen nah war.

»Das tut mir leid.«

»Schon okay«, Luna sah mich wieder direkt an. »Bis morgen in der Schule.«

Und dann war sie weg.

Du hast recht: Es ist Zeit, endlich zu handeln. Wir haben nur eine Erde und tun alles Mögliche, um diese zu zerstören. Und das alles nur, weil wir zu bequem sind. Wenn wir erst einmal alle nur ein kleines bisschen mehr auf unsere Umwelt achten, können wir zusammen schon viel erreichen. Wenn man einmal anfängt, ergeben sich weitere Schritte von selbst. Das Wichtigste ist also anzufangen.

Du hattest ja auch kurz das Plastik im Meer angesprochen. Ich habe in der Schule einmal ein Referat darüber gehalten und es ist echt erschreckend, wie gewaltig das Problem ist. Dabei ist es gar nicht so weit weg, wie man erst einmal denkt. Wie du vielleicht schon einmal gehört hast, gibt es im Meer verschiedene Müllstrudel, in denen riesige Mengen Plastik schwimmen. Der größte ist im Pazifischen Ozean und enthält etwa 100 Millionen Tonnen Abfall. Es gibt allerdings nicht nur im Pazifik viel zu viel Müll, sondern überall, auch in der Nord- und Ostsee.

Der Müll gelangt hauptsächlich durch Flüsse oder den Wind ins Meer. Daher sollte man versuchen, möglichst wenig Plastik zu verwenden und es dann ordentlich zu entsorgen, dass es bestenfalls recycelt werden kann. Doch auch hier in Deutschland werden nur etwa 40 % des Plastikmülls recycelt, was meiner Meinung nach entschieden zu wenig ist.

Ein weiteres Problem ist Mikroplastik. Hierbei handelt es sich um ganz kleine Plastikteile, die zum Beispiel häufig in Duschgels, Cremes und Zahnpasta enthalten sind. Sie können nicht herausgefiltert werden und landen am Ende in der Umwelt.

Plastik im Meer hat zur Folge, dass sich Tiere darin verfangen oder es fressen und mit *vollem Magen* verhungern. Doch selbst wenn die Tiere nur kleine Mengen Plastik essen, gelangt dieses in die Nahrungskette, an der wir ganz oben stehen. Zusätzlich nehmen wir Mikroplastik durch die Plastikverpackung unserer Nahrung auf, sodass ein durchschnittlicher Mensch in einer Woche etwa so viel Plastik zu sich nimmt, wie in einer Kreditkarte enthalten ist. Das ist krass. Aber so oder so sollten wir unseren Plastikkonsum dringend überdenken.

Ich glaube, ich sollte jetzt mal schlafen gehen, es ist schon etwas später geworden, aber ich wollte dir das alles unbedingt noch erzählen.

Alles Liebe
Karina

P.S. Heute in der Schule:

Natascha: »Janne, hast du Haare geschnitten?«

Janne: »Ja, ich war gestern bei meiner Tante, die ist Friseurin.«

Jill: »Natascha, wieso fällt dir sowas immer sofort auf?«

Natascha: »Ganz einfach, wenn eine Person von heute auf morgen auf einmal für dich total ungewohnt aussieht, dann hat sie in der Regel entweder eine neue Brille oder Haare geschnitten.«

Ich glaube, den Trick sollte ich mir merken, mir fällt so etwas meistens erst auf, wenn es schon jemand anderes gesagt hat …

***

Liebe Karina,

voll die coole Idee mit dem Stück für euer Konzert. :) Ich glaube, das kommt echt gut an und ist einmal etwas ganz anderes. Ich bin gespannt, wie das Publikum darauf reagiert.

Dein Treffen mit Luna klingt spannend. Es ist doch super, dass ihr euch relativ gut vertragen habt und es keine weiteren Streitereien gegeben hat. Dass ihre Schwester bei dem Autounfall gestorben ist, tut mir sehr leid. Das klingt ziemlich schlimm. Sie hat es in letzter Zeit bestimmt nicht einfach gehabt. Irgendwie kann ich jetzt schon ein bisschen verstehen, dass sie schnell gemein und gereizt ist. Wahrscheinlich ist sie mit dem Unfall noch sehr beschäftigt. Arme Luna. Das ist natürlich keine Entschuldigung, so gemein zu dir zu sein, aber irgendwie erklärt es auch ein bisschen ihr Verhalten. Vielleicht erzählt sie dir von sich aus noch mehr und ihr könnt euch vertragen …

Jonah ist heute den ganzen Tag mit verbunden Augen herumgelaufen. Er wollte ausprobieren, wie es sich anfühlt, wenn man nichts sieht. Dabei merkte er, dass es ziemlich schwierig ist, sich ohne visuelle Orientierung zurechtzufinden.

»Ich habe richtig viel gehört, worauf ich vorher nicht geachtet habe«, erzählte Jonah.

Am Abend war er froh, wieder sehen zu können.

»Die Menschen, die immer nichts sehen, können dann ja auch am Abend nicht sehen. Wie schaffen die das denn dann?«

»Blinde Menschen vertrauen auf ihr Gehör und ihre Hände«, antwortete ich, »sie können die Umwelt zwar nicht sehen, aber diese auf eine ganz andere Art und Weise wahrnehmen. Blinde Menschen können hören, riechen und tasten. So ist es anders, funktioniert aber dennoch.«

»Ja, stimmt. Trotzdem bin ich froh, dass ich sehen kann.«

Dann ging er in sein Zimmer und baute mit Lego.

Jonahs Experiment zeigt, wie wertvoll es ist, gesund zu sein. Denn es ist nicht selbstverständlich sehen, hören, laufen und sprechen zu können, Hände und Beine zu haben. Wir sehen es immer als natürlich an, aber ziemlich schnell kann sich das ändern, deshalb sollten wir jeden Tag dankbar sein für das, was wir haben. Jonah hat heute gemerkt, wie wertvoll es ist, sehen zu können.

Generell finde ich, dass Dankbarkeit und Wertschätzung unfassbar wichtig sind und wir jeden Tag bewusst dankbar sein sollten. Denn Dankbarkeit macht glücklich, weil wir uns darüber bewusst werden, dass es so viel Gutes im Leben gibt.

Mein Vater wollte gestern im Garten ein Beet anlegen, um dort alles Mögliche anzupflanzen. Da es so warm war, beschwerte er sich über die Hitze, war aber dennoch ganz enttäuscht, dass ihm niemand helfen wollte. Doch eigentlich hat er selbst keine Lust, in der Sonne zu arbeiten. Deshalb haben Mama, Papa, Jonah und ich heute schon in den frühen Morgenstunden die Stelle umgegraben, da es dann noch nicht so heiß war.

Wir säen jetzt die Samen aus und hoffen, dass etwas wächst.

LG Indie

P.S. Ich habe auch eine (für andere) nervige Angewohnheit. Wenn ich unsicher oder gestresst bin, dann spiele ich mit allem, was mir in die Finger kommt. In jeder Klausur verkürzt sich das Intervall des Kugelschreiberklickens, je mehr Zeit verstrichen ist. Meine gerade nicht schreibende Hand versucht wie wild den Ersatzkugelschreiber zu klicken und zu zerstören. Es ist ein bisschen ungünstig für die Lebensdauer mancher Stifte, aber manchmal kann ich nichts dagegen machen.

P.P.S. Mia war gestern mit Emily Eisessen und hat mir heute davon erzählt:

»Emily ist wirklich toll. Sie hat so viel Spannendes zu erzählen und ist so authentisch, außerdem hat sie so ein schönes Lächeln.« Mia schaute mich verträumt an.

»Du magst sie also?«, vermutete ich.

»Ja«, antwortete sie, wirkte aber nicht sehr erfreut.

»Das ist doch schön, wo ist das Problem?«, fragte ich.

»Was ist, wenn sie mich nicht mag?«

»Hast du denn den Eindruck, dass sie dich nicht mag?«

»Nein. Aber vielleicht mag sie mich ja nicht *so* …«

»Warum fragst du sie nicht einfach?«

»Ach Indie, in deiner *Sonnenschein-und-blauer-Himmel-Welt* ist immer alles so einfach«, sie stoppte kurz, »Das würde ja heißen, …«

»… dass du dich in ein Mädchen verliebt hast«, beendete ich ihren Satz.

»Ja«, antwortete sie, schaute aber nicht sehr glücklich.

»Ist doch cool!«

»Ja?«

»Ja, Mia. Es ist egal, ob du dich in ein Mädchen, in einen Jungen oder in wen auch immer verliebst. Das ändert nichts daran, wer du bist. Du bist immer noch genau so toll wie davor. Es macht dich nicht schlechter, in ein Mädchen verliebt zu sein. Es ist einfach neutral. Ein Mädchen, das sich in einen Jungen verliebt, ist genauso gut wie ein Mädchen, das sich in ein Mädchen verliebt, ein Mädchen, das sich in beide verliebt oder auch gar nicht verliebt. Und das Gleiche gilt auch für Jungen und alle anderen.«

»Ja, das stimmt ja, aber es fühlt sich trotzdem ungewohnt an.«

»Hey«, ich nahm sie in den Arm, »Das ist okay. Du musst sie nicht fragen. Aber wenn du sie fragen möchtest, dann bin ich mir sicher, dass, egal was sie sagt, Emily nett antworten würde. Es braucht Mut, jemandem zu sagen, dass man sich verliebt hat, und ich glaube, das würde sie erkennen.«

∗∗∗

Liebe Indie,

wir haben für das Stück von John Cage jetzt Noten bekommen. Wie schon angekündigt, hat sie der eine Schlagzeuger arrangiert, wobei das vermutlich einen Rekord für das aufwendigste Arrangement (besonders in Anbetracht der Ensemblegröße) bekommen könnte. Ich mag die Noten aber. Die Kopfzeile sieht ganz normal aus: John Cage – 4'33'' – Fagott 1. Anstelle der Notenzeilen steht dort lediglich: erster Satz *tacet*, zweiter Satz *tacet*, dritter Satz *tacet*. Eigentlich ist es ja unnötig, das auszudrucken, schließlich können wir alles auswendig spielen … (Ich kann die Rückseite ja später als Schmierpapier nutzen, oder es einrahmen und als Deko ins Zimmer hängen. Ich glaube, die zweite Idee gefällt mir besser.) Ob wir die ersten beiden Sätze oder den ersten und den dritten Satz spielen, steht immer noch nicht fest. Es ist auch noch nicht klar, ob wir das überhaupt festlegen, da es ja kaum einen Unterschied macht.

Bei der letzten Probe haben wir es auch das erste Mal *gespielt*: Björn, unser Dirigent, zählte ein. Stille. Nach ca. zwei Takten fingen die Ersten an, sich ein Lachen zu verkneifen. (»Lachen steht nicht in den Noten«, meinte Björn hinterher.) Beim zweiten Versuch lief es schon besser. Dieses Mal haben wir auch viel mehr auf den Showeffekt geachtet, der gerade bei diesem Stück nicht verloren gehen sollte: Zu Beginn schlagen alle die Noten auf, gucken konzentriert nach vorne und achten auf das

188

Einzählen. Wenn der erste Satz vorbei ist, sortieren sich alle kurz, die Blechbläser lassen das Kondenswasser aus ihren Instrumenten und Björn schlägt in seiner Partitur die nächste Seite auf. Dann kommt der zweite Teil. Das Schwierigste ist, die ganze Zeit über die Spannung zu halten und möglichst konzentriert zu bleiben. Dabei dauert unsere Version nur ca. zwei Minuten. Ich finde es aber beeindruckend, wie ruhig der Probenraum sein kann, sonst ist es hier nie so still ...

Ich habe mich auch schon einmal gefragt, wie es wäre, blind oder taub zu sein. Doch ich bin nie auf die Idee gekommen, es einfach für einen Tag auszuprobieren. Ich finde es cool von Jonah, dass er sich so mit dem Thema auseinandergesetzt hat. So weiß er es erst recht zu schätzen, dass er gesund und unbeeinträchtigt ist.

Im Englischunterricht haben wir einmal über Helen Keller gesprochen. Sie war taubblind (seit sie fast zwei Jahre alt war), also taub und blind. (Taubblindheit zählt als eine eigene Behinderung und nicht als Kombination aus zweien.) Am Anfang war es sehr schwierig, mit der kleinen Helen in Kontakt zu treten, da sie weder etwas hörte, noch etwas sah. Sie war allein in ihrer stillen und gesichtslosen Welt.

Doch bald bekam sie eine Lehrerin, die einen Zugang zu ihr fand und ihr vieles beibrachte, wie zum Beispiel über den Tastsinn zu kommunizieren. Später lernte sie die Blindenschrift und machte schließlich als erste taubblinde Person einen Abschluss am College. Sie wurde eine erfolgreiche Schriftstellerin und Aktivistin für Rechte von Frauen, Sehbehinderten oder African Americans und hielt Reden in vielen verschiedenen Ländern.

Ich finde es sehr beeindruckend, wie viel sie trotz ihrer am Anfang so hoffnungslos scheinenden Situation erreicht hat. Deshalb sollten wir Menschen mit Beeinträchtigung nicht unterschätzen. Sie sollten in der Gesellschaft genauso einen Platz mit Chancen und Möglichkeiten haben wie alle anderen auch.

Heute beim Aufräumen habe ich ein altes Geschichtenheft von mir wiedergefunden. In der Grundschule hatte ich dort immer wieder kleine Geschichten hineingeschrieben.

Zum Beispiel habe ich mir außergewöhnliche Fantasiewelten vorgestellt: die Zuckerwelt, die Fußballwelt, die Winterwelt, usw. Der Anfang ist eigentlich immer gleich. »In der XY-Welt scheint immer die Sonne, außer wenn es regnet oder schneit.«

Als Nächstes habe ich den Regen und den Schnee beschrieben, der immer zu der jeweiligen Welt passte: In der Zuckerwelt zum Beispiel regnet es Zucker und schneit Puderzucker. Vor ein paar Jahren hatte ich das Heft schon einmal wiederentdeckt und einen kleinen Text passend zu den anderen ergänzt:

In der Welt der Freundschaft

In der Welt der Freundschaft scheint immer die Sonne,
auch wenn es regnet oder schneit.
Denn jeder ist für den anderen eine kleine Sonne,
die einem den Tag erleuchtet.

So wird mein Tag auch immer wieder erleuchtet, wenn eine kleine Sonne in Form eines Briefes auftaucht oder ich gerade meinem lebendigen Tagebuch zurückschreibe.

Alles Liebe
Karina

P.S. Süß, wie Mia von Emily erzählt. :) Es freut mich, dass sie sich jetzt über ihre Gefühle im Klaren ist. Ich bin gespannt, wie es mit den beiden weitergeht, und drücke Mia die Daumen.

Deiner Aussage kann ich übrigens nur zustimmen: Es ist egal, in wen man sich verliebt, es ändert nichts an dem Menschen, der man ist.

✳✳✳

Hallo Sonnenschein,

deine Geschichte finde ich sehr treffend, denn selbst wenn es regnet, scheint mit Freund*innen irgendwie doch die Sonne. :)

Heute war unser Leichtathletik-Wettkampf, von dem ich dir neulich erzählt habe. Es war echt cool und hat

Spaß gemacht, war aber auch sehr anstrengend. Ich bin jetzt froh, mich nicht mehr so viel bewegen zu müssen.

Der Treffpunkt war auf dem Sportplatz. Nach einer kurzen Aufwärmphase und einer Gruppenbesprechung starteten die Einzeldisziplinen. Beim Anfeuern und Warten wurde ich immer aufgeregter, bis Sprint an der Reihe war:

»Auf die Plätze«

Ich ging zum Startpunkt.

»Fertig«

Ich brachte mich in Startposition und fokussierte mich.

»Los!«

Was soll ich sagen? Ich rannte natürlich los. Erst schnell, dann immer schneller, bis zu dem Punkt, an dem sich Sprinten wie Fliegen anfühlt, und schon war es wieder vorbei.

Nach weiteren Disziplinen der anderen war die Siegerehrung. Es war kein wichtiger Wettkampf und ich habe in der Disziplin auch nicht gewonnen. Aber ich bin schneller gelaufen als noch vor ein paar Wochen und deshalb bin ich stolz auf mich.

Zum Schluss gab es mit allen einen Staffellauf. Das hat Spaß gemacht, weil man als ganzes Team zusammenarbeitet und gemeinsam alles gibt. Einmal wäre uns fast das Staffelholz hinuntergefallen, aber trotz dieses kurzen *fast* Zwischenfalls sind wir ins Ziel gekommen und haben gemeinsam den zweiten Platz belegt.

Ich finde es cool, dass ihr mit dem Stück 4'33'' einfach mal ein paar Minuten Stille vermittelt. Wir leben in einer so lauten Welt, in der viel im Außen und immer weniger im Innen passiert. Ein Ausschnitt aus einem Gedicht, das ich mal geschrieben habe:

>>Ich genieße die Stille bei mir zu Hause,
von dem lauten Umfeld mal eine Pause.<<

>>Ich habe gelernt,
dass ich viel öfter nach innen schauen muss
als nach außen
und dass die wahren Wunder auch drinnen passieren,
nicht nur draußen.<<

So oft schauen wir nur auf die sichtbaren und materiellen Dinge, auf das, was wir anfassen können. Das, was aber viel wichtiger ist, sind die unsichtbaren, verborgenen Schätze, die in uns sind. Unsere Gefühle und Werte sind unser Kompass, wie wir die Welt sehen. Doch wir nehmen uns gar keine Zeit mehr, in uns hineinzuschauen und auf das zu vertrauen, was in uns steckt, weil die Geräusche und Reize von außen das Innere übertönen. Deshalb sollten wir uns um unsere innere Welt kümmern, denn unsere Gedanken beeinflussen unser Leben maßgebend.

Von den durchschnittlich 60.000 Gedanken, die wir an einem Tag denken, sind in der Regel 80 % negativ.

Klingt nicht sonderlich schön. Oft können wir diese negativen Gedanken und Glaubenssätze durch positive ersetzen. Wieso immer denken: »Ich kann das nicht«? Ein »Ich übe das, damit ich es bald kann« eröffnet eine ganz neue Sichtweise auf die Dinge.

»Achte auf deine Gedanken, denn sie werden Worte. Achte auf deine Worte, denn sie werden Handlungen. Achte auf deine Handlungen, denn sie werden Gewohnheiten. Achte auf deine Gewohnheiten, denn sie werden dein Charakter. Achte auf deinen Charakter, denn er wird dein Schicksal« (Chinesisches Sprichwort).

Gedanken haben eine große Macht, denn sie bestimmen unser Leben. Wir können unsere Gedanken beeinflussen und da wir sowieso denken müssen, können wir das doch auf eine positive Weise tun. Positives Denken ist wie ein Muskel, der stärker wird, wenn man ihn trainiert. Alle trainieren ihren Körper, aber nur wenige ihren Geist.

LG Indie

✳✳✳

Liebe Indie,

ich kann immer noch nicht glauben, was heute passiert ist …

Es fing alles damit an, dass ich mich mit Luna getroffen hatte. Ich war nervös. Wie würde es laufen? Seit dem letzten Treffen war es in der Schule zwischen uns entspannter, wir waren fast schon wie zwei *normale* Menschen miteinander umgegangen. Unter der ruhigen Oberfläche war dennoch eine gewisse Spannung zu spüren.

Nachdem wir heute um zwei Uhr Schulschluss hatten, gingen wir direkt zu mir nach Hause. Wir liefen fast den ganzen Weg schweigend nebeneinander her. Zwischendurch besprachen wir ein paar Smalltalk-Themen, die meiste Zeit beschränkte sich unsere Kommunikation jedoch auf Anmerkungen von mir wie: »Wir müssen jetzt dort lang« oder »Hier die Straße überqueren«.

Wir kamen auch an der Stelle vorbei, an der ich vor ein paar Wochen mit dem Fahrrad hingefallen und Luna das erste Mal begegnet war. Vielleicht bildete ich mir das auch nur ein, aber gefühlt wurde Luna unruhiger. Sie war irgendwie ein wenig angespannt und ging etwas schneller. Ihr Blick war starr nach vorne gerichtet.

Zu Hause angekommen, wartete meine Mutter bereits mit dem Essen. Als wir zur Tür hineingingen, kam Linda mit ihrem Gipsarm angelaufen und umarmte mich zur Begrüßung.

»Wer ist das?«, fragte sie und deutete auf Luna.

»Luna Pelzer, relativ neu in der Klasse und gezwungen, mit deiner Schwester ein Referat zu machen«, stellte Luna sich lächelnd vor.

»Hallo«, sagte Linda und umarmte sie ebenfalls. Ich musste lächeln und sah zu Luna. Sie lächelte zurück.

Zum Mittagessen gab es selbst gemachte Wraps. Es war sehr witzig, da Linda und Timo beim Belegen immer eine Geschichte zu den Zutaten erzählten. Ich kannte die Geschichten mittlerweile schon gut genug, schließlich gibt es bei uns öfter Wraps. Luna war dagegen eine sehr interessierte Zuhörerin, was die beiden zusätzlich motivierte, sodass die Geschichten immer verrückter wurden.

Schließlich begannen Linda und Timo eine Diskussion, ob der Käse Menschen darstellen kann oder ob er dazu zu käsig ist. Mama, Luna und ich mussten so lachen, dass wir bald Tränen in den Augen hatten. Die Argumente der beiden waren einfach so schräg und unsinnig. Linda und Timo waren aber mit einer unerschütterlichen Ernsthaftigkeit dabei, als wären sie wichtige Personen in der Politik, die über neue Maßnahmen für den Umweltschutz diskutierten.

Nach dem Essen half ich, die Küche aufzuräumen, während Luna mit den Zwillingen im Wohnzimmer war, um auf Lindas Gips zu unterschreiben.

»Wie war noch gleich ihr Nachname?«, fragte meine Mutter mich plötzlich.

»Pelzer. Wieso?«

»Hm, komisch«, murmelte meine Mutter, ignorierte meine Frage und wechselte das Thema.

Luna und ich gingen nach oben, während meine kleinen Geschwister unten blieben. In meinem Zimmer schaute sie sich neugierig um. Ich glaube, wer sich das Zimmer von jemanden genauer anschaut, erfährt teilweise eine ganze Menge über die Person. Bei mir sieht man zum Beispiel sofort, dass ich gerne lese.

»Du hast zu viele Bücher«, sagte Luna und lachte.

Dann begannen wir mit der Arbeit. Luna hatte ihr altes Kindergartenfreundebuch mit, um zu gucken, was Freundschaft im Kindergartenalter bedeutete. Eine Frage lautete nämlich: Was schätzt du an deinen Freunden? Die Antworten waren schon ein gewisser Unterschied zu dem, was wir heute vielleicht auf die Frage geantwortet hätten. Typische Antworten waren zum Beispiel: »dass sie mit mir spielen«, »dass sie mich nicht ärgern«, »dass sie mich nicht ausschließen« oder »dass sie nett sind«. Oft sind Freundschaften in diesem Alter hauptsächlich Zweckbündnisse, um zum Beispiel nicht alleine spielen zu müssen oder zum Zusammenhalt gegenüber anderen Kindern oder Erwachsenen.

Für die Bedeutung von Freundschaft im Jugendalter haben wir Mitschüler*innen befragt und eigene Gedanken ergänzt. Mit dem Beginn der Pubertät werden Freund*innen immer mehr zu festen Begleitenden und Stützen außerhalb der eigenen Familie. Für Jugendliche bedeutet Freundschaft vor allem: »Vertrauen, miteinander reden und sich wichtige Dinge erzählen«, »Zusammenhalt, Unterstützung und füreinander da sein« oder »eine Familie, die man sich aussuchen kann«.

Bei Erwachsenen steht wieder mehr die Familie im Vordergrund. Freund*innen sehen sich weniger, zumal es auch keine Schule mehr gibt, in der jeden Tag (fast) alle zusammenkommen. Das heißt jedoch nicht, dass

Freundschaften nicht erhalten bleiben, mit den Kindern sind dann teilweise sogar ganze Familien miteinander befreundet.

Bei Senioren fand sich eine unerwartete Ähnlichkeit zu den Kindern. Durch Freundschaft ist man nicht alleine und man spielt miteinander. Wobei es hier mehr Gesellschaftsspiele und weniger *Verstecken* oder *Ticken* sind …

Für die Gestaltung des Vortrags dachten wir, dass es vielleicht ganz nett wäre, das nicht einfach alles herunterzurattern. Also überlegten wir uns für jede Phase des Lebens beispielhafte (typische) Situationen, die Freundschaft zu der jeweiligen Lebenszeit charakterisieren: Kleinkinder spielen mit Spielzeugautos, Jugendliche unterstützen sich bei Liebeskummer, Mütter tauschen sich am Telefon über die Entwicklung ihrer Kinder aus, Großmütter stricken zusammen.

Natürlich gibt es immer auch negative Aspekte (immerhin ist Freundschaft nicht immer einfach): ein Kind zieht mit seiner Familie weg und die Freund*innen müssen andere zum Spielen finden, Erwachsene verlieren sich aus den Augen, da sich niemand mehr meldet … besonders hitzig wird es oft zum Beginn der Pubertät, da Freundschaften hier teilweise ziemlich plötzlich und dramatisch zu Ende gehen.

Wir stellten die Situationen jeweils in einem Bild nach und ließen uns von meiner Mutter dabei fotografieren. Aus den Fotos erstellten wir eine Präsentation, um mit dieser den Vortrag zu halten.

Am späten Nachmittag waren wir mit allem fertig und hielten das Referat einmal zur Übung vor Mama, Linda und Timo. (Max und Oma waren nicht da.) Es lief richtig gut, Luna und ich waren beide zufrieden.

Zwischendurch war es ein bisschen komisch, mit ihr über Freundschaft zu reden und Situationen nachzustellen, schließlich waren wir alles andere als befreundet. Wirklich schlimm war es aber auch nicht, ich denke, das Eis ist erst einmal gebrochen.

Wir hatten noch etwas Zeit, bis Luna von ihrem Vater abgeholt werden würde, also zeigte ich ihr den Dachboden. Sie war sehr fasziniert von dem Fagott (das Instrument hatte sie schon immer bewundert) und bat mich, etwas vorzuspielen. So nutzte ich die Gelegenheit, die Konzertstücke schon einmal vor einem kleinen Publikum zu präsentieren.

Da klingelte es an der Tür. Luna wurde abgeholt. Ich stellte mein Fagott ab und wir gingen hinunter.

»Was machst du denn hier?«, hörte ich eine fremde Männerstimme unten fragen. Das musste Lunas Vater sein.

»Du bist es also wirklich«, antwortete meine Mutter und seufzte.

Luna und ich schauten uns verwundert an. Unsere Eltern kannten sich?!

»Nachdem du mich mit dem Baby alleine gelassen hast, bin ich wieder in mein Elternhaus gezogen.« Die vorwurfsvolle Stimme meiner Mutter hallte in meinem Kopf nach. *Nachdem du mich mit dem Baby alleine gelassen hast* … Das Baby konnte nur ich sein … War das mein Vater? Lunas Vater ist mein Vater?!

Ich blieb mitten auf der Treppe stehen. Was ich sah, verschwamm vor meinen Augen.

»Es war dein Baby und nicht meins. Wir waren noch nicht einmal verheiratet«, entgegnete die Männerstimme.

Ich fing an zu weinen. Ich war überwältigt. Was passierte da gerade? Luna stand neben mir. Ich sah, wie auch ihr eine Träne die Wange hinunterlief. Wir umarmten uns.

»Zu einem Baby gehören immer zwei«, hörten wir die Stimme meiner Mutter verbittert sagen, »außerdem habe ich dich geliebt. Jedenfalls denjenigen, für den ich dich gehalten habe. Und dann warst du plötzlich weg. Von heute auf morgen. Einfach weg. Ich dachte, du würdest mich lieben.«

»Na ja, habe ich doch …«

»Du bist nicht einmal bis zur Geburt geblieben!« Meine Mutter schrie fast. Ich hatte sie nie so wütend erlebt.

Luna und ich standen immer noch Arm in Arm auf der Treppe.

»Es tut mir so leid«, flüsterte sie mir zu und umarmte mich fester.

»Du kannst doch nichts dafür«, antwortete ich.

»Es tut mir trotzdem leid, dass mein Vater so mies zu euch war«, entgegnete Luna.

»Na ja, anscheinend ist es ja auch mein Vater«, entgegnete ich. Es fühlte sich komisch an, das zu sagen.

»Dann sind wir ja Schwestern«, stellte Luna plötzlich fest und schaute mich an.

»Oh … stimmt … ja …« So weit hatte ich noch gar nicht gedacht. Ich war immer noch etwas überrumpelt.

»Ich wollte schon immer eine Schwester in meinem Alter haben«, meinte Luna, »Eva war acht Jahre jünger als ich und starb als sie sieben war. Ich vermisse sie so unglaublich, aber neben ihr hätte ich manchmal schon gerne jemanden in meinem Alter gehabt – es muss schön sein, mit einem Geschwisterkind gemeinsam aufzuwachsen, das man immer an seiner Seite hat.«

»Ja, darum beneide ich Linda und Timo auch manchmal«, stimmte ich ihr zu, »aber jetzt haben wir uns.«

»Das stimmt«, bestätigte Luna, »tut mir leid, dass ich so gemein zu dir war.«

»Schon verziehen«, antwortete ich, »ich war wahrscheinlich auch nicht immer sonderlich nett zu dir.«

»Ja, trotzdem ging es wahrscheinlich schon irgendwie von mir aus. Im Nachhinein glaube ich, du wolltest immer nett zu mir sein, was ich dir allerdings nicht gerade leicht gemacht habe.«

»Schon okay, machen wir uns einfach keine Gedanken mehr darüber.«

Wir lächelten uns an und ich spürte, zwischen uns war jetzt alles gut. Mehr als gut sogar. Zwischen unseren Eltern allerdings nicht. Sie stritten immer noch.

»Luna, kommst du? Wir gehen!«, rief ihr Vater – oh, eigentlich unser Vater. (Der Gedanke ist jetzt, wenn ich das schreibe, immer noch ungewohnt.)

Wir kamen den Rest der Treppe hinunter und gingen zur Tür. Anhand dessen, wie schnell wir da waren, war klar, dass wir einiges mitbekommen haben mussten.

»Was ist hier los?«, fragte ich.

»Nichts, ich habe mich nur ein wenig mit deiner Mutter unterhalten«, meinte Lunas Vater. (Ich bleibe jetzt einfach erst einmal bei *Lunas Vater*, ihn *meinen Vater* oder *unseren Vater* zu nennen, fühlt sich irgendwie nicht richtig an.)

»Von wegen«, entgegnete Luna, »ihr habt durchs halbe Haus geschrien.«

»Komm Luna, wir gehen«, wiederholte ihr Vater, ohne auf sie einzugehen.

»Nein«, widersprach sie, »wir wollen jetzt wissen, was hier los ist.«

»Wir haben ein Recht darauf, alles zu erfahren«, ergänzte ich, »es ist auch unsere Familie und nicht nur eure.«

»Meinetwegen«, grummelte Lunas Vater, »ich warte im Auto.«

Es war schon dreist, dass er sich jetzt einfach aus der Situation entfernte, es hatte jedoch auch seine Vorteile. So konnte meine Mutter uns nämlich alles in Ruhe erzählen, ohne dass es in einem riesigen Streit endete.

Lunas Vater ging und traf dabei auf Max, der gerade von der Arbeit nach Hause kam. Max lächelte ihn an, grüßte freundlich und bekam ein mürrisches Grummeln und böse Blicke zurück. Das störte seine gute Laune aber nicht. Max bereitete in der Küche das Abendessen vor, während Luna und ich mit meiner Mutter im Wohnzimmer saßen und endlich die ganze Geschichte erfuhren.

Meine Mutter war Studentin, als sie Hendrik (Lunas bzw. unseren Vater) kennenlernte. Sie studierten beide Physik, wohnten nur ein paar Häuserblöcke auseinander und verbrachten viel Zeit gemeinsam. Sie kamen zusammen und eigentlich war alles perfekt. Doch schon bald wurde meine Mutter schwanger. Als Hendrik davon erfuhr, wurde er sauer und gab ihr die Schuld. Er hatte ganz andere Pläne für die Zukunft, wollte Karriere machen und mit Kindern nichts zu tun haben. Es gab einen heftigen Streit. Hendrik wollte eine Abtreibung, meine Mutter war jedoch strikt dagegen. (Schon komisch, wenn man erfährt, dass man, wenn es nach seinem neugefundenen Vater ginge, gar nicht auf die Welt kommen sollte …)

Dann wurde Hendrik die Wohnung gekündigt und ihm blieb nicht mehr viel übrig, als zu meiner Mutter zu ziehen. Abgesehen von ihr hatte er nämlich zu niemandem in der Stadt einen näheren Bezug und als Student eine neue Wohnung zu finden, ist immer schwierig. Er meinte, dass ihm alles leid täte, und sie verzieh ihm. Das stellte sich später als Fehler heraus. Die beiden zogen zusammen, doch die Beziehung funktionierte nicht mehr. Hendrik wurde alkoholabhängig und nahm keine Rücksicht auf meine Mutter. Er akzeptierte die Schwanger-schaft immer noch nicht und versuchte sogar, sie zu überreden mitzutrinken. Sie stritten immer öfter. Dennoch wollten beide die Beziehung nicht aufgeben. (Bei meiner Mutter lag es wahrscheinlich an der rosa-roten Brille, bei Hendrik wohl eher daran, dass er durch die Wohnung von ihr abhängig war.)

Doch dann, als meine Mutter langsam einen schönen, runden Bauch bekam, war Hendrik von heute auf morgen einfach weg. Meine Mutter war am Boden zerstört und zog wieder zu ihren Eltern, meinen Großeltern, die sich in dem großen Haus schon fast einsam gefühlt hatten. Ihr Studium musste sie abbrechen, dafür konnte sie sich um das Baby (mich) kümmern, wobei ihre Eltern sie auch sehr unterstützten. Als ich älter wurde, machte sie eine Ausbildung im Kindergarten, wo sie seit dem halbtags arbeitet. So ist es übrigens auch gekommen, dass wir mit meiner Oma in einem Drei-Generationen-Haushalt wohnen. Als meine Mutter einen festen Job hatte, hätte sie theoretisch wieder ausziehen können, doch dann wurde mein Opa plötzlich pflegebedürftig. Meine Mutter entschied sich also dafür, hierzubleiben und ihn und meine Oma zu unterstützen.

Mein Opa starb, als ich in der Grundschule war. Ausziehen war dann keine Option mehr. Meine Oma wäre in dem großen Haus sicherlich einsam gewesen, außerdem war es ein viel schönerer Ort für ein Kind zum Aufwachsen als eine kleine Wohnung in der Stadt, die wir sonst hätten nehmen können.

Meine Mutter beendete ihre Erzählung damit, dass sie von Hendrik, nachdem er sie verlassen hatte, nie wieder etwas gehört hatte. Bis eben. Nachdem sie jedoch einmal über ihn hinweg war, hatte sie ihn auch nicht vermisst.

»Aber Luna, du bist hier immer herzlich willkommen«, meinte sie noch und wir verabredeten uns gleich für die nächste Woche.

Dann ging Luna hinaus zu Hendrik (ich bleibe jetzt einfach bei dem Namen) und die beiden fuhren nach Hause

So, jetzt habe ich erst einmal alles erzählt. Mein Kopf dreht sich immer noch. Ich weiß nicht genau, wie ich mit der ganzen Situation umgehen soll. Ich kenne jetzt meinen Erzeuger, aber *Vater* würde ich ihn nicht nennen. Immerhin ist ein Vater ein Familienmitglied und keiner, der weder an der Mutter noch an der Tochter Interesse hat.

Na ja, wir werden sehen, was die Zukunft bringt, das wird sich hoffentlich noch alles irgendwie klären. Doch ich habe jetzt in Luna eine Schwester und eine neue Freundin gefunden und bin sehr froh darüber. Ich freue mich auch schon sehr auf unser Referat, das wird bestimmt ein Erfolg.

Liebe Grüße
Karina

***

Liebe Karina,

wow. Ich weiß gar nicht, was ich sagen soll … Was ist das denn bitte für ein Zufall?? Du hast gerade einfach deinen Vater, bzw. Erzeuger, kennengelernt. Das ist echt wie im Film. Dass so etwas auch im echten Leben passiert, hätte ich nie gedacht. Wie geht es dir jetzt damit? Das war bestimmt ein ganz schöner Schock … Und dann hast du auch noch zusätzlich erfahren, dass Luna deine Halbschwester ist.

Ich freue mich, dass ihr euch jetzt so gut versteht, aber es ist blöd, dass Hendrik einfach weggegangen ist. Früher und jetzt schon wieder. Ich finde, er wäre dir echt eine Erklärung schuldig gewesen. Für ihn ist es natürlich auch eine Überraschung, aber ich hoffe, dass es sich noch klärt.

Bei mir ist nichts Spannendes passiert, aber unsere Kräuter wachsen ganz gut, obwohl es immer noch so warm ist. Wir waren jetzt ganz viel schwimmen und Eisessen und sind alle schon richtig in Ferienlaune.

Morgen ist unser Wandertag. Wir fahren mit dem Bus zum Kletterpark, klettern und fahren wieder zurück. Hoffentlich ist es nicht so wackelig da oben. Am Freitag gibt es schon Zeugnisse, danach sind endlich Ferien.

Der Wohnwagen ist jetzt geputzt und vorbereitet und wir freuen uns alle schon! Bis zu den Ferien passiert wahrscheinlich nicht mehr so viel, aber dafür hast du ja einiges zu erzählen.

Ich hoffe, dass mit der Geschichte um Hendrik alles gut wird …

LG Indie

P.S. Euer Referat klingt wirklich spannend. Ich habe mir davor noch gar nicht so viele Gedanken darüber gemacht, wie sich Freundschaften verändern, aber das stimmt wirklich, was ihr da herausgefunden habt.

***

Liebe Indie,

mit Luna läuft alles super. Wir verstehen uns inzwischen richtig gut und ich bin echt erleichtert. Ich weiß jedoch immer noch nicht wirklich, wie ich mit Hendrik umgehen soll. Bislang ergab sich aber auch keine weitere Begegnung mit ihm. Ich denke, ich warte einfach ab, wie es sich weiterentwickelt. Luna und ich haben jedenfalls beschlossen, dass wir uns vorerst besser nicht bei ihr treffen, das macht es einfacher.

Außerdem ist bei denen zu Hause im Moment dicke Luft. Hendrik hatte nämlich zuerst alles vor seiner Frau, Lunas Mutter, geheim gehalten. Luna, die das nicht wusste und auch nicht einsah, erzählte ihr etwas davon und jetzt sind irgendwie alle sauer aufeinander: Lunas Mutter wegen der ganzen Geschichte auf Hendrik, und weil er es ihr nicht sagen wollte; Hendrik auf Luna, weil sie es der Mutter erzählt hat (und auch irgendwie, weil dadurch, dass Luna mich kennengelernt hat, alles ans Licht gekommen ist) und Luna ist sauer auf ihre Eltern, weil sie so ein Drama daraus machen und besonders sauer natürlich auf Hendrik. Es ist ein bisschen kompliziert, stellenweise habe ich es selbst nicht ganz verstanden, im Grunde sind aber einfach alle sauer aufeinander.

Ich bin nur froh, dass meine Mutter so gut damit umgeht. Immerhin hätte sie auch allen Grund dazu, den Kontakt zu Hendrik abzubrechen. Max stellt ebenfalls kein Problem dar. Ich hatte außerdem das Gefühl, dass er die Geschichte schon kannte. Linda und Timo kennen sie in kindgerechter Form nun auch. Ich finde das fair, es ist schließlich Familiensache und die beiden sollen nicht ausgeschlossen werden. Ob sie die ganze Tragweite der Geschehnisse sowohl aus der Vergangenheit als auch aus der jetzigen Situation verstanden haben, sei mal außen vorgelassen.

Jetzt am Wochenende war endlich unser Konzert. Luna war ebenfalls da und sehr begeistert. Es lief auch für uns als Orchester richtig gut. Der Saal war fast ausverkauft – es waren etwa 500 Leute da, was für unsere Kleinstadt schon recht viel ist.

Das Konzert begann um 17:30 Uhr. Mit dem Orchester hatten wir uns dafür um Viertel nach drei getroffen: ankommen, Instrumente aufbauen, einspielen und einander erzählen, wie nervös man schon war … Um 15:30 Uhr war Anspielprobe: einfach schon einmal auf der Bühne sitzen, gucken, ob das mit dem Platz überall passt, ein bisschen spielen, sich an die Akustik des Raumes gewöhnen und noch ein letztes Mal die schwierigen Stellen und heiklen Stücke durchgehen. Als um 16:30 Uhr das Foyer geöffnet wurde, waren wir bereits wieder in der Künstlergarderobe.

Dann war der Einlass in den Saal, 17:00 Uhr – eine halbe Stunde noch. Hinter der Bühne wuchs die Nervosität (besonders unter den neuen Mitspielenden). Björn hingegen saß gemütlich auf einem kleinen Sessel in der hinteren Ecke des Raumes und war die Ruhe in Person. Er sah mehr wie ein Konzertbesucher aus, der gleich nur entspannt zuhören musste, als der Dirigent, der im Mittelpunkt der Aufmerksamkeit stand und für fast alles verantwortlich war. Zehn Minuten vor Beginn saß er immer noch dort, während alle anderen schon aufgestanden waren – bereit, jeden Moment auf die Bühne zu gehen und loszulegen.

»Du weißt schon, dass wir gleich auftreten?«, frage ein Klarinettist.

»Ja, das ist mir durchaus bewusst«, antwortete Björn entspannt, »aber es geht doch erst in zehn Minuten los. Solange kann ich hier ja noch sitzen bleiben. Ihr macht euch fertig, ich muss am Ende nur lächeln und winken. Wozu die ganze Aufregung? Das läuft schon alles.« – Wie gesagt, er war die Ruhe in Person.

Zehn Minuten später ging es auch schon los. *Eine Reise durch die Zeit* (unser Konzertthema) begann. Wir spielten viele kleine Stücke aus jeder erdenklichen Epoche und Stilrichtung. Am Anfang war ich noch etwas nervös, doch mit dem ersten Schlusston und dem darauffolgenden Applaus legte sich das. Ich gewöhnte mich an die Situation und mit dem dritten Stück, begann es mir richtig Spaß zu machen. Wir haben viel und lange geprobt und jetzt war der große Moment. Ich liebe es, Sachen, die mir Freude bereiten, mit anderen Menschen zu teilen.

Bald kam auch schon *Schindlers Liste* mit meinem Solo dran. Mit Beginn der Anmoderation wurde ich schlagartig wieder nervös. Immerhin würde ich gleich ein Solo spielen. Das Stück war jedoch allgemein sehr solistisch geprägt, ich war also wenigstens nicht die Einzige.

»Und nun lasst uns eine Reise in eine Zeit machen, die glücklicherweise schon einige Jahre vorbei ist, man aber niemals vergessen sollte«, schloss Björns (erwachsener) Sohn Aaron die Anmoderation.

Dann ging es los und ich stellte noch einmal fest, wie dieses Stück einfach jedes Mal wieder eine enorme Wirkung auf mich hat. Es war so herzzerreißend schön und traurig zugleich. In der Musik stecken das große Leiden und die tiefe Verzweiflung der Menschen, wobei auch ein Hoffnungsfunke dabei ist. Wir gaben alles, sodass es einer unserer besten Durchläufe wurde. Manche aus dem Orchester wischten sich eine Träne aus dem Augenwinkel. Auch in Björns Augen glitzerte es. Es war einfach unglaublich.

Nach einer 20-minütigen Pause kam in der zweiten Hälfte 4'33'' von John Cage dran.

»Eigentlich war geplant, dass unser erster Klarinettist, Wolfgang Gärtner, jetzt mit uns einen Satz aus einem Klarinettenkonzert von Mozart spielt«, begann Aaron die Moderation, »Zu unser aller Bedauern kann er jedoch krankheitsbedingt leider nicht bei uns sein. An dieser Stelle wünsche ich im Namen des gesamten Orchesters gute Besserung. Uns traf der Ausfall natürlich sehr kurzfristig. Wir haben uns davon jedoch nicht unterkriegen lassen, sondern ein anderes Stück herausgesucht, das wir Ihnen nun darbieten werden.«

Ich wette, er hat bewusst nicht *spielen* gesagt ...

»Das Werk ist einmal etwas ganz anderes, falls Sie sich wundern werden. Es stammt nämlich aus der Epoche der Moderne. Es folgen zwei Sätze aus dem Stück 4'33'' von John Cage. Im Original ist es ein Klavierstück, doch unser Schlagzeuger, Mark Rufus, hat es eigens für uns arrangiert. Lehnen Sie sich zurück und versuchen Sie sich darauf einzulassen, nach dem schwungvollen Tanz von eben wird es nun wieder etwas ruhiger.«

Björn hob die Arme, es ging los. Alle setzten sich richtig hin, um ordentlich spielen zu können. Die Blicke lagen auf dem Dirigenten. Er zählte ein – und es bleib ruhig. Zu gerne wäre ich jetzt im Publikum gewesen, um die Reaktionen auf den Gesichtern zu sehen. Nach ein paar Takten merkte man, wie die Leute langsam unruhig wurden. Doch wir zogen unsere Sache durch und folgten aufmerksam jedem Impuls Björns. (Versuch mal, dich ein paar Minuten auf etwas so Stumpfsinniges zu konzentrieren, es ist schon eine gewisse Kunst dabei …) Der erste Satz war zu Ende. Die Spannung fiel ab. Alle sortierten sich, Björn blätterte um und es ging weiter. Nach dem zweiten Satz blieb es still. Dann fingen Einzelne an zu klatschen. Zögerlich stimmte der Rest mit ein. Kaum hatte das Publikum aufgehört zu klatschen, spielten wir ohne weiteren Übergang einen wirklichen Gassenhauer, der wieder alle mitriss.

Im Konzert habe ich einige schwierige Stellen gemeistert, an denen ich mir die letzten Wochen die Zähne ausgebissen hatte. Ein paar Fehler waren natürlich dabei, aber das war nicht weiter schlimm. Das viele Üben und die intensiven Proben haben sich gelohnt. Es ist ein sehr gelungenes Konzert geworden, sodass ich beim Schlussapplaus nur noch lächeln und strahlen konnte.

Liebe Grüße
Karina

∗∗∗

Liebe Karina,

das freut mich sehr, dass euer Konzert so gut gelaufen ist. :) Das klingt wirklich schön, schade, dass ich nicht dabei sein konnte.

Ich bin gerade aus dem Kletterpark wiedergekommen. Am Morgen trafen wir uns vor der Schule, was gar nicht so einfach war, wie es klingt, vor allem nicht für die zwei Spezialisten Anton und Julius, die (wie so oft) ziemlich spät kamen. Der Linienbus wollte schon losfahren, aber meine Klassenlehrerin und mein Sportlehrer sind zur Tür gerannt und hielten ihn durch Springen und Winken davon ab. So konnten wir noch mitfahren und mussten nicht fünfzig Minuten auf den nächsten warten. Der Bus war relativ voll, deshalb saßen und standen wir sehr gequetscht. Erst nach zwanzig Minuten wurde es leerer und wir konnten die letzten zwanzig Minuten einigermaßen bequem sitzen. Von der Bushaltestelle liefen wir durch den Wald zum Klettergarten. Die Lehrkräfte wollten erst, dass wir in Zweierreihen gehen, sahen dann aber ein, dass wir in der zehnten Klasse auch ohne diese zusammenbleiben können.

Als wir beim Kletterpark ankamen, wollten wir sofort klettern. Zuvor standen jedoch gruppendynamische Spiele auf dem Tagesplan, denn dieser Ausflug sollte nicht nur Spaß bringen, sondern auch, ich zitiere, »den Zusammenhalt und das gemeinsame Arbeiten und Agieren in der Klassengemeinschaft stärken«. Das klingt in der Theorie recht sinnvoll, nur leider waren die Spiele dabei nicht sehr zielführend.

Nachdem wir unsere Gruppe *gestärkt* hatten, kamen wir dem Klettern ein Schritt näher: Wir bekamen die Sicherheitseinweisungen, damit sich niemand verletzt und wir uns mit den Sicherheitsgurten zurechtfinden. Allerdings hörten manche, insbesondere Anton und Julius, nicht so genau zu, was sie mal lieber hätten machen sollen.

Beim Klettern gab es Parcours in mehreren Schwierigkeitsgraden, die sich in Höhe und Art der Elemente unterschieden. Am Anfang jeder Kletterstrecke musste man eine recht wackelige Strickleiter nach oben klettern. Als dies geschafft war, hakten wir unsere Gurte ein und es ging los. Das Klettern machte mir Spaß, solange ich nicht hinunter schaute und mindestens eine Hand fest am Seil hatte. Manche Elemente kosteten mich ein wenig Überwindung, vor allem die Seilbahn am Ende, aber ich habe es geschafft. :)

Die schwierigeren Strecken waren deutlich anstrengender und deutlich höher. Eigentlich wollte ich mich lediglich an der leichten Strecke erfreuen und ausblenden, dass es noch höhere Parcours gab. Doch Mia, die wohlgemerkt keine Höhenangst hat, hatte mich motivierend überredet. So stand ich auf einmal weit oben, bereit zum Start. Es gab wirklich sehr wackelige Dinge, über die man klettern musste. Zum Beispiel war da ein Seil, auf dem man wahrscheinlich tanzen sollte, doch ich hatte schon genug damit zu tun, mich irgendwie von der einen zur anderen Seite zu bringen. Vor uns waren Julius und Anton, die natürlich alles ganz cool und locker geklettert waren.

Doch dann blieb Julius plötzlich stehen und machte irgendetwas an seinem Fuß. Während er an seinem Fuß rumnestelte und auf der Stelle hüpfte, rief er etwas von einer Mücke. Und zog dann kurzerhand einfach seinen Schuh aus, um sich am Fuß zu kratzen. Das war natürlich nicht erlaubt, doch er hatte ja auch nicht bei der Sicherheitseinweisung zugehört, in der ausdrücklich betont wurde, dass das Klettern nur mit festem Schuhwerk gestattet sei und man barfuß oder in Sandalen nicht klettern dürfe. Ich hatte mich schon gefragt, wer dies tun sollte, aber anscheinend sprachen sie aus Erfahrung.

Bei dem ganzen Rumgehüpfe und Kratzen, war ihm plötzlich (man hätte es ja gar nicht voraussehen können) der Schuh hinuntergefallen. Zum Glück hatte ihn niemand abbekommen, aber ein Mitarbeiter hatte es bemerkt. Mit nur einem Schuh durfte Julius nicht weiterklettern, weshalb der Trainer ihn abseilen wollte. Das war aber natürlich komplett unter seiner Würde und so diskutierte er rufend mit dem Mitarbeiter, der mindestens zehn Meter unter ihm stand.

Julius verlangte, dass der Trainer seinen Schuh heraufwerfen solle. Ich kenne niemanden, der einen Schuh mindestens zehn Meter so akkurat in die Höhe werfen kann, dass die obenstehende Person ihn auch noch fängt. Der Trainer, glaube ich, ebenfalls nicht und so wurde nichts aus der Idee. Julius war aber immer noch nicht bereit, sich abseilen zu lassen.

Waren wir hier in der zehnten Klasse oder im Kindergarten?

Mit seiner fehlenden Einsicht hielt er alle Leute hinter ihm vom Klettern ab und auch Mia und ich standen noch auf der Plattform davor und warteten. Leider hatte ich den Fehler gemacht, zu oft nach unten zu schauen. Meine davor noch nicht so oft entdeckte Höhenangst kam durch, sodass ich mich an Mia und dem Baum festklammerte und das Hinunterschauen strengstens vermied.

Der Trainer hatte jetzt keine Lust mehr auf Diskussionen und begann hochzuklettern. Ich hätte ihn am liebsten gefragt, ob er mich nicht gleich mitabseilen konnte, aber ich wollte nicht noch mehr Drama in die ganze Situation hineinbringen, also ließ ich es.

Mit einem ziemlich verärgerten und hochroten Gesicht wurde Julius hinuntergelassen und wir konnten weiterklettern. Es war zwar nicht mehr weit, aber es kostete mich schon einiges an Überwindung, mich vom Baum wegzubewegen und Mia wieder loszulassen. Gefühlt waren wir nun noch höher und alles schien wackeliger und gefährlicher als davor.

Nur durch Mias gutes Zureden schaffte ich es trotz wackelpuddingartiger Beine bis zum Ende und war sehr froh, wieder unten zu sein. Wieso war ich überhaupt so hoch geklettert? Die restliche Zeit schaute ich lieber von unten zu und merkte mir für ein eventuelles nächstes Mal, dass die niedrigeren Routen mehr Spaß bringen. Nach dem Klettern machten wir ein Picknick und gingen später wieder zum Bus, der zum Glück nicht ganz so voll war wie auf dem Hinweg. Da wir alle sehr erschöpft waren, war es im Bus erstaunlich leise und die Fahrt verging recht schnell.

Im Großen und Ganzen war es ein schöner Wandertag und das, was nicht so gut gelaufen ist, bleibt in Erinnerung.

Morgen bekommen wir Zeugnisse und dann sind schon Ferien. Jetzt ist die Zeit doch schnell vergangen. Fria und Loki haben ein Sommerfest im Kindergarten, auf das wir am Nachmittag gehen, hoffentlich scheint die Sonne. ;)

LG Indie

*** ✳

Liebe Indie,

es freut mich, dass dir der Ausflug gefallen hat. :)

Heute war endlich der letzte Schultag vor den Ferien und wir hatten den Projekttag zum Thema Freundschaft. Unser Referat ist ziemlich gut gelaufen. Bei den anderen in der Klasse ist es ebenfalls gut angekommen. Die Referate der anderen waren auch sehr spannend. Ich finde es schön, dass wir das Thema Freundschaft einmal genauer unter die Lupe genommen haben. Natürlich ist jede Freundschaft einzigartig und verändert sich im Laufe der Zeit, es lassen sich jedoch schon einige Gemeinsamkeiten und Grundkonzepte feststellen.

Zum Beispiel hat eine Gruppe gemischtgeschlechtliche Freundschaften behandelt. Viele Leute sind ja der Meinung, dass eine Freundschaft zwischen einem Mädchen und einem Jungen (bzw. einer Frau und einem Mann) gar nicht wirklich funktionieren kann. Ich habe zwar keinen näheren Kontakt zu Jungs (außer Timo), aber ich wüsste nicht, wieso das nicht funktionieren sollte.

Zur Veranschaulichung wurde im Referat immer von dem fiktiven Beispielfreundespaar Tom und Tina gesprochen. Oft vermuten andere, dass sich hinter ihrer Freundschaft *mehr* verbirgt. Die Wahrscheinlichkeit ist auch nicht gerade gering, dass sich mindestens einer der beiden im Laufe der Zeit in den anderen verliebt (vorausgesetzt Tom und Tina sind nicht schwul bzw. lesbisch). Statistisch gesehen würde Tom eher etwas von Tina wollen als umgekehrt und das unabhängig davon, ob Tom eine feste Freundin hat oder nicht.

Neben dem Thema kann auch Eifersucht ein zusätzliches Hindernis darstellen, gerade wenn einer der beiden in einer Beziehung ist. Man könnte ja meinen, weil Tom und Tina *nur* befreundet sind, gibt es für Toms Freundin oder Tinas Freund keinen Grund, eifersüchtig zu sein. Sie sind es aber manchmal doch. Das muss nichts mit fehlendem Vertrauen zu tun haben, dass zum Beispiel Tinas Freund denkt, dass Tina mit Tom fremdgeht. Es gibt nämlich verschiedene Formen von Eifersucht, wie Eifersucht auf gemeinsam verbrachte Zeit oder Eifersucht auf die Vertrautheit zwischen Tom und Tina.

Doch auch in dieser Hinsicht wird es wohl einen Weg geben, sodass es für alle Beteiligten gut funktioniert. Genauso wird es ja (theoretisch) auch Mädchen, die auf Mädchen stehen, zugetraut mit anderen Mädchen befreundet zu sein. Was wäre sonst mit Leuten, die sich in alle verlieben können, könnten die dann gar keine Freundschaften mehr haben …?!

Das Referat über Freundschaft im Laufe der Geschichte der Menschheit fand ich auch sehr interessant: Früher waren Freundschaften meistens nur Zweckbündnisse ohne emotionale Verbundenheit, heutzutage würden wir solche Beziehungen schon gar nicht mehr als Freundschaft bezeichnen. Freunde waren einfache Weggefährten und leicht zu finden (vielleicht in etwa wie im Kindergarten). Erst ab dem Ende des 18. Jahrhunderts entstand die Freundschaft, wie wir sie heute kennen, die nur noch die Freundschaft selbst zum Zweck hatte.

Und obwohl heute Frauen in der Gesellschaft als diejenigen mit mehr bzw. besseren Freundschaften gelten, war Freundschaft ziemlich lange eine reine Männersache. Erst mit der Aufklärung im 18. Jahrhundert änderte sich das und Frauen wurden auch als *freundschaftsfähig* angesehen.

Am meisten gelacht haben wir bei dem Vortrag über typische Unterschiede von Freundschaft zwischen Jungs und Freundschaft zwischen Mädchen. Er wurde von einer Vierergruppe gehalten, die aus zwei Mädchen und zwei Jungs bestand. Die Gruppe führte verschiedene kleine Sketche auf, in denen sie typische Situationen einer Mädchenfreundschaft und einer Jungenfreundschaft darstellten. Hierbei spielten die Mädchen die Jungs und die Jungs die Mädchen. Es war sehr witzig, bald hatten wir alle vor Lachen Tränen in den Augen. Die Sketche waren zwar ein bisschen übertrieben und klischeehaft, aber solange man es weiß, kann man ruhig auch mal ein bisschen mit Klischees spielen, denke ich.

Ziemlich schnell war der erste Teil des Vormittags um. Dann mussten wir den Klassenraum sauber machen, anschließend gab es die Zeugnisse. Ich bin mit meinem sehr zufrieden – es ist sogar ein bisschen besser geworden als das letzte.

Nun gab es das gleiche Prozedere wie jedes Jahr vor den Sommerferien: Alle freuen sich, endlich lange freizuhaben, bleiben aber noch lange vor der Schultür stehen, um sich voneinander zu verabschieden. Jede*r umarmt jede*n und alle wünschen sich schöne Ferien.

Ich habe noch ziemlich lange mit Luna geredet – irgendwie sind wir nicht zum Schluss gekommen, deshalb haben wir uns für Dienstag wieder verabredet (bei mir). Bei ihr zu Hause ist die Situation immer noch sehr angespannt und ich möchte dort keine zusätzliche Unruhe hineinbringen.

Lunas Mutter Inge hat Luna gestern ihre Geschichte mit Hendrik erzählt. Sie kannte ihn ebenfalls aus dem Studium. Inge studierte Lehramt und wohnte direkt bei Hendrik neben an. Zuerst waren die beiden nur befreundet, irgendwann entwickelte sich mehr daraus.

Inge arbeitete in Hendriks Stammbar, in der sich dieser mit seiner beginnenden Alkoholabhängigkeit immer öfter aufhielt. Da es ihm auch sonst nicht gut ging, war

Inge viel für ihn da. Mit der Zeit standen sie beiden sich immer näher und verliebten sich ineinander. Hendriks Alkoholabhängigkeit wurde jedoch immer extremer und immer öfter tat er im Vollrausch Dinge, die er später bereut hatte. (Viel konkreter wollte Inge nicht werden, es war aber klar, dass das auch für sie keine schöne Zeit gewesen sein kann.)

Irgendwann wurde es Inge zu viel und sie meinte zu Hendrik, dass sie nur mit ihm eine langfristige Beziehung beginnen könnte, wenn er aufhört, sich zu betrinken. Hendrik versprach es, nie wieder einen Tropfen Alkohol zu trinken, wurde nach wenigen Tagen jedoch schon wieder rückfällig. Also brach Inge den Kontakt ab.

Eine Woche später meldete sich Hendrik in einer Klinik zur Suchttherapie an und Inge nahm den Kontakt zu ihm wieder auf, blieb aber erst einmal distanzierter. (Das muss ziemlich genau zu dem Zeitpunkt gewesen sein, als er meine Mutter verlassen hat.) Während Hendrik noch auf einen Therapieplatz wartete, stellte Inge fest, dass sie mit Luna schwanger war. Sie beschloss allerdings, ihm zunächst nichts davon zu erzählen, damit er sich auf seine Therapie konzentrieren konnte.

Als Hendrik seine stationäre Therapie beendet hatte, holte Inge ihn hochschwanger ab. Er war wütend und enttäuscht, dass sie ihm nichts davon erzählt hatte. (Außerdem wollte er schätzungsweise immer noch kein Kind haben.) Auf der anderen Seite war er jedoch erleichtert, endlich mit Inge zusammen sein zu können.

Hendrik war hin und her gerissen. Doch so mies es auch war, dass er meine Mutter und mich verlassen hat – ich kann mich dennoch sehr für Inge und Luna freuen, dass er sich für sie entschieden hat. Immerhin hat das Ganze nach ein paar anfänglichen Schwierigkeiten so gut funktioniert, dass später noch Eva entstanden ist ...

Vielleicht war Inge einfach die richtige Person für ihn. Bestimmt hat auch die Therapie ihren Teil dazu beigetragen, dass er ein rücksichtsvollerer Mensch wurde. Auf jeden Fall war Inge der Grund, weshalb er den Schritt gegangen ist, aus seiner Sucht hinaus zu kommen.

Über meine Mutter hatte diese übrigens nie auch nur ein bisschen gehört. Genauso wenig wusste meine Mutter etwas von Inge. Anscheinend hat Hendrik es irgendwie geschafft, dass die beiden Geschichten komplett parallel zu einander abliefen, ohne dass sie sich überschneiden ...

Ich bin jedenfalls gespannt, wie sich die Situation mit Hendrik weiterentwickelt. Doch nun kann ich mich erst einmal auf einen Sommer mit Luna freuen!

Schöne Ferien (und eine virtuelle Umarmung)
Karina

P.S. Den ganzen Tag war es richtig grau und es hat immer wieder genieselt, doch auf dem Weg nach Hause kam die Sonne heraus und nun wurde es richtig schön warm. Der Sommer kann beginnen!

✳✳✳

Liebe Karina,

wenn die Lage nicht so verzwickt wäre, könnte man Hendrik schon fast bewundern, dass er über diesen Zeitraum ein gewisses Doppelleben geführt hat, ohne dass es herausgekommen ist. Allerdings ist das, was er getan hat, nicht bewundernswert, sondern ziemlich gemein und unverantwortlich. Wahrscheinlich hat er nicht damit gerechnet, dass ihr euch einmal kennenlernt, und es so gut sechzehn Jahre später doch herauskommt.

Bei uns war heute auch der letzte Schultag vor den Ferien. Nach der Zeugnisvergabe hörte man überall aufgeregtes Tuscheln, die Zeugnisse wurden hin und her gereicht und an allen Ecken hieß es: »Schöne Ferien!«, »Bis in sechs Wochen!«, »Schick mir ein paar Fotos!« …

Mia und Emily haben sich in den Ferien für eine zweite Runde beim Eisladen verabredet. Im Unterricht haben sie sich immer wieder angeschaut, und sobald sich ihre Blicke trafen, schnell wieder weggeblickt. Es ist irgendwie süß. Bestimmt ein tolles Gefühl, wenn man jemanden so gerne mag, sonst würde es nicht so viele Liebesromane geben. Ich kenne mich da noch nicht so gut aus und deshalb können meine Erzählungen auch nicht mit den Büchern mithalten. Aber Mia ist schon sehr aufgeregt und ich bin es mit ihr. In einem Buch würde jetzt stehen, dass sie die ganze Zeit an Emily denkt, und auch wenn ich nicht in ihren Kopf schauen kann, bin ich mir ziemlich sicher, dass das stimmt.

Nachdem wir uns alle voneinander verabschiedet hatten, gingen wir nach Hause. Ein schönes Gefühl machte sich in mir breit. Wie ein kleines Geburtstagskribbeln.

Zu Hause im Garten tranken wir Holunderlimonade und aßen Eis. Ein bisschen später gingen wir auf das Sommerfest von Fria und Loki, auf dem es noch mehr Limonade und Eis gab.

Am Abend haben wir die letzten Sachen eingepackt. Was muss bei dir unbedingt auf jede Reise mit? Etwas, das in meinem Rucksack nicht fehlen darf, sind ein Buch und mein Fotoapparat.

Als ich kleiner war, habe ich auf dem Dachboden eine alte, analoge Kamera gefunden. Sie gehörte meiner Mutter, als sie noch ein Kind war. Das Besondere am analogen Fotografieren ist, dass man nie weiß, ob das Foto etwas geworden ist, bis man es entwickelt in der Hand hält. Ein Foto bekommt noch einmal eine ganz andere Bedeutung, wenn man auf einem Film nur 36 Aufnahmen zur Verfügung hat. Und auch das macht auch das Fotografieren an sich viel überlegter. Für Fotos zwischendurch ist eine Digital- oder Handykamera schon praktischer, aber das ein oder andere Foto mache ich gerne mit der analogen Kamera und warte gespannt, wie es später aussieht.

Ich finde Fotografieren echt toll. Man kann Momente festhalten und immer wieder darauf schauen. Fotos lösen viele Erinnerungen aus, aber manchmal macht man auch ein Foto mit dem Herzen und hat dann nicht nur das Bild festgehalten, sondern alles, die Gefühle, eben den ganzen Moment. Gerade im Urlaub schaue ich gerne durch die Linse meiner Kamera, die Welt sieht noch einmal anders aus. Durch den kleinen Bildausschnitt richte ich meinen Fokus auf so manche Details, die mir vorher nicht aufgefallen sind.

Fria und Loki wollen unbedingt ihre ganzen Spielsachen mitnehmen und auch Jonah hat etwas enttäuscht geschaut, als er seinen Rucksack nicht nur mit Legosteinen füllen durfte. Bo kommt natürlich mit in den Urlaub, aber da Mimi als Katze nicht sehr reiselustig ist und lieber zu Hause bleibt, kümmern sich unsere Nachbarn um sie. So ist sie mit Essen und Streicheleinheiten bestens versorgt.

Heute Abend gehen wir eher ins Bett, da wir morgen früh losfahren wollen. Wenn alles nach Plan läuft, werden wir dann nur noch die letzten Sachen verstauen, die wir noch bis kurz vor der Abfahrt brauchen (z. B. Zahnbürsten). Wir fahren vor dem Frühstück los, damit wir mittags die Fähre von Hirtshals (Dänemark) nach Kristiansand (Norwegen) bekommen.

Ich werde dir, sobald ich Zeit habe, einen kleinen Reisebericht schreiben. Ach, ich freue mich so. Ich wünsche dir tolle Ferien.

Fühl dich umarmt. ;)
Deine Indie

✳✳✳

Liebe Indie,

das Wochenende verlief bei uns ganz entspannt. Den Samstag verbrachten wir fast komplett draußen. Das Wetter war schön sonnig und wir hatten alle gute Laune. Meine Oma hatte einen Kirschkuchen gebacken; Linda und Timo Sandkuchen, die ich ihnen am Sandkistenkiosk abgekauft hatte. Ein Kuchen kostete einen Stein.

Meine Oma ließ die beiden daraufhin auch den Kirschkuchen verkaufen – ebenfalls für einen Stein das Stück – sie sollten damit nur auf der Terrasse bleiben. So liefen wir alle durch den Garten und suchten Steine. Jetzt befindet sich in der Sandkiste eine hochgeschätzte Steinsammlung. Ich muss mir unbedingt etwas überlegen, das sie sich von ihrem Steine-Verdienst kaufen können.

Am Sonntag machte ich fast den ganzen Tag RSG. Dazu trafen wir uns am frühen Vormittag in der Sporthalle. Wir hatten nämlich einen Auftritt bei einem großen Handballturnier, welches dort stattfand. Nachdem wir uns aufgewärmt hatten, gingen wir noch ein letztes

Mal ein paar Sachen der Team-Choreo durch und warteten nervös darauf, dass das Finale der Handballer zu Ende war. Wir waren nämlich zur Unterhaltung des Publikums zwischen Finale und Siegerehrung da. Zuerst führten zwei Mädchen eine Einzel-Choreo vor, dann waren wir als ganzes Team zusammen an der Reihe.

Am Anfang war ich noch etwas unruhig, doch mit den ersten Takten Musik rückte die Nervosität in den Hintergrund und ich konzentrierte mich nur noch auf die Choreo. Wir waren ein Team und hatten schon mehr als lange genug geübt. Sicher und ohne große Probleme lief alles glatt. Es hat unglaublich viel Spaß gemacht. Ich liebe diesen Sport! Wir spürten den Rhythmus der Gruppe und die Reifen bewegten sich mit der Melodie, als wären sie nur verlängerte Teile der Arme. Sobald der Schussakkord verklang, ertönte der Applaus der Zuschauenden.

Anschließend hatten wir eine Mittagspause, in der wir mit dem Team und unserer Trainerin Pizzaessen gingen. Am Nachmittag hatten wir eine zweite Aufführung im Seniorenheim. Es war auch dieses Mal ein voller Erfolg, die älteren Leute freuten sich sehr. Hinterher bekamen wir als Dankeschön von der Heimleitung Kuchen. Mit Schokolade. :)

Linda hat vorhin ihren ersten Wackelzahn entdeckt. Total stolz hat sie gleich allen gezeigt, wie sie ihn ein paar Millimeter hin und her bewegen konnte. Timo wurde schon neidisch.

»Du bekommst deinen ersten Wackelzahn bestimmt auch bald«, versuchte sie ihn zu trösten.

Ich habe erst mit sieben meinen ersten Zahn verloren. Genauer gesagt habe ich ihn wahrscheinlich verschluckt – also ich bin mit dem Wackelzahn ins Bett gegangen und am nächsten Morgen ohne ihn aufgewacht. Daraufhin haben wir mein Bett abgezogen und alles abgesucht, falls er im Schlaf hinausgefallen ist. Wir haben ihn aber nie gefunden …

Inzwischen ist es gar nicht mehr lange hin, bis Linda und Timo sechs Jahre alt werden. Nach den Ferien werden die beiden auch schon eingeschult. Ich bin schon total aufgeregt. Die Kleinen werden langsam groß!

Nach den Ferien werde ich auch nicht mehr jeden Morgen alleine mit dem Fahrrad in die Stadt fahren müssen, die Grundschule ist nämlich nur zwei Straßen von meiner Schule entfernt. Auch wenn ich mit den Zwillingen wahrscheinlich doppelt so lange brauchen werde, ist es bestimmt schön mit ihnen.

Als ich in der Grundschule war, hat mich meine Mutter noch jeden Morgen auf dem Weg zur Arbeit mit dem Auto mitgenommen. Linda und Timo sind jedoch zu zweit, also haben die Erwachsenen ihnen auch zugetraut, ab der ersten Klasse alleine zu fahren, zumal ich morgens auch noch dabei bin. (Auf dem Rückweg bin ich es leider nicht mehr, die Kleinen haben einfach um 12:00 Uhr Schulschluss. Das waren noch Zeiten ...)

Ich finde es Wahnsinn, wie die Zeit vergeht ... Linda und Timo sind doch gerade erst in den Kindergarten gekommen. Jetzt kann ich verstehen, was meine Mutter meinte, als ich 16 geworden bin: Die Zeit vergeht, die Kinder werden groß.

Übermorgen kommt Luna, ich freue mich schon. Wir haben uns noch nicht genau überlegt, was wir machen wollen, vielleicht mit Linda und Timo spielen. Luna scheint Kinder zu mögen und die Zwillinge mögen sie auch – Linda fragt immer wieder, wann Luna wiederkommt. Ihr Gips ist übrigens ab. Am liebsten hätte sie ihn wegen der Zeichnungen und Unterschriften darauf behalten, aber die Erwachsenen in diesem Haus fanden die Idee nicht so schön, also musste sich Linda mit einem Foto davon zufriedengeben.

Ich wünsche dir einen schönen Urlaub mit viel Spaß, guter Erholung und tollem Wetter.

Liebe Grüße
Karina

P.S. Wenn ich in den Urlaub fahre, müssen unbedingt Bücher mit. Je nach Urlaubsziel auch meine Laufsachen, so kann ich beim Laufen mal eine andere Umgebung kennenlernen.

***

Liebe Karina,

ich sitze gerade vor unserem Wohnwagen und schaue auf das wunderschöne Meer. Neben mir liegt mein Buch, was übrigens sehr spannend ist. Ein leichter Wind weht durch die Gräser der Dünen. Obwohl wir mitten im Hochsommer sind, trage ich einen Pullover, denn so hoch im Norden ist es kühler. Wir sind jetzt schon ein paar Tage unterwegs, alle in Urlaubslaune und genießen diese atemberaubende Natur. Aber erst einmal von vorne:

Am Samstag wurde ich recht früh von meinem Wecker geweckt. Ganz leise verstauten wir die letzten Dinge und schmierten die Brote. Um sechs Uhr saßen wir alle wach und bereit zur Abfahrt im Auto, nur Fria und Loki schliefen in ihren Kindersitzen. Bis zur Fähre waren es laut Navi etwas mehr als vier Stunden. Für mehrere Pausen und einen eventuellen Stau war ein Puffer eingeplant. Trotzdem hofften wir natürlich, nicht in einen Stau zu kommen. Die Betonung lag auf *hofften*.

Die ersten eineinhalb Stunden fuhren wir ohne Probleme. Da die Zwillinge noch schliefen, wurde auch nicht tausendmal gefragt, wie lange es noch dauern würde, oder ob wir essen, trinken, oder sonst was machen könnten. Nur circa fünfmal, denn Jonah und ich waren ja auch noch da. :) Dann machten wir erst einmal eine Pause. Fernab der Autobahn bauten wir auf einer Wiese unseren Campingtisch auf und frühstückten.

Danach ging es weiter. Wir hörten Hörbücher und schauten aus dem Fenster. Was man halt so macht, um sich im Auto die Zeit zu vertreiben. Doch plötzlich kamen wir in einen Stau. Wir hatten noch etwas mehr als eine Stunde zu fahren und in drei Stunden würde die Fähre ablegen. Die erste halbe Stunde machten wir uns noch keine Sorgen.

»Wir haben ja noch genug Zeit, da kann uns so ein kleiner Stau nicht aufhalten«, dachten wir.

Leider war es kein kleiner, sondern ein großer Stau und wir mittendrin. Nur schleppend kamen wir Meter für Meter voran. Wir zählten rote, grüne und blaue Autos, schauten in die Fenster der Nachbarautos, hörten Musik, spielten *Ich-sehe-was-was-du-nicht-siehst*, aßen Brezeln und drehten Däumchen. Nach und nach mussten die Ersten aufs Klo und wir wurden etwas ungeduldig, denn die Zeit verging, ohne dass wir merklich vorankamen. Also wurden noch mehr Autospiele gespielt.

Als die dritte halbe Stunde vorbei war, führten wir im Sitzen einen kleinen Freudentanz auf, denn endlich ging es weiter. Jetzt konnten wir nur noch die Daumen drücken, dass uns kein weiterer Stau über den Weg lief, die Fähre wartete nicht.

Eine knappe halbe Stunde vor Abfahrt konnten wir uns noch in die Warteschlange zur Ticketkontrolle einreihen und fuhren in den Bauch des Schiffes. Erleichtert gingen wir an Deck und schauten, wie der Hafen immer kleiner wurde. Dreieinhalb Stunden später sollten wir in Norwegen ankommen.

Auf dieser Route treffen Nordsee und Ostsee aufeinander, was den Seegang ein wenig erhöht. Doch mit dem frischen Meereswind kann man es aushalten, solange man nicht hineingeht, denn drinnen ist es sehr viel unangenehmer, finde ich. Die Überfahrt verbrachten wir damit, den Horizont zu betrachten, da wir das Schaukeln so am besten aushielten. Als endlich der Zielhafen in Sichtweite war, waren wir erleichtert und fuhren aufgeregt von Bord – natürlich erst nachdem das Schiff angelegt hatte.

In Kristiansand (Norwegen) angekommen, kauften wir uns ein Eis und schlenderten ein bisschen durch die Straßen, bevor wir weiter zu unserem ersten Campingplatz fuhren. Dieser war noch knappe zwei Stunden entfernt. Nach der langen Autofahrt fielen wir abends müde ins Bett, obwohl wir eigentlich den ganzen Tag nur saßen.

Am nächsten Morgen konnten wir die Umgebung genauer erkunden. Die Natur dort ist wirklich sehr schön. Es gibt Berge und Wälder, Wiesen und Meer. Wir waren in einem Tal umgeben von Bergen. Ein kleiner Fluss schlängelte sich zwischen Blumen und Wiesen hindurch und nur wenige Häuser waren zu sehen. Spazierend erkundeten wir die Gegend, badeten mit den Füßen in einem kleinen See und genossen die Ruhe. Nach zwei Tagen fuhren wir weiter ans Meer.

Jetzt sitze ich vor dem Wasser und bin umgeben von einem langen, weißen Strand mit Dünen und Felsen, auf denen wir klettern. Fria, Loki und Jonah bauen Sandburgen, die Bo wieder kaputt macht. Das Wasser ist eiskalt. Eine Norwegenflagge weht im Wind. Hier auf dem Campingplatz direkt am Meer sind nur sehr wenige andere Menschen, wir sind fast allein. Es ist wunderschön.

Mia hat mich heute ganz aufgeregt auf dem Handy angerufen. Das Eisessen war »*soo* super« und Emily ist »*soo* toll« Ich freue mich voll für sie. Es ist schön, Mia so glücklich zu hören. Sie haben sich gleich noch einmal verabredet. Aber dieses Mal für einen Strandspaziergang.

Ich wünsche dir weiterhin noch schöne Ferien und viel Spaß mit Luna. :)

LG Indie

P.S. Sandkuchen habe ich auch schon viele *gekauft* und *gegessen*. Manche hatten sogar eine Blumenverzierung oder kleine Steinchen als Topping.

P.P.S. Meinen ersten Zahn habe ich übrigens in der Sandkiste verloren. Obwohl wir den ganzen Sand gesiebt haben, haben wir ihn leider nicht gefunden. Aber dafür viele schöne Kieselsteine.

✳✳✳

Liebe Indie,

wie schön, dass euer Urlaub so schön ist. Nachdem es
die letzten Tage bei uns etwas kühler war, ist es nun wieder unglaublich heiß, sodass ich im Moment immer früh
morgens laufen gehe, da es tagsüber echt nicht auszuhalten ist. Dafür kann ich jetzt am Abend auf der Terrasse sitzen und die abgekühlte, klare Luft genießen,
während ich dir schreibe.

Luna war heute da und unser Treffen war echt schön,
schade dass es jetzt schon wieder vorbei ist. Aber wir
haben uns fest vorgenommen, uns bald wiederzu-
treffen. Hendrik war von unseren Treffen wohl nicht
allzu begeistert ... Luna hat auch nicht so genau verstanden, was das Problem ist, er war wohl meiner Mutter
(und mir auch) gegenüber noch ziemlich verbittert.

Lunas Mutter war allerdings auf unserer Seite, was
auch wieder zu Streitereien zwischen Lunas Eltern geführt hat. Ich bin so froh, dass in unserer Familie alles so
gut und entspannt läuft. Jedenfalls war Luna den Nachmittag über bei uns (und auch irgendwie froh darüber,
eine Weile zu Hause raus zu sein).

Die Sandkuchenbäckerei von Linda und Timo hatte
wieder geöffnet und nun eine neue, fleißige Käuferin
dazu gewonnen. Luna und ich eröffneten auf der anderen Seite des Gartens einen Laden, in dem man geflochtene Grashalme kaufen konnte – ebenfalls für je einen
Kieselstein. Linda war begeistert und kaufte sich sofort
ein paar, die sie mit Haarspangen ins Haar steckte. Ein

geflochtenes Grashalmband landete sogar in Timos kurzen Haaren. Es sah sehr niedlich aus, hielt aber leider nicht lange. Für ein Foto reichte es. Von Linda konnte ich dafür ganz viele Bilder machen. Mal sehen, was die beiden dazu sagen, wenn sie 18 werden ...

Linda wollte dann auch flechten lernen. Timos Begeisterung hielt sich in Grenzen, doch was Linda lernen wollte, wollte er auch können. Also saßen wir kurz darauf im Wohnzimmer und flochten Wollbänder. Linda saß bei Luna auf dem Schoß, Timo war bei mir. Nach fünf Zentimetern wurde es ihm jedoch zu langweilig, also ging er hoch in sein Zimmer und ich beendete das Band für ihn.

Kurz darauf beschlossen Luna und ich einen Spaziergang durch die Felder zu machen. So bekamen wir noch ein bisschen Bewegung und ich konnte ihr die Umgebung zeigen. Auch wenn es hier neben Feldern nicht viel zu sehen gibt. Linda wollte Luna zuerst nicht gehen lassen, doch das Flechten schaffte sie inzwischen auch alleine und nach dem Versprechen, Luna wieder mitzubringen, wurden wir freigegeben.

Draußen war es immer noch sommerlich warm, sodass wir weder Jacken noch Pullover mitnahmen. Bei diesem Wetter konnte man einfach mit T-Shirt und kurzer Hose (bzw. Luna mit Rock) nach draußen laufen.

»Ich habe früher auch total gerne geflochten, teilweise stundenlang«, erzählte Luna, »meine Schwester dagegen gar nicht. Sie war eher wie Timo: ungeduldig und voller Bewegungsdrang.«

»Da haben unsere Geschwister ja etwas gemeinsam«, antwortete ich. Wobei diese Eigenschaften bei Kindern in dem Alter auch nicht gerade ungewöhnlich sind.

»Du hast aber auch viel mit Eva gemeinsam«, meinte Luna, »also ziemlich viel, ihr seid euch sehr ähnlich. Allein der Tick, immer mit der Hand ans Ohr zu greifen. Aber auch die Form deines Gesichtes hat etwas von Eva. Besonders die Nase. Oder der Blick, wenn du an etwas richtig viel Freude hast ... Ich dachte immer, dieses spezielle Funkeln wäre typisch Eva, doch du hast es auch ...«

»Es könnte vielleicht daran liegen, dass wir den gleichen Vater haben«, stellte ich fest.

»Ja, das Muttermal!«, rief Luna. »Wieso bin ich nicht darauf gekommen, dass ihr verwandt sein könntet?«

»Keine Ahnung, es war auch nicht gerade wahrscheinlich«, antwortete ich.

Dann überlegten Luna und ich, was wir an optischen Gemeinsamkeiten hatten. Wir hatten beide die gleiche Augen- und Haarfarbe, waren etwa gleich groß und hatten ähnliche Hände und Fingernägel. Außerdem konnten wir beide die Zunge nicht einrollen, aber dafür mit den Ohren wackeln.

»Ich glaube, deswegen war ich am Anfang dir gegenüber auch so negativ eingestellt«, wurde Luna plötzlich wieder ernst, »einfach, weil du mich so an Eva erinnert hast.«

Ihre Stimme war schwer. Wir blieben stehen und ich umarmte sie. Leise sprach sie weiter: »Es war ein Autounfall. Plötzlich lag ein Radfahrer auf der Straße. Meine Mutter hat versucht zu bremsen und auszuweichen. Dem Radfahrer hat das das Leben gerettet, unser Auto landete jedoch in einen Baum. Mir ist nicht viel passiert, aber Eva …«

Lunas Stimme erstarb. Ich umarmte sie einfach weiter. Ich kann mir nur schwer vorstellen, wie es ist, auf einmal seine kleine Schwester zu verlieren. Es muss schlimm sein. Und auch einen solchen Unfall zu erleben, ist bestimmt schrecklich.

Aus ihrer Erzählung wurde mir aber noch etwas klar: Unsere erste Begegnung erinnert an den Unfall – mit mir als Fahrradfahrerin auf der Straße. Ich denke mal, ihr geht es genauso. Jetzt verstehe ich, wieso sie bereits, bevor wir uns kennengelernt hatten, nicht gut auf mich zu sprechen war.

»Tut mir leid, dass ich zu dir so mies war«, entschuldigte sich Luna noch einmal.

»Mir auch«, antwortete ich, »aber inzwischen ist alles gut, Hauptsache, wir haben uns vertragen.«

In Filmen wäre dies der Moment, an dem die Sonne hinter den Wolken hervorkommt. Bei uns fielen jedoch plötzlich erste Regentropfen hinab. Dabei war es vorhin noch so schön sonnig. Leider waren wir gerade maximal weit von zu Hause entfernt und nirgends war eine gute Möglichkeit zum Unterstellen in Sicht. Zum Glück war der Regen warm.

Die Tropfen wurden jedoch immer mehr, also stellten wir uns unter den erstbesten Baum. Der Baum war für eine Karriere als Regenschutz leider nicht gerade hoch qualifiziert, sodass wir kurze Zeit später komplett durchnässt waren. Also beschlossen wir, einfach weiterzugehen. Inzwischen war der Regen so dicht, dass man weder die andere Seite des nächsten Feldes noch das Ende des Weges erkennen konnte, auf dem sich eine Pfütze an die nächste reihte.

Mittlerweile gab es keine einzige trockene Stelle mehr an meinem Körper. Außerdem waren meine Schuhe nicht wasserdicht (jedenfalls nicht genug, um diesen Wassermassen standzuhalten). Bei jedem Schritt schwappte es. Unsere Haare waren so nass, als wären wir schwimmen gewesen und Luna konnte ihren Rock auswringen, sodass das Wasser hinauslief.

Es goss einfach in Strömen. Obwohl es kühler war als vorhin, war es immer noch recht warm. Das Gefühl war ein bisschen wie unter der Dusche. Bloß in Klamotten. Langsam konnte man nicht mehr erkennen, wo eine Pfütze aufhörte und wo die nächste anfing. Außerdem waren die Pfützen so groß, dass es kaum noch Stellen ohne diese auf dem Weg gab. Also hörten wir auf, auf die Pfützen zu achten, und liefen mitten durch sie hindurch. Wir waren so nass, da machte das auch keinen Unterschied mehr.

Dann kamen wir auf den nächsten Weg. Dieser war leicht abschüssig und hatte sich in einen kleinen Bach verwandelt: Das Wasser strömte mit einigen Zentimetern Höhe nach unten und der Boden des Weges war nicht mehr zu erkennen. Da meine Schuhe inzwischen so durchnässt und schwer waren, dass es richtig unangenehm war, mit ihnen zu laufen, zog ich sie aus und ging auf Socken weiter (die waren vorher schon nass, als hätte ich sie in die Badewanne geworfen ...).

Mit der Zeit hatte ich mich irgendwie an den Regen gewöhnt. Eigentlich war es auch ganz witzig, durch diesen starken Sommerregen hindurchzulaufen. Ich glaube, das gehört zu den witzigen Erfahrungen, auf die man später gerne zurückblickt, obwohl man auf sie auch hätte verzichten können ...

Je länger wir weiterliefen, desto mehr stellte sich eine gewisse Unbeschwertheit ein. Wir lachten, sprangen in die Pfützen und spritzten uns gegenseitig nass. Auch wenn wir durch einen Sprung ins Wasser manchmal selbst mehr abbekamen als die jeweils andere. Obwohl das ja sowieso schon nichts mehr ausmachte. Nasser als wir es waren, konnte man nicht mehr sein. Durch den hochspritzenden Dreck wurden wir bloß zusätzlich noch dreckig. Aber mittlerweile war uns auch das egal.

Irgendwann wurde der Regen weniger. Wir waren so an den Guss gewöhnt, dass es uns fast vorkam, als hätte er komplett aufgehört. Dabei war es immer noch *normaler* Regen.

Wieder zu Hause angekommen, stellten wir fest, dass sich die anderen schon Sorgen um uns gemacht hatten. Aber uns ging es gut. Wir waren nur nass. Und ein bisschen dreckig.

Nachdem wir nacheinander kurz duschen waren, gingen wir in frischer Kleidung aus meinem Kleiderschrank wieder nach unten, um mit der Familie den restlichen Kirschkuchen vom Wochenende zu essen. Linda kam uns bereits auf der Treppe entgegen. Dabei hielt sie ein sehr langes, geflochtenes Band stolz in die Höhe. Es reichte ihr bis zu den Knien.

»Guck mal Luna, das habe ich für dich gemacht«, sagte sie und reichte ihr das Ende des Bandes.

Luna war ganz gerührt und freute sich sehr. Dann nahm sie Linda hoch und trug sie ins Esszimmer.

Dort angekommen sahen wir, dass mittlerweile wieder der schönste Sonnenschein war, von dem Regen waren nur noch ein paar dunkle Wolken in der Ferne übrig. So konnte ich mich jetzt wenigstens zum Schreiben wieder nach draußen setzen.

Liebe Grüße
Karina

✳✳✳

Liebe Karina,

eure Regendusche ist eine lustige Geschichte, bei uns hat es gestern, als wir mit dem Wohnwagen weitergefahren sind, auch geregnet. Vielleicht haben wir ja Regen aus derselben Wolke abbekommen. Schon am Morgen, als wir noch ein letztes Mal zum Meer gegangen sind, waren graue Wolken über uns, aber erst als wir ins Auto gestiegen sind, kam ein ordentlicher Schauer herunter.

Das Regenprasseln war im Auto sehr laut. Fria und Loki haben dies als Anlass genommen, um Regenlieder zu singen: »Es regnet, es regnet, die Erde wird nass ...« oder »Liebe, liebe Sonne, komm ein bisschen runter, lass den Regen oben, dann wollen wir dich loben ...«.

Leider hat das nicht so viel geholfen und es hat nur noch stärker geregnet. Also haben die beiden entschieden, dass der Regen doch etwas Tolles ist, und wollten unbedingt nach draußen.

Meine Mutter schaute zuerst nicht sehr begeistert, da nasse Kleidung vorprogrammiert war, doch wir Kinder wollten unbedingt. Als ich bei ihr mit dem *Gute-Erinnerungen-machen-Argument* angekommen bin, hat sie eingewilligt. Mein Vater saß nur schmunzelnd am Steuer. Also hielten wir an. Wir waren schon seit Längerem keinem anderen Auto mehr begegnet und der Straßenrand war frei. Im Wohnwagen zogen wir uns unsere Badesachen an, was meine Mutter zur Bedingung gestellt hatte, und tanzten kurze Zeit später auf der matschigen Wiese.

Schon nach wenigen Sekunden waren wir nass, doch wir haben auch nichts anderes erwartet. Pfützen-Weitsprung ging schon nicht mehr, weil alles, wie bei dir auch, eine einzige große Pfütze war. Nach kurzem Bitten haben sogar meine Eltern mitgemacht. Immer an das *Gute-Erinnerungen-machen-Argument* denken. ;)

Mitten in unserer Regenparty kam dann doch ein Auto vorbei. Ich glaube, der Fahrer war nicht ganz sicher, was er tun sollte. Es kommt auch nicht so oft vor, dass man am Straßenrand sechs Leute in Badekleidung sieht, die kreischend und lachend herumhüpfen.

Der nasse, aber auch etwas kalte Spaß ist auf jeden Fall eine lustige Erinnerung. Das Argument hat seinen Soll erfüllt. :)

Jetzt sind wir gerade in einer wäldlichen Gegend. Wir haben unser Lager an einem See mit Steg aufgeschlagen. Hier sind wir ganz allein, was sehr idyllisch ist. Die Mücken haben uns scheinbar schon erwartet und stürzten sich sofort auf uns. Jonah und ich haben mit Bo im Zelt geschlafen. Die ganze Nacht hört man den Wald. So ein Wald ist nämlich gar nicht so leise, wie man denkt, sondern macht echt tolle Geräusche, zum Beispiel das Rufen der Uhus oder das Surren kleiner Insekten, aber auch der Wind, der durch die Blätter rauscht.

Heute waren wir in dem kleinen See schwimmen. Das Wasser war sehr kalt und im ersten Moment bekam ich vor Kälte fast keine Luft mehr, aber nach ein paar Schwimmzügen ging es besser. Jonah und ich haben versucht, ein Floß zu bauen, das gerade groß genug für uns beide war. Mit Ästen und Schnüren haben wir etwas zusammengebaut, das man liebevoll als Floß bezeichnen kann. Wir haben es bis auf die Mitte des Sees geschafft, bevor die Schnüre aufgegangen sind und wir zurückschwimmen durften.

Auf Jonahs Wunsch hin haben wir *Verstecken* gespielt. In einem kleinen Umkreis um den Wohnwagen im Wald konnten wir uns einen Platz suchen. Das war noch einmal lustiger als im Garten, da wir hier die Verstecke noch nicht kannten. Jonah hatte das beste Versteck in einem ausgehöhlten, umgekippten Baumstamm. Wir haben ihn nicht gefunden. Er hat uns nur leider auch nicht mehr gefunden. Auf der Suche nach dem besten Versteck hat er sich den Weg nicht gemerkt. Nur mit der Hilfe von Bo konnten wir ihn finden. Ein Glück, dass wir unseren Suchhund dabei hatten. :) Für das nächste Mal haben wir gelernt, dass man sich besser nicht in fremden Wäldern verstecken sollte, ohne sich den Weg zu merken.

Morgen wollen wir wandern gehen, darauf freue ich mich schon sehr!

Waldige Grüße
Indie

P.S. Ich kann gut verstehen, dass Luna anfangs nicht so nett zu dir war, wenn eure erste Begegnung sie so sehr an den Unfall erinnert hat und du sie an ihre Schwester erinnerst. So ein Schicksalsschlag ist wirklich schlimm. Das tut mir sehr leid für Luna und ihre Familie. Ich mag es mir gar nicht vorstellen, meine Geschwister zu verlieren. Umarme Luna einmal ganz fest von mir. Es ist wirklich schön, dass ihr euch gefunden habt.

***

Liebe Indie,

die Idee mit den Badesachen war gut, die sind wenigstens dazu da, nass zu werden …

Morgen ist das Kindergartenabschlussfest von Linda und Timo. Sie freuen sich schon total und können es gar nicht mehr abwarten, in die Schule zu kommen. In ihrer Vorschulgruppe haben sie Einschulungskalender gebastelt. Diese funktionieren im Prinzip wie Adventskalender, nur dass hier nicht die Tage bis Weihnachten, sondern die Tage bis zur Einschulung gezählt werden. Jeden Tag können die Kinder von dem Kalender einen Streifen unten abschneiden, sodass am Einschulungstag alle Streifen weg sind und nur noch das Bild oben da ist. Allerdings beginnt der Kalender erst 30 Tage vor der Einschulung. Deshalb haben sich Linda und Timo zu Hause noch einen zweiten Kalender gebastelt, der die Tage zählt, bis der Einschulungskalender anfängt …

Linda ist momentan die ganze Zeit am Flechten. Alle in der Familie haben schon ein Band bekommen. Heute hat sie drei geflochtene Bänder genommen und aus ihnen ein großes Band geflochten. Timo lässt sich dafür immer noch nicht begeistern und findet es ziemlich langweilig, wenn Linda die ganze Zeit nur rumsitzt und flicht. Dafür habe ich angefangen, ihm etwas *Vernünftiges* auf der Mundharmonika beizubringen, bislang hatte er ja immer nur irgendetwas gespielt. Irgendetwas spielen macht ihm aber immer noch mehr Spaß. (Wozu auch die Mühe machen, immer genau den richtigen Ton zu treffen, wenn wild hineinpusten viel lustiger ist?)

Als ich das erste Mal eine Mundharmonika in der Hand hatte, war ich aber nicht viel besser. Doch dann hat mein Opa mir gezeigt, wie man schöne Melodien darauf spielen konnte, also wollte ich das auch können. Musik hat mich von dort an immer mehr begeistert und spätestens, als ich mit dem Fagott im Orchester angefangen habe, war ich nicht mehr davon wegzubekommen.

Meine Fagottlehrerin hat in dem Raum, in dem ich immer Unterricht habe, ein Schild hängen, auf dem steht:

Musik ist wie …
der Schirm im Regen,
die Sterne am Himmel,
das Lächeln im Gesicht
– ein Verlust bringt nicht um,
aber ohne zu leben geht auch nicht!

Ich finde das irgendwie treffend.

Heute habe ich mich mit Natascha, Janne und Jill getroffen. Zuerst waren wir bei Natascha, dann sind wir von dort aus Eisessen gegangen. Anschließend waren wir aus irgendeinem Grund so motiviert, dass wir den ganzen Weg von der Eisdiele zu mir nach Hause gegangen sind.

Am Anfang wollten wir eigentlich nur eine Runde Spazieren gehen und dachten uns, dass es vielleicht ganz schön wäre, ein bisschen aus der Stadt hinaus in Richtung Felder zu laufen. Irgendwann bekamen wir Durst und beschlossen, auch noch den restlichen Weg zu mir zu gehen. (Die anderen wohnten alle weiter weg, was irgendwie erstaunlich war, normalerweise liegt mein Zuhause zu weit außerhalb, um irgendwo in der Nähe zu sein …) Linda war ganz erfreut, als sie uns gesehen hat, dann konnte sie den anderen jeweils auch noch ein geflochtenes Band schenken.

Nachdem wir alle etwas getrunken hatten und teilweise noch auf Klo waren, hatten wir keine Lust mehr, wieder hinauszugehen und den ganzen Weg zurückzulaufen. Also blieben wir einfach bei mir.

Am Abend bin ich bei Natascha mitgefahren, um mein Fahrrad bei ihr abzuholen, das ich am Nachmittag bei ihr stehengelassen habe. Eigentlich war ich nicht so motiviert, die Strecke jetzt noch einmal mit dem Fahrrad fahren zu müssen, letztendlich war es aber doch ganz schön. Immerhin war es nicht mehr so unerträglich heiß wie heute Mittag auf dem Hinweg.

Liebe Grüße
Karina

P.S. Ich habe Luna von dir umarmt und sie hat sich sehr gefreut.

***

Liebe Karina,

stimmt, Linda und Timo sind jetzt wirklich schon groß. Die Zeit vergeht einfach so schnell und gefühlt auch immer schneller. Als Kind war das doch noch nicht so, oder? Ein Tag war manchmal länger als eine Woche heute und ein Monat schien so lang wie ein Jahr. Woran liegt das, dass wir Zeit unterschiedlich wahrnehmen, obwohl wir doch alle, egal wie groß oder klein, an einem Tag 24 Stunden zur Verfügung haben? (Hier ist gerade mein Wissensdurst durchgekommen und deshalb habe ich ein wenig zu dem Thema recherchiert.)

Auch wenn die Zeit als Größe genau festgelegt ist und eine Sekunde überall gleich lang ist, ist das Zeitempfinden individuell. Trotzdem kann man in der Regel sagen, dass die Zeit für einen schneller vergeht, je älter man wird. Das können wir aus unserer eigenen Erfahrung, glaube ich, bestätigen.

An einem Tag, an dem man viel macht, hat man oft das Gefühl, dass die Zeit schnell vergangen ist. Anders ist es bei einem Tag, der ereignislos ist. Hier scheint die Zeit nur langsam zu vergehen. Schaut man am Abend jedoch auf den Tag zurück, kommt es einem gerade umgekehrt vor. Über den ersten Tag hat man mehr Informationen gespeichert, wodurch einem dieser im Nachhinein länger vorkommt als der zweite, über den nur wenige Informationen gespeichert wurden.

Neue Vorgänge fordern unser Gehirn mehr als bekannte. Dadurch kommt es uns so vor, als würden diese länger dauern. Hier ein klassisches Beispiel: Wenn man einen Ausflug macht, erscheint der Hinweg oft länger als der Rückweg. Das liegt daran, dass man auf dem noch unbekannten Hinweg mehr neue Reize hat, die auf dem Rückweg schon bekannt sind. So empfindet man die vergangene Zeit anders.

Für kleinere Kinder scheint deshalb auch ein Tag länger, da oftmals mehr neue und unbekannte Dinge passieren. Je älter man wird, desto mehr stellt sich ein fester Alltag ein und neue Dinge und Reize begegnen einem immer seltener. Wenn jeder Tag im Monat gleich aussieht, ist gefühlt nichts passiert. Das Leben rauscht an einem vorbei. Wenn man aber jeden Tag eine neue Sache macht, kann man sich am Ende des Monats an viel erinnern.

Wenn wir also das Gefühl haben, keine Zeit zu haben, sollten wir uns vielleicht unseren Alltag anschauen. Erlebe ich immer nur die gleichen Dinge, die mir vielleicht gar kein Spaß machen? Nehme ich mir Zeit für die Dinge, die mir wichtig sind? Wie nutze ich meine Zeit? Ich glaube, wenn wir unser eigenes Zeitmanagement ein wenig reflektieren, fällt uns bestimmt auf, wie wir unsere Zeit besser nutzen können. Denn Zeit haben wir, wir müssen sie uns nur nehmen und Prioritäten setzten. Wenn uns etwas wirklich wichtig ist, schaffen wir es auch, Zeit dafür zu finden.

Ich wollte dir unbedingt noch von unserer Wanderung auf dem Preikestolen erzählen. Der Preikestolen ist ein Fels, der 600 Meter senkrecht nach unten in einen Fjord ragt. Oben gibt es ein Steinplateau, auf dem man stehen kann. Von dort hat man einen tollen Ausblick über den Fjord und die Landschaft. Das ist echt wunderschön.

Die Wanderung ist recht beliebt und so waren viele Menschen unterwegs. Vom Parkplatz aus führt der Weg steil nach oben. Wir waren alle mit Wanderschuhen ausgestattet und hatten Proviant im Rucksack. Die Zwillinge wurden jeweils in einem Kindertragerucksack von meinen Eltern getragen. Für die beiden wäre die Wanderung zu anstrengend gewesen.

Über steile Wege mit kleinen Aussichtspunkten neben einem Wasserfall und einem kleinen See wanderten wir nach oben. An manchen Stellen musste man schon fast klettern, an anderen konnte man recht normal gehen. Schon während des Aufstieges habe ich Fotos gemacht. Auf manchen sieht man nur die Natur, auf anderen Fria und Loki, die auf den Rücken meiner Eltern thronten und auf wieder anderen Jonah, erst motiviert, dann angestrengt, zwischendrin auch mal lustlos, aber kurz vorm Ziel wieder motiviert. Auf einem etwas verwackeltem Familienfoto haben wir den Moment festgehalten.

Je höher wir kamen, desto öfter betonte meine Mutter, dass wir uns ja nicht dem Abgrund nähern sollten. Ohne Geländer oder sonstige Absicherungen kann man abstürzen, wenn man nicht aufpasst. Aber wir haben natürlich aufgepasst. Fotos direkt am Klippenrand haben wir nicht gemacht und unseren Proviant haben wir mit bester Aussicht in der Mitte des Plateaus genossen.

Der Rückweg war wieder schön, aber auch anstrengend, denn bergab geht es nicht unbedingt besser als bergauf. An dem Wasserfall haben wir uns unsere

Trinkflaschen aufgefüllt, was in Norwegen gut möglich ist. Und auch wenn das Wasser leicht grünlich war, hat es sehr erfrischend geschmeckt.

Unten angekommen waren wir sehr erschöpft. Nur Fria und Loki nicht, aber die wurden ja auch die ganze Zeit getragen.

Es war insgesamt ein sehr schöner Ausflug. :)

LG Indie

P.S. Du kennst doch bestimmt das Sprichwort: »Die Zeit ist wie im Flug vergangen.« Das hat Mia heute zu mir gesagt, als sie von dem Strandspaziergang erzählt hat. Das stimmt. In besonders schönen Situationen vergeht die Zeit unheimlich schnell und Mias Erzählungen nach war es auf jeden Fall eine sehr schöne Situation.

Erst sind die beiden am Strand spazieren gegangen und haben viel geredet. Emily hat ein Frisbee dabeigehabt, die beim Spielen im Wasser gelandet ist. Bei der Rettungsaktion des Frisbees sind beide ziemlich nass geworden. Also sind sie zu Emily nach Hause gegangen, die in der Nähe wohnt, und Mia dort trockene Kleidung gegeben hat.

»Die Sachen haben mir sogar gepasst und richtig gut nach Emilys Waschmittel gerochen. Dann haben wir mit Emilys Katze gespielt. Die war richtig verschmust. Beim Streicheln haben sich unsere Hände berührt. Ich dachte so etwas passiert nur in Büchern, aber es hat gekribbelt und wir haben uns in die Augen geschaut. Ich weiß nicht, ob Emily das auch gemerkt hat.

Danach haben wir Waffeln gemacht, sie waren so lecker wie noch nie. Ich musste noch den ganzen Abend lächeln, auch als ich ins Bett gegangen bin.«

Ich musste auch lächeln, als Mia mir das erzählt hat.

***

Liebe Indie,

zuerst einmal liebe Grüße an deinen Wissensdurst, es freut mich, dass er dich dazu gebracht hat, zu recherchieren, ich fand die Ergebnisse nämlich sehr spannend. Einiges habe ich mich schon länger mal gefragt, zum Beispiel warum einem der Rückweg immer kürzer vorkommt oder warum jetzt ein Jahr viel schneller vergeht als in meiner Kindergartenzeit. Jetzt weiß ich es endlich. :)

Stimmt, Zeitempfinden ist wirklich subjektiv und wird von verschiedenen Faktoren beeinflusst. Wenn wir etwas Neues machen, vergeht die Zeit langsamer, wenn man gut beschäftigt ist oder etwas richtig Schönes macht, dann vergeht sie schneller. Und wenn wir so richtig gelangweilt sind, scheint sie gar nicht voranzuschreiten. (Eigentlich ziemlich blöd, wieso ist es nicht umgekehrt?)

Ich denke, das liegt daran, dass man einfach nicht auf die Zeit achtet, wenn etwas viel Spaß macht oder man sehr beschäftigt ist. Wenn einem dagegen langweilig ist, schaut man öfter auf die Uhr, sodass man jede Minute mitbekommt. Auch wenn es manchmal schade ist, wenn die Zeit so superschnell vergeht, freue ich mich sehr für Mia, dass sie einen Grund gefunden hat, die Zeit zu vergessen. Wenn du beschreibst, wie glücklich sie ist, muss auch ich lächeln. :)

Dass kleinen Kindern die Zeit langsamer vorkommt, liegt bestimmt auch daran, dass für sie ein Jahr viel mehr von ihrem Leben ausmacht als für uns oder Erwachsene. Für Fria und Loki ist ein Jahr fast die Hälfte ihres bisherigen Lebens, ein unglaublich langer Zeitraum. Für uns ist es nur ein Sechzehntel, also vergleichsweise wenig. Wie auch immer. Unser Zeitempfinden ist individuell. Linda und Timo können es kaum erwarten, endlich in die Schule zu kommen, der Rest der Familie ist dagegen verwundert, dass die beiden jetzt schon so groß geworden sind.

Heute war ihr Kindergartenabschlussfest. Dank des schönen Wetters fand alles auf der großen Wiese hinter dem Kindergarten statt. Zu Beginn spielten die Vorschulkinder ein kleines Theaterstück vor und sangen etwas. Danach gab es für alle Kinder des Kindergartens eine Rallye mit verschiedenen Stationen, bei denen jeweils eine Aufgabe erfüllt werden musste, wie zum Beispiel Dreibeinlauf. Ich habe das früher immer gehasst, weil mich das zu sehr in meiner persönlichen Bewegungsfreiheit eingeschränkt hat. Linda und Timo dagegen lieben es. Teilweise spielen sie das auch zu Hause und laufen im Dreibeinlauf quer durch den ganzen Garten. So sind die beiden ein eingespieltes Team, die alle abgehängt haben.

Währenddessen gab es Kuchen. Dabei hat Linda ihren Wackelzahn ausgebissen. Als sie es bemerkt hat, hat sie vor Schreck alles ausgespuckt, das in ihrem Mund war, also auch den halbzerkauten Kuchen. Das war nicht so appetitlich, doch als Linda stolz ihren Zahn hochhielt, war es eigentlich auch egal.

Zum Abschluss bekam jedes Vorschulkind eine CD mit Bildern aus der Kindergartenzeit und eine Mappe mit allem, was sie gemalt hatten. Außerdem gab es als Abschiedsgeschenk einen selbstgebastelten Stiftehalter mit einer kleinen Grundausstattung für die Schule (Bleistift, Radiergummi, Anspitzer …) und Gummibärchen.

Wieder zu Hause haben wir die beiden CDs gleich angeguckt. Timo hatte auf fast jedem zweiten Bild entweder die Zunge draußen oder war gerade dabei, jemandem Hasenohren zu machen.

Danach haben Linda und Timo ihre neuen Ranzen bekommen. Sie hatten sie schon vor ein paar Wochen ausgesucht, dann gingen sie allerdings erst einmal bei meiner Mutter unter Verschluss. Nun sind es offiziell ihre, schließlich sind sie nun keine Kindergartenkinder mehr. Die Ranzen stehen jetzt bei den beiden am Bett, dann können sie sie beim Einschlafen noch bewundern.

Liebe Grüße
Karina

P.S. Am Samstag fahren wir für ein paar Tage nach Hamburg, wo wir bei Max' Eltern wohnen und mit ihnen und seiner Schwester verschiedene Dinge unternehmen werden. Wahrscheinlich komme ich erst zum Schreiben, wenn wir wieder zurück sind.

✳✳✳

Liebe Karina,

es klingt sehr aufregend, dass Linda und Timo jetzt in die Schule kommen. Das ist wirklich ein großer Meilenstein, der mit viel Freude verbunden ist. Es gibt so viel Neues, was auf die beiden zukommen wird.

Unser neuer Wohnwagenstandort ist typisch norwegisch: eine kleine Ansammlung von rotweißen Häusern am Fjord, umgeben von Felsen. Die Sonne scheint, Möwen fliegen herum und Elche stehen an jeder Ecke. Okay, die letzten Punkte treffen leider nicht ganz zu: Heute hat es geregnet, Möwen gibt es kaum und einen Elch haben wir auch noch nicht gesehen, obwohl wir abends ein paar Mal auf Elch-Safari waren. Ansonsten ist hier ein malerisches Dörfchen Norwegens am Fuße eines Fjords. Auch wenn ein Fjord keinen Fuß hat, nicht so wie die Berge mit ihren riesigen Füßen, aber es klingt nun einmal sehr künstlerisch …

Heute Vormittag haben wir bei strahlendem Sonnenschein ein kleines Ruderboot ausgeliehen, sind über das Wasser geschippert und haben eine sehr kleine Insel erkundet. Eigentlich war es mehr ein Felsen mit ein bisschen Gras, aber es war ziemlich cool. Und natürlich haben wir auch mit bester Aussicht gepicknickt.

Vorgestern haben wir uns Fahrräder ausgeliehen und mit diesen die Gegend erkundet. Auch sehr empfehlenswert. :) Die Natur ist einfach wunder-, wunderschön! Am Abend saßen wir an einem kleinen Lagerfeuer und haben sehr schief gesungen. Bo ist währenddessen ein bisschen weggegangen. Seinen Ohren hat unser Konzert wohl nicht sehr gefallen.

Da es heute geregnet hat und leider immer noch regnet, ist es ein sehr ruhigerer Tag im Wohnmobil und kleinem Umkreis geworden. Wir haben Spiele gespielt, gelesen und natürlich im Regen getanzt, denn das war das letzte Mal sehr lustig.

Jonah und ich haben die letzten Tage im Zelt geschlafen. Als wir heute Morgen aufgewacht sind, war es in diesem nass. Wir wissen nicht, wie, aber leider hat es über Nacht ein Loch bekommen, sodass es eingeregnet hat. Glücklicherweise war es nicht sehr viel, aber gemerkt haben wir es trotzdem. Heute Nacht geben wir dem Zelt noch eine Chance, denn mein Vater, der König des Panzertapes, hat es repariert. Hoffentlich bleibt es dicht und wir werden nicht wieder nass.

Jetzt wo die Badesachen gerade getrocknet sind, wollen die Zwillinge wieder hinaus, also geht's nun ab in den Regen. Wer braucht da schon einen Pool?

LG Indie

P.S. Wir haben heute von unseren Nachbarn ein Foto von Mimi bekommen. Die kleine Katze hat es sich bei denen sehr gemütlich gemacht und genießt lange Streicheinheiten ausgestreckt in der Sonne auf deren Gartenbank. Es ist schön zu sehen, dass es ihr gut geht.

***

Liebe Indie,

vorhin sind wir aus Hamburg wiedergekommen. Jetzt sitze ich auf der Terrasse und genieße den Abend. Ich liebe diese lauwarmen Sommerabende, wenn die drückende Hitze abgeklungen ist und die Luft wieder frischer wird.

Hier draußen ist alles ruhig. Man hört nur leise ein paar Grillen zirpen und die Vögel zwitschern. Am Himmel ist keine einzige Wolke zu sehen. Über mir ist er dunkelblau, bildet aber in Richtung Horizont einen wunderschönen Farbverlauf über hellblau und orange bis zu einem rötlichen Streifen in der Ferne.

In Hamburg war es sehr schön, auch wenn ich wieder festgestellt habe, dass ich nicht für eine Großstadt geschaffen bin. Alles ist grau und braun, nur ab und zu steht mal ein Baum. Außerdem gibt es mehr stinkende Abgase, größeren Verkehrslärm und überall sind so viele Menschen. Und es liegt viel Müll auf den Wegen.

Hamburg hat aber auch schöne Seiten: die Kirchtürme, die sich hoch über die Häuser erstrecken und das Stadtbild formen, der große Stadtpark oder die Alster, auf der eine riesige Wasserfontäne steht.

Da wir die Standardsehenswürdigkeiten schon längst alle kennen, denken sich Max' Eltern, Marianne und Werner, und seine Schwester Lucie immer etwas anderes aus, was wir machen können. Zum Beispiel sind wir am ersten Tag mit einem Amphibienfahrzeug gefahren, das ist ein Bus, der nicht nur auf der Straße, sondern auch wie ein Boot auf dem Wasser fahren kann.

Am Abend waren meine Mutter, Max, Lucie und ich im Konzert. Linda und Timo blieben bei Marianne und Werner und genossen einen Abend mit ihren Großeltern. Von unseren Plätzen hatten wir einen guten Blick auf das Orchester. Natürlich ist der Blick nicht das, worauf es ankommt, ich fand es jedoch sehr spannend, das Orchester im Laufe des Konzertes zu beobachten.

In der ersten Hälfte wurde die Ouvertüre aus Beethovens Oper *Leonore* und die Sinfonie *Aus einer neuen Welt* von Dvorak gespielt. Nach einer 20-minütigen Pause gab es aus der *Planets-Suite* die ersten vier Sätze (*Mars, Venus, Merkur* und *Jupiter*) und *Bilder einer Ausstellung* von Mussorgski. Ich liebe diese Stücke, das Konzert war wunderschön. Musik ist einfach magisch – besonders, wenn man live hört, wie ein großes Sinfonieorchester spielt. Es hat so unglaublich viel Klang, in den man richtig eintauchen kann. Im Konzert habe ich einfach zugehört, die Musik gefühlt, nicht mehr viel gedacht. Dabei habe ich gar nicht gemerkt, wie die Zeit vergeht.

Ich fand es sehr faszinierend, wie durch die unterschiedlichen Sätze und Stücke verschiedene Gefühle und Stimmungen hervorgerufen wurden. Die Energie

des Mars, der Stolz des Themas, die Ruhe des Largos …
Es lässt sich nicht mit Worten beschreiben.

Musik kann man zwar einfach hören, aber, um die Magie zu verstehen, muss man sie fühlen. Es war einfach nur schön. Und wenn zwischendurch ein Crescendo kam, das Orchester lauter wurde und die Musik zu glänzen und zu leuchten anfing, musste ich einfach anfangen zu lächeln und konnte nicht mehr damit aufhören. Musik ist einfach wunderbar. Musik ist das Strahlen, für das man keine Worte findet.

Zwischen Himmel und Erde gibt es Dinge auf dieser Welt, die man nicht mit Worten erklären, aber mit Musik beschreiben kann.

Am nächsten Tag haben wir eine Kanutour auf der Außenalster gemacht. Das war sehr witzig, weil immer irgendwer irgendwelche Späße gemacht hat, sodass wir teilweise vor Lachen kaum noch paddeln konnten.

Marianne, Werner, Max und meine Mutter waren in dem einen Boot, Lucie, Linda, Timo und ich in dem anderen. Die meiste Zeit waren wir das langsamere Boot, da bei Linda und Timo Kraft, Ausdauer und Motivation nicht gerade die ausgeprägtesten Eigenschaften waren.

Zwischendurch waren wir jedoch auch einmal deutlich schneller als die anderen. Linda und Timo haben nämlich Wickie gespielt und wir alle mussten zu ihrem »Hau ruck, hau ruck, hau ruck« kräftig im Takt paddeln. So war das Kanufahren recht anstrengend, zumal es mitten auf dem Wasser ziemlich heiß war. Dafür waren wir hinterher Eisessen.

Am dritten und letzten Tag war es auf einmal wieder zehn Grad kälter und sehr neblig. (Gefühlt kann sich dieser Sommer nicht entscheiden, ob er jetzt unerträglich heiß oder grau und recht kalt sein möchte.) An diesem Tag haben wir eine Fahrt mit einer Fähre unternommen. Das Boot war relativ leer, was wahrscheinlich daran lag, dass es nicht gerade das beste Wetter dafür war. Die Strecke war eigentlich ganz schön, normalerweise kann man einiges auf dem Weg entdecken. Die Betonung liegt auf *normalerweise*. Der Nebel war nämlich so dicht, dass wir vor dem Fenster eigentlich nur noch eine undurchdringliche weiße Wand erkennen konnten.

Lucie, Werner und Marianne waren trotzdem die besten Fremdenführenden und erzählten uns, was wir theoretisch sehen würden:

»Hier sieht man so richtig schön – nicht – Blankenese.«

»Dort irgendwo am Strand liegt ein Findling aus der Eiszeit, der *Alte Schwede*. Er sieht einfach aus wie ein großer Stein, auch wenn er von hier aus relativ klein wirkt.«

»Wie Sie sehen, sehen Sie nichts«, antwortete meine Mutter darauf.

Ja, da hatte sie recht. Aber egal, die Fährfahrt haben wir auch mit nicht vorhandenem Blick sehr genossen.

Am nächsten Tag (heute) sind wir wieder nach Hause gefahren.

Inzwischen ist die Sonne untergegangen und langsam wird es kühl. Ich gehe jetzt mal wieder ins Haus und mache mich langsam auf den Weg in Richtung Bett. Die letzten Tage waren zwar schön, aber auch anstrengend.

Liebe Grüße
Karina

***

Liebe Karina,

euer Kurzurlaub in Hamburg klingt sehr vielseitig. Und es freut mich auch, dass dir das Konzert so besonders gefallen hat.

Wir sind jetzt schon zwei Wochen in Norwegen und es kommt mir noch gar nicht so lange vor. Bald fahren wir aber schon wieder zurück, obwohl es hier so schön ist. Norwegen ist einfach ein tolles Land.

Vorgestern waren wir noch einmal auf Elchsafari. Dieses Mal haben wir tatsächlich einen gesehen. Er stand im Wald am Straßenrand. Gut getarnt zwischen den Bäumen, hatten wir ihn zuerst nicht erkannt. Als wir ihn dann entdeckt hatten, entwich uns ein kleiner Freudenschrei. Der Elch war daraufhin weggelaufen. Wir waren einfach zu laut.

Fria und Loki haben dafür im Wald Elfen gesehen und jetzt kommen überall, wo wir hingehen, die Elfen mit. Und dann rufen sie: »Nein, nicht hier hinsetzten, da sitzen doch schon die Elfen«, wenn man sich gerade auf den leeren Stuhl setzen möchte. Das ist gar nicht so leicht, die kleinen Wesen nicht über den Haufen zu rennen, da nur Fria und Loki sie sehen können (und das auch nur, wenn die Elfen das wollen).

Meine Kamera ist schon voller Fotos. Bei einer Kanutour auf dem Fjord wäre sie mir fast ins Wasser gefallen. Die Zwillinge sind auf einmal aufgesprungen, weil eine Libelle auf sie zugeflogen ist, sodass wir fast gekentert wären. Als ich ihnen dann aber erzählt habe, dass auf den Libellen Elfen reiten, haben sie die ganze Zeit nach ihnen Ausschau gehalten.

Nicht nur uns gefällt es hier. Bo ist auch froh, dass er so viel draußen sein kann. Seine Lieblingsbeschäftigung ist es, nach kleinen Fliegen zu schnappen und so viele wie möglich zu fangen. Das sieht echt lustig aus. :)

Bevor ich dir diesen Brief schreiben konnte, musste ich erst einmal mein Handy suchen. Vor lauter Urlaubsbeschäftigung hatte ich nicht mehr daran gedacht, wo ich es hingelegt hatte. Ganz nach dem Motto: Mache mehr Dinge, die dich dein Handy vergessen lassen.

Hier im Urlaub benutze ich mein Handy selten und eigentlich nur zum schnellen Fotografieren oder um dir einen Brief zu schreiben. Im normalen Alltag habe ich dieses allerdings viel öfter in der Hand. Das liegt aber auch daran, dass mittlerweile so viel, wenn nicht fast alles, über das Handy läuft.

Ein Handy ist Telefon, E-Mail, Landkarte, ein Computer, ein Fernseher, ein Notizbuch, ein Wecker, ein

Taschenrechner, eine Kamera, eine Zeitung und so vieles mehr. Es ist wirklich erstaunlich, dass das alles in ein so kleines Gerät passt. Irgendwie ist es aber auch ziemlich cool, dass dies möglich ist. Trotzdem ist es ein zweischneidiges Schwert (oder wie das Sprichwort auch geht …). Es hat Vorteile, aber auch Nachteile. Fast alle, die ein Handy haben, sind in gewisser Weise von diesem abhängig. Ein Tag ohne Handy ist für viele unvorstellbar. Das ist doch erschreckend.

Ich merke auch oft, dass ich schon wieder viel zu lange mein Handy benutzt habe, und jedes Mal frage ich mich, was ich eigentlich gemacht habe. Mit Freund*innen geschrieben, Videos geschaut und Dinge recherchiert. Manchmal war die Zeit am Handy sinnvoll, manchmal aber eben auch nicht. Das Handy gibt uns unfassbar viele Möglichkeiten, schränkt uns aber trotzdem ein. Einen Tag ohne Handy verbringt man ganz anders als mit. Wenn man nicht ständig von seinem kleinen Gerät abgelenkt wird, hat man auch einmal die Chance in einen Zustand der Langeweile zu kommen, aus dem neue Ideen entstehen können.

Das Handy dient als Kommunikationsmittel, kann die Kommunikation jedoch auch einschränken, wenn zum Beispiel andere Menschen mit im Raum sitzen und sich alle nur mit ihrem Handy beschäftigen.

Trotzdem würde ich sagen, dass nicht das Handy an sich schlecht ist, sondern in den meisten Fällen die Benutzung.

Ich freue mich schon wieder auf zu Hause. So schön es hier auch ist und so gerne ich noch länger bleiben würde, zu Hause ist es immer am schönsten. :) Kennst du das auch? Der Moment, wenn man die Haustür aufmacht und den vertrauten Geruch riecht, ist das noch einmal genauso schön wie der ganze Urlaub.

LG Indie

∗∗∗

Liebe Indie,

dein Brief kommt mir gerade sehr gelegen. Ich liege nämlich krank im Bett und kann leider nicht viel machen ... und das ausgerechnet bei dem schönsten Wetter!

Es fing damit an, dass ich heute mitten in der Nacht aufgewacht bin und mir total schlecht war. Schnell bin ich ins Bad gelaufen und habe mich übergeben. Dann habe ich mir etwas zu trinken und vorsichtshalber einen Eimer mit ans Bett genommen. Leider war mir so schlecht, dass ich nicht wieder einschlafen konnte. Irgendwann gab ich auf und hörte Musik, um mich wenigstens ein bisschen zu entspannen.

Bald zwitscherten draußen die ersten Vögel, kurz darauf wurde es langsam hell. Gegen halb sieben ertönten auf dem Flur die Schritte von Linda und Timo, wie sie auf den Dachboden gingen, um dort zu spielen. Dass sie immer früh aufstehen, war mir klar, aber dass sie *so* früh aufstehen …

Um halb neun kamen sie bei mir vorbei, um zu gucken, ob ich schon wach wäre, um mitzuspielen. (An normalen Tagen sind sie ein hervorragender Wecker: Man läuft keine Gefahr, länger als bis 9:00 Uhr zu schlafen …) Ich erzählte den beiden, dass ich krank war. Daraufhin begannen sie Arzt zu spielen. Linda war die Ärztin, Timo der Arzthelfer.

»Was fehlt dir denn? Wo tut es weh?«, fragte Timo und hörte meine Lunge mit einem Spielzeug-Stethoskop ab.

»Wie können wir dir helfen? Ich bin Arzt«, ergänzte Linda und gab mir eine Spielzeugspritze.

Das Frühstück habe ich ausgelassen – ich hatte keinen Hunger. Den Vormittag bin ich komplett im Bett liegengeblieben, habe Radio gehört und anhand der Nachrichten die vergehenden Stunden gezählt. Mehr hätte ich aber auch nicht machen können, da mir schon bei dem kleinsten Versuch, mich aufzurichten, wieder schlechter wurde.

Krank zu sein ist einfach mies. Am Anfang ist es vielleicht noch ganz entspannt, man muss nur rumliegen und sich um nichts kümmern, aber irgendwann wird es langweilig, gerade wenn man nicht mehr viel machen kann. Wenigstens geht es mir inzwischen so weit besser, dass Lesen und Tippen wieder möglich sind.

Es freut mich, dass ihr jetzt kurz vorm Ende des Urlaubs noch einen Elch sehen konntet. Da haben sich die ganzen Elch-Safaris doch gelohnt.

»Mache mehr Dinge, die dich dein Handy vergessen lassen.« Es stimmt. Wenn ich etwas richtig Schönes mache, vergesse ich mein Handy. Das sollte man eigentlich öfter erleben. Wie kommt es nur, dass dieses kleine Gerät eine so zentrale Rolle in unserem Alltag spielt?

Natürlich ist es sehr praktisch. Man kann zum Beispiel leicht mit Freund*innen in Kontakt bleiben, unterwegs schnell und einfach etwas recherchieren, sich den Weg zeigen oder mit vielen anderen Apps das Leben erleichtern lassen. Doch man sollte nie vergessen, dass Handys viel Zeit rauben können und dass es eine Welt außerhalb der Technik mit vielen schönen anderen Dingen gibt. Man sollte also einfach darauf achten, bewusster mit dem Handy umzugehen. Du hast recht: Nicht das Handy ist schlecht, sondern in den meisten Fällen die Nutzung.

Mein erstes Handy bekam ich in der 5. Klasse, da ich zu dem Zeitpunkt anfing, allein mit dem Fahrrad zur Schule zu fahren und es meinen Eltern sicherer erschien, wenn ich anrufen konnte, falls etwas los war. Und obwohl es eines von diesen alten Tastenhandys war, die als unkaputtbar gelten, überlebte meins keine zwei Jahre. Ich hatte es in der Jackentasche vergessen und einen Waschmaschinendurchgang hat es leider nicht überstanden …

Daraufhin habe ich ein einfaches Smartphone bekommen – unter der Bedingung, es auf keinen Fall in die Waschmaschine zu tun. Das habe ich auch nicht getan, auf das neue Handy habe ich besser geachtet.

Weitere zwei Jahre später musste ich jedoch feststellen, dass ein U-Bahnhof nicht gerade der beste Ort ist, um sein Handy fallenzulassen. Besonders nicht, wenn es dann noch zwei Meter weit rutscht und im Gleisbett landet, während gerade der Zug einfährt. Als die U-Bahn wieder weg war, konnten wir das Handy nicht mehr entdecken. Manchmal frage ich mich, ob es bei irgendwelchen Gleisbettsäuberungsarbeiten gefunden wurde oder immer noch dort unten liegt. Wahrscheinlich werde ich es nie erfahren.

Nächste Woche fahren wir nach Schweden. Ich freue mich schon sehr. Linda und Timo haben längst ihre Taschen gepackt. Jedenfalls sind sie der Meinung, fertig gepackt zu haben. Dass bei ihren Klamotten mehr als die Hälfte fehlt, hat ihnen noch niemand gesagt ... Dafür ist die Spielsachenausstattung für den Urlaub umso besser.

In der letzten Ferienwoche habe ich bislang noch nichts vor. Du hattest doch vorgeschlagen, dass wir uns dann treffen können. Würde das bei dir noch passen?

Im Moment spielen Linda und Timo fast die ganze Zeit Schule. Manchmal ist Linda die Lehrerin, manchmal unterrichtet Timo. Manchmal existiert eine Lehrkraft auch nur in ihrer Fantasie oder sie fragen mich. Auf dem Dachboden steht eine kleine Tafel, die die beiden zum Spielen benutzen. Davor sitzen Kuscheltiere und Puppen in mehreren Reihen als Klasse. Die Schulklingel imitiert Timo mit seiner Mundharmonika. Am Anfang hat er einfach nur hineingepustet. Dann habe ich ihm gezeigt, wie er es sauberer und somit realistischer spielen könnte. Das findet er selbst auch viel besser, sodass er auf einmal deutlich motivierter ist und sich nun beim Spielen viel mehr Mühe gibt. Vielleicht fängt Timo doch noch an, das Instrument richtig zu lernen, wenn er erst einmal verstanden hat, dass es neben der Schulklingel noch andere spannende Sachen zu spielen gibt …

Hast du eigentlich schon einmal von luziden Träumen gehört? Das sind Träume, in denen man genau weiß, dass man träumt, und den Traum selbst steuern kann. Dass ich weiß, dass ich träume, kenne ich vor allem aus Alpträumen. Als ich kleiner war, hatte ich öfter welche und bei vielen fiel mir irgendwann während des Traums einfach auf, dass ich nur träumte. Das machte jedoch den Alptraum nicht besser, ich hatte genauso viel Angst wie vorher.

Neulich bemerkte ich in einem *normalen* Traum auf einmal, dass ich träumte: »Oh, interessant, ich träume gerade. Dann kann ich ja jetzt machen, was ich will.« Schließlich war es mein eigener, persönlicher Traum. Irgendwie war ich der Meinung, gerade zur Schule zu müssen. Also dachte ich mir: »Anstatt mit dem Fahrrad zur Schule zu fahren, könnte ich auch einfach fliegen.« Schließlich träumte ich gerade. Und in Träumen kann man alles machen, was man sich vorstellen kann. Also stieß ich mich vom Boden ab und flog. Bei der Schule angekommen, fiel mir auf, dass es im Traum ja total egal ist, wenn ich einfach nicht in die Schule gehe. Schließlich ist es *mein* Traum und ich beschließe, wann ich zur Schule muss und wann nicht. Also flog ich noch ein bisschen in der Traumwelt herum, bis ich irgendwann aufwachte.

Im Nachhinein frage ich mich, ob das wirklich ein echter luzider Traum war oder ich nur geträumt hatte, dass ich meinen Traum steuern könnte. Also, dass ich dachte, dass ich meine Entscheidungen bewusst fälle, sie aber dennoch von meinem Unterbewusstsein kreiert wurden.

Ich hoffe, du verstehst, was ich meine. Irgendwie sind die Gedankengänge sehr kompliziert und philosophisch. Was ist überhaupt der Unterschied zwischen *wir handeln bewusst* und *wir denken nur, dass wir bewusst handeln*? Und wieso wissen wir so genau, dass wir im wachen Zustand unsere Entscheidungen selbst treffen und nicht nur glauben, dass wir es tun?

Am nächsten Morgen kam meine Neugier zum Vorschein, woraufhin ich im Internet zu luziden Träumen und Träumen allgemein recherchiert habe. Träume sind schon irgendwie verrückt. Wir sind einfach nur am Schlafen und unser Unterbewusstsein zaubert irgendwelche Bilder in den Kopf, sodass wir inmitten einer anderen Realität stecken und alle Gesetze der Logik außer Kraft gesetzt sind, ohne dass wir es bemerken. Manchmal sind sie nur zusammenhangslose Eindrücke, manchmal aber auch wie ein hollywoodreifer Film mit durchdachtem Plot und perfektem Spannungsbogen.

Aber warum träumen wir überhaupt? In erster Linie helfen uns Träume, Erlebtes zu verarbeiten. Ein paar Wochen nachdem mein Opa gestorben war (da war ich gerade im Grundschulalter), träumte ich, wie er plötzlich zu mir ins Zimmer kam.

»Was machst du hier, du bist doch tot?«, fragte ich.

Er erklärte mir, dass er nur kurz noch einmal vorbeikommen wollte, um nach mir zu sehen und sagte, dass ich nicht so traurig sein muss und er auch weiterhin immer an meiner Seite steht. Im Nachhinein war das ein wertvoller Trost, obwohl ich am nächsten Morgen erst einmal noch trauriger war, weil mir wieder bewusst wurde, dass ich ihn nicht wiedersehen kann. Aber der Traum hat mir gezeigt, dass mein Opa in unseren Herzen und unseren Erinnerungen immer weiterleben wird.

Aber Träume können noch mehr, sie haben zum Beispiel ein gewisses Talent dafür, Probleme zu lösen. Unser Unterbewusstsein ist nämlich viel leistungsfähiger als unser bewusstes Denken, es kann viel mehr Reize auf einmal verarbeiten und findet so auch schneller Lösungen für Probleme und Entscheidungen.

Im täglichen Leben ist es nur leider nicht immer so einfach, auf sein Unterbewusstsein zu hören, da es keine klaren Argumente oder Begründungen gibt, sondern nur mit einem mehr oder weniger leisem Gefühl zu uns spricht. In unseren Träumen ist dagegen unser bewusstes Denken weitestgehend abgeschaltet und das Unterbewusstsein kann in Ruhe zu Wort kommen.

Du kennst doch sicherlich die Redewendung, dass man *eine Nacht drüber schlafen* sollte. Die Empfehlung kommt nicht nur daher, dass man so etwas Zeit vergehen lässt, sondern eben auch, dass man einmal in Ruhe auf das Unterbewusstsein hören kann. Ein Traum kann einem wahrlich die Augen öffnen …

Bei luziden Träumen funktioniert das mit dem Unterbewusstsein nicht ganz so gut, da hier das bewusste Denken mitspielt und den Traum selbst gestalten kann, aber dafür können zum Beispiel Extremsportler Bewegungsabläufe ohne Verletzungsrisiko trainieren. In Schlaflaboren hat man nämlich festgestellt, dass es in der Gehirnaktivität kaum einen Unterschied macht, ob wir die Bewegung im Traum oder im wachen Zustand ausführen. Der einzige Unterschied ist, dass im Traum die Muskeln gelähmt sind, sodass sie sich nicht wirklich bewegen, doch davon bekommt unser Gehirn nichts mit.

Übrigens verbringen wir rund ein Drittel unseres Lebens im Schlaf und ein Mensch, der etwa 75 Jahre alt wird, träumt dabei insgesamt ungefähr sechs Jahre lang. Dabei haben wir in etwa vier bis sieben Träume pro Nacht, wobei wir uns häufig, wenn überhaupt, nur an einen erinnern.

Träume sind echt interessanter, als ich gedacht hatte. (Man kann theoretisch alles machen, während man schlafend im Bett liegt!) Es gibt viel, über das man beim Thema Träume nachdenken kann, wobei man Gefahr läuft, einen Knoten im Kopf zu bekommen …

Wie auch immer, ich werde jetzt versuchen, meinen Kopf nicht weiter zu verknoten, sondern mich stattdessen auszuruhen und vielleicht noch ein bisschen von dem verlorenen Schlaf der Nacht nachzuholen.

Liebe Grüße
Karina

P.S. Vorhin im Radio haben sie den ultimativen Tipp gegen juckende Mückenstiche empfohlen: einfach Schokolade essen. Hilft zwar nicht, ist aber lecker.

✳✳✳

Liebe Karina,

ich sitze gerade im Auto auf der Rückfahrt nach Hause.

Die letzten Tage sind so schnell vergangen, dass ich leider nicht dazu gekommen bin, dir zu schreiben. Aber jetzt habe ich Zeit, denn wir stehen schon wieder im Stau. Fria und Loki schlafen, Jonah hört ein Hörbuch. Deshalb ist es ausnahmsweise mal leise, sodass ich mich auf deinen Brief konzentrieren kann.

In der letzten Ferienwoche habe ich Zeit und würde mich total freuen, wenn wir uns treffen!!! Wenn du magst, kannst du gerne zu mir kommen. Dann können wir an den Strand gehen, Eisessen und *gaanz* viel reden.

Oder auch etwas anderes machen, Hauptsache wir sehen uns wieder. :)

Ziemlich blöd, dass du krank bist. Ich hoffe, dir geht es mittlerweile wieder besser. Kranksein ist richtig doof. Jetzt wollte ich gerade dreimal auf Holz klopfen, weil ich zum Glück lange nicht mehr krank war, aber im Auto habe ich leider kein Holz gefunden.

Nein, aber im Ernst: Ich bin sehr dankbar, dass ich gesund bin und dass es mir gut geht. Meistens fällt einem erst auf, wie schön es ist, gesund zu sein, wenn man gerade krank ist. Dann wünscht man sich nichts mehr, als dass es einem wieder besser geht. Die ersten gesunden Tage freut man sich noch richtig doll, doch im Alltag vergisst man oft wertzuschätzen, dass es einem gut geht.

Da es mir auch oft so geht, dass ich im Alltag vieles als selbstverständlich wahrnehme, führe ich jetzt seit einiger Zeit eine Dankbarkeitsliste. Da schreibe ich jeden Tag etwas auf, wofür ich dankbar bin. Wenn es mir einmal nicht so gut geht, schaue ich auf die Liste oder denke an mindestens drei Sachen, wofür ich in dem Moment dankbar bin. Da gibt es so viel.

Wenn ich einfach dastehen kann und sicher bin, kann ich schon unfassbar dankbar sein, weil ich in Frieden lebe und keine Angst haben muss, dass eine Bombe auf mich fällt. Ich kann etwas sehen und gehen, hören und riechen. Ich habe eine Familie und gute Freundschaften.

Ich kann zum Wasserhahn gehen und mir sauberes Trinkwasser nehmen.

Ich atme. Ist es nicht unfassbar, dass unser Körper alleine atmet, ohne dass wir daran denken müssen? Dass unser Herz schlägt und so viel Blut durch den Körper pumpt oder dass all die anderen Vorgänge in unserem Körper von selbst ablaufen? Generell sind die ganze Natur und das Leben ein einziges Wunder. Wenn man einmal anfängt, dann kann man gar nicht mehr aufhören, weil es einfach so viel gibt, wofür man dankbar sein kann! Wie glücklich kann ich mich schätzen, dass ich nicht hungern muss, sondern alles habe, was ich zum Leben brauche.

Ein kleiner Exkurs in die Dankbarkeit und ich kann mich erinnern, schon einmal darüber geschrieben zu haben. Daran sieht man, wie wichtig mir das ist.

Von luziden Träumen habe ich tatsächlich schon einmal etwas gehört, aber noch nicht so ausführlich darüber recherchiert. Träume sind wirklich spannend. Schon faszinierend, was der Körper alles kann. Im Traum kann ich manchmal fliegen, ganz hoch springen oder in der Luft schwimmen. Manchmal renne ich die ganze Zeit, komme aber nicht von der Stelle und manchmal bin ich von einem Moment auf den anderen plötzlich an einem anderen Ort. Schon witzig, was unser Unterbewusstsein so kreiert.

Mia hat mich gestern angerufen. Sie hat sich in letzter Zeit öfter mit Emily getroffen, ihr aber nie erzählt, dass sie mehr als Freundschaft für sie empfindet. Am Telefon hat sie mir aufgeregt vom letzten Treffen erzählt:

»Wir waren am Strand und saßen auf unseren Handtüchern. Ihres lag neben meinem. Die Sonne hat uns getrocknet und nur noch unsere Haare waren nass vom Baden. Wir haben ganz viel geredet und sind dann irgendwie auf das Thema Liebe gekommen. Ich war so aufgeregt, das kannst du dir gar nicht vorstellen. Ich hoffe, Emily hat das nicht gemerkt.

Ganz beiläufig hat sie erzählt, dass sie sich in Menschen unabhängig von ihrem Geschlecht verliebt. Ich wusste in dem Moment gar nicht, was ich sagen sollte, also habe ich erst einmal nichts gesagt.

Dann ist ein Volleyball von nebenan zu uns herüber geflogen, bevor ich mir etwas überlegen konnte. Die Spielenden haben uns gefragt, ob wir mitspielen wollen, und Emily hat kurzerhand ›ja‹ gesagt. Ich war erst einmal froh über diese Ablenkung.

Doch ich konnte mich gar nicht auf das Spiel konzentrieren, weil ich immer nur daran denken konnte, dass Emily also auch in mich verliebt sein könnte. Irgendwie ärgere ich mich, dass ich nichts gesagt habe, aber was hätte ich sagen sollen?«

Ich freue mich voll. Vielleicht mag Emily Mia dann ja auch und die beiden können zusammenkommen. Ich kann Mia verstehen, dass sie erst einmal nicht wusste, was sie sagen sollte, es war bestimmt sehr aufregend.

Ich muss jetzt eine Pause machen, die Zwillinge sind aufgewacht und der Stau hat sich gelegt. Ich schreibe später weiter.

...

So, jetzt sind wir zu Hause. Im Nachhinein betrachtet, war die Fahrt schnell vorbei. Ich sitze gerade mit Mimi auf dem Schoß in meinem Zimmer. Es ist echt schön, mein kleines Fellknäuel wieder streicheln zu können.

LG Indie

P.S. Gute Besserung. :)

***

Liebe Indie,

es freut mich, dass ihr einen schönen Urlaub hattet. Mir geht es inzwischen auch schon wieder besser. Du hast recht, wenn man einmal krank war, weiß man es viel mehr zu schätzen, gesund zu sein. Ich finde auch, dass es wichtig ist, dankbar zu sein und Dinge wertzuschätzen, auch wenn sie uns selbstverständlich erscheinen.

Ich bin zum Beispiel auch dankbar, dass wir Urlaub machen können. Gestern Nachmittag sind wir losgefahren. Unser Ferienhaus liegt allein auf einer kleinen Felseninsel. Um uns herum sind noch andere Inseln, die teilweise viel kleiner sind. Mit unserem Ferienhaus ist unsere Insel jedoch die einzig bebaute in der Nähe.

Der nächste Ort ist vom Festland aus mit dem Auto etwa fünfzehn Minuten entfernt. Um ans Land zu kommen, haben wir ein kleines Boot mit Außenbordmotor und ein Ruderboot. Je nachdem, welches Boot man nimmt, schafft man es in fünf oder fünfzehn Minuten ans Festland. (Wenn Linda und Timo rudern, dauert es noch länger.)

Es ist alles recht einsam hier, dafür aber sehr idyllisch. Das Ferienhaus, in dem wir sind, stammt ursprünglich von Max' Großeltern. Nach der ein oder anderen Renovierung und Modernisierung gehört es inzwischen Marianne und Werner, Max' Eltern, und wird von der halben Verwandtschaft für den Urlaub genutzt.

Bislang ist hier noch nicht viel passiert, immerhin sind wir gestern Abend erst spät angekommen, aber dafür habe ich noch ein bisschen von den letzten Tagen zu erzählen: Vorgestern war ich bei Janne. Inzwischen sind wir mit unserem Musikprojekt schon richtig weit gekommen. Am Ende konnten wir ihrer Familie bereits etwas vorspielen, auch wenn es zwischendurch ziemlich improvisiert war. Das war aber auch nicht schlimm, es ist schließlich Moderne Musik, da kann man alles machen … Hinterher sind wir mit dem Fahrrad zu mir nach Hause gefahren und haben das Ganze noch einmal meiner Familie vorgespielt.

Am Abend, nachdem Janne nach Hause gefahren war, klingelte plötzlich mein Handy. Es war Luna.

»Karina?«, fragte sie mit zittriger Stimme.

Ich merkte sofort, dass etwas nicht stimmte.

»Ja, was ist los?«

»Mir geht's gerade einfach nicht so gut«, meinte sie leise und schluckte, »wegen Eva.«

»Willst du spontan herkommen?«, fragte ich, da ich nicht wusste, wie ich ihr am Telefon helfen sollte. »Oder soll ich zu dir kommen oder dich abholen?«

Dann wäre sie immerhin nicht alleine.

Luna fand die Idee auch gut und in Absprache mit unseren Eltern beschlossen wir, dass sie spontan bei mir übernachtete. Luna musste bloß am Mittag des nächsten Tages schon wieder los, da wir am Nachmittag in den Urlaub fahren wollten.

Als Luna angekommen war, umarmten wir uns fest. Ich finde, Umarmungen sind manchmal ein echtes Wundermittel. Luna sah das anscheinend genauso und so blieben wir noch eine Weile Arm in Arm stehen.

Dann gingen wir gemeinsam auf den Dachboden. Hier hatten wir unsere Ruhe und wir begannen, über alles Mögliche zu reden: Was uns momentan beschäftigt, was kürzlich oder irgendwann einmal passiert ist, wie wir uns die Zukunft vorstellen, aber auch über irgendwelche belanglosen Dinge. Ich habe ihr auch von unserer Brieffreundschaft erzählt und sie hat ähnlich wie Mia kein Problem damit, wenn ich etwas von ihr schreibe. Schließlich bist du mein Äquivalent zum Tagebuch und da sie ein Teil meines Lebens ist, kann sie auch gerne ein Teil meines Tagebuches sein. Natürlich kann es auch vorkommen, dass sie Dinge erzählt, die ich dringend nur für mich behalten sollte, aber das mache ich dann auch.

Luna hat auch viel über Eva und die Zeit nach ihrem Tod erzählt. Ich glaube, es tat ihr gut, einmal in Ruhe darüber zu reden.

»Eva wurde einfach mitten aus dem Leben gerissen. Aus ihrem und aus meinem. In unserer Familie war plötzlich ein leerer Platz. Nach ihrem Tod war ich ziemlich allein. Meine Eltern waren viel mit sich selbst beschäftigt. Vor allem meine Mutter hat es sehr getroffen. Sie ist das Auto gefahren und hat sich immer wieder Vorwürfe gemacht, dass sie anders hätte reagieren sollen. Am Anfang lag ich jeden Abend weinend im Bett. Mit der Zeit wurde alles langsam besser. Doch es gibt immer noch Momente, in denen die Trauer einfach alles zu erdrücken scheint. Hier, das habe ich vor ein paar Wochen in einer solchen Situation geschrieben.«

Sie nahm einen kleinen Zettel aus ihrer Jackentasche und gab ihn mir.

»Plötzlich hatte ich eine gute Idee, wie ich mich ausdrücken könnte. Ich glaube, es war das einzige Mal in meinem bisherigen Leben, dass ich ein Haiku geschrieben habe, das auch wirklich etwas ausdrückt.«

»Haikus, das sind diese kleinen japanischen Gedichte, oder?«, fragte ich.

»Ja, genau. In der ersten Zeile haben sie fünf Silben, in der zweiten sieben und in der dritten wieder fünf«, antwortete Luna. »Wir mussten sie früher immer wieder im Deutschunterricht schreiben.«

Ich nickte. Dann las ich, was auf dem Zettel stand:

Die Tränen sind aus.
Nur eine dumpfe Leere
Bleibt in mir zurück.

»Wow, das ist voll schön geworden.«

Verlegen steckte Luna den Zettel wieder ein.

»Ich schreibe gerne ab und zu irgendwelche kleinen Texte. Besonders, wenn mich etwas beschäftigt oder mir nicht mehr aus dem Kopf geht. Das Schreiben bietet mir einen Weg, mich auszudrücken und meine Gedanken zu sortieren.«

»Ich schreibe auch gerne, vor allem lange Briefe an Indie«, sagte ich und lächelte, »die können aber den gleichen Effekt haben.«

»Danke noch einmal, dass ich spontan herkommen konnte«, wechselte Luna plötzlich das Thema, »es ist einfach ein gutes Gefühl, nicht allein zu sein.«

Und dann sprachen wir weiter über schlechte Laune, Hoffnungslosigkeit und schließlich über alle möglichen Kleinigkeiten, die alles wieder ein wenig besser machen können. Kleinigkeiten, die einem einfach ein kleines Lächeln schenken können, kleine Gründe, sich ein wenig zu freuen. In dem Zusammenhang haben wir gemeinsam den folgenden Text geschrieben:

Manchmal

Manchmal muss man einfach nur in den Keller gehen,
im Chaos wühlen und dabei nach kleinen Schätzen
suchen.
Manchmal muss man einfach alte Fotos durchstöbern,
in den Erinnerungen schwelgen oder darüber lachen,
wie man sich verändert hat.
Manchmal muss man einfach nur ein Lieblingslied in
Dauerschleifen hören,
die Augen zumachen und die Welt vergessen.
Manchmal muss man einfach nur eine*n Freund*in
anrufen,
die Zeit nicht beachten und stundenlang über Gott und
die Welt reden.
Und manchmal muss man einfach nur zum Himmel
schauen
und sich vor Augen führen, dass die Sonne jeden Tag
erneut aufgeht.
Manchmal braucht es nicht viel, damit das Leben
wieder besser aussieht.

Aber natürlich braucht es manchmal mehr als das. Manchmal läuft es gar nicht gut, sodass Kleinigkeiten nicht helfen. Wenn Luna um ihre Schwester trauert, dann sind Kleinigkeiten eben nur Kleinigkeiten, die bei dem großen Gefühl der Trauer nicht viel ausmachen. Aber sie können die dunkle Situation wenigstens ein bisschen aufhellen. Auch wenn kleine Dinge nicht das Problem lösen, bewirken sie manchmal schon einiges:

ein Lächeln, nette Worte, eine Umarmung, ein Brief …
es sind zwar Kleinigkeiten, aber wertvolle Kleinigkeiten.

Später habe ich wieder etwas auf dem Fagott vorgespielt. Luna ist immer noch sehr fasziniert davon. Sie
wollte schon länger ein Instrument spielen. Ich habe ihr
erklärt, wie das Fagott funktioniert, und sie ein bisschen
darauf spielen lassen. Wobei *spielen* schon fast übertrieben ist. Aber dafür, dass sie es das erste Mal gemacht
hat, war sie echt nicht schlecht.

Jetzt möchte sie auch Fagott lernen. Ich habe ihr die
Kontaktdaten meiner Lehrerin gegeben, Luna muss nur
noch ihre Eltern überzeugen. Doch das schafft sie schon.
Ich freue mich sehr, dann können wir irgendwann zusammen spielen. :)

Als es langsam zum Musikmachen ein bisschen zu
spät wurde (es gab in diesem Haus schließlich noch
Leute, die schlafen wollten), setzten wir uns wieder auf
das Sofa und unterhielten uns weiter. Wir blieben noch
lange wach. Eigentlich war es ein bisschen zu lange, aber
egal. Schließlich hatten wir genügend zu bereden.
Irgendwann um kurz vor drei schliefen wir einfach auf
dem Sofa ein. Um halb vier wachten wir jedoch wieder
auf und legten uns auf die Matratzen, die wir neben dem
Sofa glücklicherweise schon aufgebaut hatten.

Sehr zum Leidwesen von Luna wurden wir schon
wenige Stunden später von einer stürmischen Linda
wieder geweckt. Es war noch nicht einmal 8:00 Uhr, als

sie mitten auf unsere Matratzen sprang. Ich war sofort wach.

»Was ist?«, brummte Luna verschlafen.

»Ihr müsst aufstehen, es ist schon lange hell!«, rief Linda und rüttelte Luna wach. Kleine Kinder sind eben die besten Wecker.

Luna murrte etwas Unverständliches.

»Okay, du kannst noch kurz liegen bleiben. Ich hole nur eben einen Eimer Wasser.« Vergnügt sprang Linda wieder auf. Dass sie einen vollen Eimer Wasser ganz bestimmt nicht heil die Treppe hochbekommen würde, ließ ich einfach mal unerwähnt.

»Lindaaa!!!«, rief Luna gespielt drohend.

»Du kriegst mich nicht! Du kriegst mich nicht!«, lachte meine kleine Schwester und lief ein paar Schritte weg.

»Natürlich krieg ich dich! Du hast mir gerade etwa vier bis fünf Stunden von meinem kostbaren Schlaf geraubt!«, entgegnete Luna und sprang auf.

Und schon war eine wilde Verfolgungsjagd quer über den ganzen Dachboden im Gange. Irgendwann wurde Linda von Luna gefangen und die beiden kamen keuchend zum Stehen.

»Mist, jetzt bin ich wach«, beschwerte sich Luna lachend.

»Das war der Plan«, grinste Linda.

Dann gab es Frühstück. Natürlich erst, nachdem sie und Timo einen Streifen von ihrem Einschulungskalender abgeschnitten hatten.

An dem Morgen fiel mir auf, wie sehr Luna schon wie ein Teil unserer Familie geworden ist. Wir haben uns in letzter Zeit aber auch häufig getroffen und alles Mögliche zusammen gemacht. Meine kleinen Geschwister (besonders Linda) haben sie auch schon wie eine Schwester angenommen. Genaugenommen ist Luna das ja auch.

Der Vormittag ging schnell vorbei (wahrscheinlich, weil wir viel Spaß hatten, und nicht, weil der Tag aus Gewohnheiten bestand). Ich hätte mich gerne noch länger mit Luna getroffen, aber wir wollten ja noch in den Urlaub fahren. Außerdem musste ich noch fertig packen. Als es an der Tür klingelte und sie abgeholt wurde, saßen wir gerade in meinem Zimmer im ersten Stock. Meine Mutter öffnete.

»Kann ich kurz reinkommen?«, fragte eine Stimme, die verdächtig nach Hendrik in freundlich klang. »Ich würde gerne noch einmal kurz mit meinen Töchtern reden.«

Luna und ich sahen uns an. Das waren wir. Es war immer noch ein ungewohntes Gefühl, dass sie meine Schwester war.

»Äh klar, komm rein«, antwortete meine Mutter etwas überrumpelt. Sie war bestimmt nicht gerade glücklich darüber, aber für uns tat sie es. Verziehen hat sie Hendrik nämlich nicht, da bin ich mir sicher.

Luna und ich gingen die Treppe hinunter und trafen ihn im Flur. Einen Moment lang stand Hendrik einfach vor uns.

»Karina und Luna«, begann er schließlich zögerlich, »ich wollte nur kurz sagen, dass ihr euch auch gerne mal bei uns treffen könnt. Ihr sollt nicht länger auseinandergerissen werden. Karina, du bist bei uns zu Hause willkommen.«

Das war's. Keine Entschuldigung, kein »Ich werde es besser machen«. Aber es war ein Anfang. Und ich bin mir sicher, dass die Entschuldigung trotzdem irgendwie in seinen Worten enthalten war. Er hatte mich als seine Tochter angenommen und indirekt zu sich nach Hause eingeladen.

Ob ich ihm verzeihen kann? Keine Ahnung. Er hat mich und meine Mutter im Stich gelassen und nie irgendein Interesse gezeigt. Bis jetzt. Wobei Interesse schon ein wenig übertrieben ist. Aber er hat einen riesigen Schritt auf mich zu gemacht. Es wirkte nicht wie ein großer Schritt, doch ich weiß, dass es das für ihn bedeutet. Es macht zwar nichts wieder gut, aber es ist ein Anfang, der mit der Zeit besser werden kann. Ob er jedoch jemals mein *Vater* wird, kann ich nicht sagen. Max wird auf jeden Fall immer einer bleiben. Familie bedeutet mehr als genetische Abstammung. Familie bedeutet Zusammengehörigkeit und Liebe.

Doch ich bin mir sicher, dass das mit Hendrik noch werden kann. Irgendwie finden wir alle einen Weg, als große, komplizierte Familie gut leben zu können. Ich

284

weiß nicht, wie der aussehen mag oder wie lange es dauert, bis die ganzen Anspannungen und Streits Geschichte sind, doch ich glaube daran, dass es klappen wird.

Hendrik ging wieder hinaus und wartete im Auto. Wir holten Lunas Sachen und verabschiedeten uns voneinander. In dem Moment fiel mir auf, dass ich als Lunas *neue* Schwester irgendwie an Evas Platz rückte. Und das wollte ich nicht. Zumal ich Eva auch recht ähnlich war, wie wir auch schon einmal festgestellt hatten. (Das war ja auch ein Grund dafür, weshalb Luna am Anfang ein Problem mit mir hatte.)

Kurz vor der Haustür blieb ich stehen, nahm Lunas Hand und hielt sie zurück.

»Eine Sache wollte ich noch kurz sagen …«

Luna sah mich fragend an.

»Ich möchte Eva nicht ersetzten. Das kann ich auch gar nicht …«

»Ich weiß«, warf sie ein, »du bist meine große Schwester. Und beste Freundin. Eva wird mir immer fehlen, aber du bist jetzt als komplett neue Person in mein Leben gekommen, wofür ich sehr dankbar bin.«

»Ich auch«, antwortete ich.

Wir schauten uns an und lächelten.

Ein paar Stunden später fuhren wir in den Urlaub. Die Sonne schien vom knallblauen Himmel auf die Felder und durch das Autofenster in mein Gesicht. Der Wind wehte durch die Halme. Ich schaute hinaus und strahlte.

Ein unglaubliches Gefühl der Leichtigkeit durchströmte mich mit dem Wissen, dass jetzt alles gut wird. Es passiert nicht von heute auf morgen, aber es wird besser. Stück für Stück.

Deine Karina

P.S. Schöne Grüße von meiner Mutter; ein bisschen Überredungskunst hat es gekostet, aber ich darf in der letzten Woche zu dir kommen. Juhu! Wenn es bei euch passt, würde ich einfach die Regionalbahn nehmen und wäre am Sonntag gegen 11:00 Uhr bei euch am Bahnhof.

✳✳✳

Liebe Karina,

juhu, ich freue mich, dass wir uns bald treffen können!
Zu eurem Text kann ich noch etwas hinzufügen:

Manchmal

Manchmal muss man draußen in der Natur spazieren gehen
und einen Baum umarmen.
Manchmal braucht es einen Hund, der sich immer freut,
wenn er einen sieht.
Manchmal braucht es das weiche Fell einer Katze,
das man stundenlang streichelt (natürlich mit der Katze).
Manchmal muss man ganz laut schreien,

wenn einen niemand hört,
damit die innere Stimme leiser wird.
Manchmal muss man kleinen Kindern beim Spielen
zusehen,
um mit in ihre Fantasiewelt zu gehen.
Manchmal muss man schöne Dinge einfach machen,
später drüber lachen,
das Leben genießen
und in seinem Flow fließen.

Es ist wirklich schön zu hören, dass du und Luna so gut befreundet und füreinander da seid. Das ist so besonders an Freundschaft: Man braucht nicht viel zu sagen oder zu tun, manchmal reicht es einfach da zu sein. Es sind die kleinen Dinge, die zählen.

Ich bin froh, dass Hendrik über seinen Schatten gesprungen ist. Er hat einen ersten Schritt gemacht, der zwar nicht alles wieder gut machen kann, aber trotzdem ein Anfang ist. Damit hat er schon viel gesagt und ich glaube, dass er dich wirklich kennenlernen möchte. Das freut mich für dich.

Ich habe mich heute mit Mia getroffen. Sie hat die ganze Zeit gestrahlt und mir voller Freude von einem Treffen von ihr und Emily erzählt:

»Und dann habe ich es einfach so ähnlich gesagt: ›Ähm, Emily, es ist wirklich schön mit dir. Es macht wirklich Spaß, Zeit mit dir zu verbringen. Es ist toll. Du bist toll. Ich weiß nicht, wie ich dir das jetzt sagen soll, und generell, was ich jetzt sagen soll, aber ich habe mich in dich verliebt. Ich mag dich mehr als nur ein bisschen und immer, wenn ich dich sehe, dann geht es mir gut.‹

Dann hat Emily mich angeschaut und gelächelt: ›Ich mag dich auch und ich habe mich auch in dich verliebt.‹

›Echt?‹, habe ich verwundert gefragt. Es hat mich ziemlich überrascht, dass sie so direkt darauf geantwortet hat. Ich konnte es im ersten Moment gar nicht glauben.

›Ja, echt‹, hat sie geantwortet.

Dann haben sich unsere Hände berührt und wir haben uns umarmt. Länger als eine normale Umarmung. Es war *soo* schön! Wir sind den Strand entlanggelaufen und haben unsere Hände gehalten. Am Anfang war ich noch etwas unsicher, doch dann war es einfach nur schön. Ich habe nichts anderes mehr wahrgenommen als sie. Ihre Augen sind so blau wie das Meer und haben einen kleinen braunen Fleck.

Es fing an zu regnen. Die Regentropfen liefen ihr das Gesicht hinunter und nach kurzer Zeit waren wir nass. Aber das habe ich gar nicht richtig gemerkt. Es war, als wäre alles um mich herum so unwichtig. In dem Moment waren da nur Emily und ich.

Ich habe mich wie in einem Liebesroman gefühlt. Ich hätte nie gedacht, dass so etwas im echten Leben passieren kann. Doch es ist noch besser als in meiner Vorstellung. Es war *soo* magisch.«

Das freut mich so. :) Ende gut, alles gut. Und das Beste ist, dass es noch nicht das Ende ist.

LG Indie

＊＊＊

Liebe Indie,

ich freue mich voll für Mia und Emily. :) Ich bewundere Mia, dass sie den Mut gefunden hat, es Emily zu erzählen. Ich glaube, so etwas ist immer nicht einfach zu sagen, aber es hat sich ja gelohnt.

Hier im Urlaub ist mein Zimmer ganz oben direkt unter dem Dach. Ich mag es sehr gerne, es ist richtig gemütlich. Zwischen den Holzbalken hängt eine Hängematte, auf der ich gerade sitze und den Blick auf die Ostsee genieße.

Hier ist das Wetter leider nicht ganz so schön wie zu Hause. Es ist windig, nicht gerade sommerlich warm und sehr wechselhaft. Vor allem das Wechselhafte war heute Nachmittag extrem. Wir waren gerade draußen: Mama, Oma und Max saßen auf der Terrasse, Linda, Timo und ich waren mit den Puppen picknicken.

Timo spielt genauso wie Linda mit Puppen und hat auch zwei eigene. Seinen Freunden gegenüber würde er das jedoch nicht zugeben. Wieso haben selbst Kindergartenkinder schon so starke Geschlechterrollen, dass sie gegenüber den anderen versuchen, ein bestimmtes Bild zu erfüllen? Wahrscheinlich liegt das an den

Erwachsenen, die es ihnen vorleben. Dabei denke ich, könnte es der Gesellschaft ganz guttun, sich ein bisschen mehr von bestimmten Rollenbildern zu lösen, sodass sich alle frei entfalten können.

Jedenfalls saßen wir auf den Felsen und haben gerade mit Blättern und Zweigen das Essen für die Puppen zubereitet, da fing es plötzlich an, wie aus dem Nichts zu schütten. In unseren Pullovern waren wir sofort durchnässt. Der Regen war unangenehm kalt, wir sind also so schnell wie möglich ins Haus gerannt. Linda und Timo hielten ihre Puppen schützend unter die Pullis; die Erwachsenen räumten schnell den Tisch ab, auf dem Erdbeeren und Kekse standen. Nur das Essen für die Puppen blieb draußen.

Gerade als wir die Schuhe ausgezogen hatten, riss die dunkle Wolkendecke auf und erste Sonnenstrahlen kamen wieder hindurch. Der Regen wurde immer weniger und hörte schließlich ganz auf. Die Sonne spiegelte sich in den Pfützen. Auf der einen Seite war der Himmel knallblau, auf der anderen tiefgrau.

Und dann entdeckten wir den allerschönsten Regenbogen, den ich jemals gesehen habe. Sofort liefen wir hinaus bis ans Ufer, sodass die Sicht durch nichts mehr versperrt war. Der Regenbogen zeigte sich uns in seiner vollen Größe und Pracht. Knallig bunt stand er vor dem dunklen Teil des Himmels. Dabei bildete er einen kompletten Halbkreis. Bald konnte man auch einen zweiten, etwas schwächeren Bogen außen herum erkennen. Es war einfach wunderschön.

Ich mag Regenbögen. Sowohl optisch als auch symbolisch. Im Christentum erinnern sie an das Versprechen Gottes gegenüber den Menschen, nie wieder eine Sintflut zu schicken. Außerdem steht er für eine Brücke zwischen Himmel und Erde, zwischen dem Sichtbaren und Unsichtbaren, zwischen den Menschen und Gott.

Bereits im 16. Jahrhundert (das wusste ich bis zu meiner Recherche vorhin auch noch nicht) entstanden erste Regenbogenfahnen, die von Bauern als Zeichen für eine neue Zeit verwendet wurden. Anfang der 1960er Jahre entstand in Italien die Pace-Flagge (Ich dachte auch erst *Peace*-Flagge), die Regenbogenfahne der Friedensbewegung. In den 1970ern wurde der Regenbogen zu einem Symbol der Lesben und Schwulen und später der gesamten queeren Community, also allen Menschen, die nicht hetero oder nicht cis sind.

Für mich ist im Regenbogen das alles vereint. Er bedeutet für mich Frieden, Freiheit und Toleranz. Wir sind alle unterschiedlich wie die Farben des Regenbogens und sollten uns gegenseitig akzeptieren und respektieren. Egal, welche Herkunft oder Religion, welches Geschlecht oder Aussehen jemand hat. Egal, ob gesundheitlich, körperlich oder geistig eingeschränkt oder nicht. Und egal, wen man liebt und wie man lebt. Solange wir so leben, dass keine andere Person dadurch verletzt wird.

Ich verstehe nicht, warum Leute diskriminiert werden, nur weil sie *anders* sind. Schließlich sind wir alle irgendwie anders. Natürlich hat sich die Situation in den letzten Jahren und Jahrzehnten deutlich verbessert und im Vergleich zu anderen Ländern sieht es hier in Deutschland ganz gut aus. (Es gibt zum Beispiel Länder, in denen Homosexualität unter Todesstrafe steht!)

In unserem Grundgesetz steht, dass niemand diskriminiert werden darf. Doch in der Realität sieht das leider häufig anders aus: Oft verdienen Frauen weniger als Männer oder werden weniger ernst genommen. Oft werden ausländisch aussehende Menschen auf der Straße angefeindet und haben Nachteile in der Job- oder Wohnungssuche. Und in vielen Religionen werden gleichgeschlechtliche Paare immer noch nicht akzeptiert. Wie kann Liebe ein Grund für Hass sein?

Diskriminierung ergibt grundsätzlich nicht sonderlich viel Sinn. Es ist einfach nur unnötig und lässt Menschen darunter leiden. Warum sollten manche weniger Wert sein als andere? Dabei ist jeder Mensch gut so, wie er ist, und niemand sollte dafür verurteilt werden, dass er so ist, wie er ist. Ich glaube, unsere Gesellschaft hat da noch ein großes Verbesserungspotential.

Liebe Grüße
Karina

P.S. Ich habe gerade von meiner RSG-Trainerin die Anfrage bekommen, ob ich nach den Sommerferien als Co-Trainerin bei den jüngeren Mannschaften helfen möchte. Ich musste nicht lange überlegen und freue mich jetzt schon. :)

P.P.S. Ich wünsche dir für jede dunkle Wolke im Leben einen wunderschönen, strahlenden Regenbogen.

***

Liebe Karina,

dein Urlaub klingt sehr schön und entspannend. :)

Ich bin gerade mit meinen Geschwistern für ein paar Tage bei meinen Großeltern. Die wohnen eine gute Stunde von uns entfernt und haben einen großen Bauernhof. Wir sind den ganzen Tag draußen und kümmern uns um die Tiere. Meine Cousine Annie und mein Cousin Fiete sind auch da. Es ist schön, den ganzen Tag draußen und von Tieren umgeben zu sein. Am coolsten finde ich die Esel.

Du hast das Regenbogenthema auf den Punkt gebracht. Ich kann eigentlich nicht mehr so viel dazu ergänzen, aber ich mach es jetzt trotzdem mal. Ich finde auch, dass der Regenbogen eine schöne und vor allem wichtige Bedeutung hat: Der bunte Regenbogen steht als Zeichen für die Freiheit eines jeden Menschen, sich individuell auszudrücken.

In eigentlich allen Bereichen unserer Gesellschaft gibt es Stereotype – und das von Anfang an: bei Kindern, eigentlich schon bei Babys, bevor sie geboren werden. Wird es ein Junge oder ein Mädchen? Kaufe ich blaue oder rosa Socken? Wird mein Baby später einmal Fußball spielen oder Ballett tanzen? Ist es wild oder ruhig? Bereits vor der Geburt werden Kinder vor allem von Erwachsenen in Rollen gesteckt.

Der Mensch braucht Vorurteile und Schubladen. Hätte man in der Steinzeit nicht gewusst, dass ein Säbelzahntiger gefährlich ist, und wäre deshalb nicht weggerannt, dann hätte dieser einen gefressen. Es gab keine Zeit, um individuell zu entscheiden, ob es sich um einen *guten* oder einen *bösen* Säbelzahntiger handelt. Da musste man sich auf seine Erfahrungen verlassen. Die Frage ist nur, wie viele Schubladen wir brauchen.

Heute haben wir innerhalb weniger Sekunden einen Menschen abgescannt und in eine Schublade gesteckt, ohne dass dieser etwas gesagt oder getan hat. Das passiert automatisch und ist in den meisten Fällen auch nicht richtig, denn man kann einen Menschen nicht nach so wenigen Kriterien wie äußeres Erscheinungsbild oder Körperhaltung bewerten. Auch wenn diese Kriterien schon etwas über den Menschen verraten, können sie ihn nicht im Ganzen darstellen. Außerdem werden Menschen in ihrer Freiheit und Individualität eingeschränkt, wenn man ihnen Rollenbilder aufzwängt.

Es steht fest, dass wir Menschen beurteilen und sortieren, Erlebnisse mit der Vergangenheit vergleichen und Situationen abwägen. Ich würde sagen, das ist menschlich und kann auch gut sein. Ich weiß auch nicht, ob bzw. inwieweit man dies abstellen kann. Und in gewissem Maße ist, bzw. war es überlebenswichtig.

Aber es ist nicht überlebenswichtig, Menschen zu diskriminieren und zu verurteilen. Das ist etwas, was wir ändern können. Wenn wir tolerant sind und jedem Menschen mit einem offenen Herzen begegnen und nicht nur engstirnig geradeaus blicken, ist schon viel getan. Du hast recht, alle sollten frei leben dürfen, ohne dafür diskriminiert zu werden.

Wie kann man jemanden dafür verurteilen, dass er liebt? Liebe ist so etwas Starkes und Schönes, aber auch Wichtiges. Wie kann man dem mit Hass gegenübertreten? Warum können Menschen nicht Menschen lieben? Jeder Mensch sollte unabhängig seiner sexuellen Orientierung frei lieben dürfen.

Genauso ist die Gleichberechtigung der Geschlechter ein sehr großes Thema. Es gibt keinen Grund, wieso Frauen in vielen Bereichen schlechter behandelt werden als Männer und trotzdem werden sie es. Es ist gut, dass schon viel gemacht wird und wir uns einer Gleichberechtigung immer weiter nähern, aber wir sind noch lange nicht fertig.

Wir können nicht erwarten, dass sich in unserer Welt etwas ändert, wenn wir alles genauso weitermachen wie die letzten einhundert Jahre. Wenn wir das Gleiche tun, dann wird auch das Gleiche dabei herauskommen. Schließlich erwartet auch niemand, dass man Orangensaft bekommt, wenn man Äpfel presst.

Läuft die Erziehung im Elternhaus, im Kindergarten und in der Schule also genauso ab wie zuvor, bekommen wir nie Orangensaft. Kinder werden in bestimmte Rollenbilder gepresst und wenn sie nicht hineinpassen, dann drückt man halt ein bisschen fester. Jungs bekommen den Fußball und Mädchen die Puppe.

So soll es doch nicht sein.

Jedes Kind sollte sich frei entwickeln dürfen, unabhängig vom Geschlecht.

Wir können doch nicht erwarten, dass Kinder, die von klein auf Rollenbilder und Stereotypen vorgelebt bekommen, diese im Erwachsenenalter einfach vergessen und dann ohne sie ganz tolerant und offen leben. Wenn wir in einer gleichberechtigten Gesellschaft leben wollen, brauchen wir Kinder, die genau diese Werte vorgelebt bekommen.

Die ganze Gesellschaft muss tolerant sein, denn Eltern mit Vorurteilen werden diese Vorurteile sehr wahrscheinlich weitergeben. Es ist also wichtig, dass Jung und Alt die Werte annehmen und leben. Damit müssen wir heute schon anfangen. Wir können die Verantwortung nicht einfach abgeben, weil wir sie alle mittragen und gemeinsam die Gesellschaft gestalten.

Jeder Mensch ist einzigartig, hat Stärken und Schwächen, Vorlieben und Abneigungen, Freunde und Familie, geht abends ins Bett und steht morgens wieder auf. Egal wie groß oder klein, dick oder dünn, ob aus dem Norden oder aus dem Süden, egal welche Hautfarbe, welche Schuhgröße, welche Haarfarbe, egal ob alt oder jung, egal wo man ist und woher man kommt und noch so viel mehr. Wir sind alle unterschiedlich und individuell und doch sind wir alle Menschen.

Wieso können wir uns gegenseitig nicht so annehmen, wie wir sind, und unsere Unterschiede nicht als Schwächen, sondern als unsere Stärken sehen? Was wäre ein Regenbogen ohne seine Farbenpracht? Wenn alle Farben gleich wären, dann gäbe es keinen Regenbogen.

Deine Indie

***

Liebe Indie,

ich kann dir nur zustimmen. Diskriminierung hat keine Daseinsberechtigung, sondern schadet nur. Wir sollten uns wirklich ein bisschen mehr von den Schubladen lösen, die für Steinzeitmenschen vielleicht überlebenswichtig waren. Gerade die Geschlechterrollen, in die wir von klein auf gesteckt werden, sollten wir meiner Meinung nach überdenken.

Wie kann es sein, dass Jungs im Kindergarten ausgelacht werden, wenn sie mit Puppen spielen? Oder dass Männer beschimpft werden, wenn sie Nagellack tragen? Wieso bekommt man ein Problem, wenn man bestimmte Rollenbilder nicht erfüllt? Ich denke, da müssen wir umdenken …

Heute haben Linda und Timo Geburtstag. Sechs Jahre ist es jetzt her, dass ich mit meiner Oma zu Hause saß und auf Max' Anruf aus dem Krankenhaus gewartet habe.

Sechs Jahre, in denen mein Leben teilweise sehr turbulent durcheinandergeworfen worden ist, aber um einiges schöner und lebendiger war.

Ihr Geburtstag ist einer der wenigen Tage im Jahr, an denen die beiden nicht als Erste im Haus aufstehen. Das liegt allerdings daran, dass sie morgens an ihrem Geburtstag traditionell von den anderen mit Kuchen und Geburtstagsständchen geweckt werden.

Normalerweise ist es bei uns in der Familie so üblich, dass Geburtstagskinder und -erwachsene auf diese Art um Mitternacht geweckt werden (außer sie sind noch wach, dann funktioniert das natürlich nicht). Mit Linda und Timo hatten wir das bislang noch nicht gemacht, da die Erwachsenen meinten, dass sie dafür noch zu klein wären. Dieses Jahr wollten wir es jedoch einmal ausprobieren. Also standen wir um kurz vor zwölf mit zwei frisch gebackenen Geburtstagskuchen mit jeweils sechs brennenden Kerzen vor ihrer Zimmertür.

Leise gingen wir in den Raum hinein. Linda und Timo schliefen tief und fest. Mucksmäuschenstill standen wir im Dunklen. Ich sah auf mein Handy. Die Uhr sprang von 23:59 Uhr auf 00:00 Uhr und wie auf Kommando fingen wir an zu singen. Es war zwar ein bisschen schief, aber bei Geburtstagsliedern kommt es schließlich nicht darauf an, qualitativ hochwertige Musik zu machen.

Linda wurde schnell wach, saß verschlafen im Bett und sah uns mit müden Augen an. Timo dagegen schaute nur kurz auf, drehte sich um und schlief weiter.

Linda durfte daraufhin alle zwölf Kerzen auspusten. Jedoch war auch sie viel zu müde, um Kuchen zu essen oder noch eine Weile wachzubleiben. Vielleicht waren die beiden doch noch ein bisschen zu klein dafür.

Am nächsten Morgen kamen wir also erneut singend mit Kuchen und Kerzen herein. Da Timo von erstem Versuch heute Nacht nicht viel mitbekommen hatte, erzählte Max die Geschichte. Die Reaktionen der Zwillinge darauf:

Timo: »Was? Echt jetzt? Ihr wart heute Nacht hier?«

Linda: »Ach, das habe ich nicht nur geträumt ...«

Vielleicht klappt es ja nächstes oder übernächstes Jahr.

Wir haben übrigens den Sommer zurück! Nachdem es die letzten Tage so kalt und wechselhaft war, ist es nun bei blauem Himmel und Sonnenschein richtig warm, sogar recht heiß geworden.

Heute Morgen haben wir spontan auf der Terrasse gefrühstückt und auch den restlichen Tag draußen verbracht. Ab 11:00 Uhr war die 28°C-Marke erreicht und wir sind baden gegangen. Zum Mittag gab es das Lieblingsessen von Linda und Timo – Nudeln mit Tomatensoße – und bald darauf waren wir wieder im Meer.

Am Nachmittag hat Max mit uns Steine auf dem Wasser pritschen lassen. Er kann das ziemlich gut und hat den Stein teilweise bis zu drei- oder viermal auf dem Wasser springen lassen. Nach zehn bis fünfzehn Versuchen ist mir auch ein Sprung geglückt. Linda und Timo haben nach dreien aufgegeben und lieber einen Weit-wurfwettbewerb veranstaltet.

Und immer, wenn ein kleiner Stein im Wasser lan-dete, bildeten sich kreisförmige Wellen auf dem sonst ruhigen Wasser. Erst waren sie ganz klein, dann wurden sie immer größer. Ich finde, das veranschaulicht ganz gut, wie auch eine Kleinigkeit (z. B. ein Kieselstein, der von Linda ins Meer geworfen wurde) große Auswirkun-gen haben kann (Kreise, die sich meterweit ziehen).

Das erinnert mich an etwas, worüber wir schon ein-mal geredet (oder eher geschrieben) haben: Dass man, anstatt auf irgendwann zu warten, lieber einfach anfan-gen sollte, mit dem, was in seinen Möglichkeiten steht. Man muss nicht gleich allen seinen ganzen Mut bewei-sen, es reicht, erst einmal kleine Schritte zu gehen. Man muss nicht gleich sein Handy wegschmeißen, nur weil man zu viel Zeit damit verbringt. Und man muss nicht gleich den Weltfrieden schaffen, sondern sollte bei sich selbst anfangen, mit sich im Reinen sein, und sich mit den Leuten in seiner Umgebung vertragen.

Keiner ist perfekt, es ist okay, Fehler zu machen oder Angst zu haben. Und egal, was passiert, auch wenn alles so dunkel und leer erscheint, wird es immer eine Hoff-nung geben oder jemanden, der bei einem ist. Manchmal braucht es nicht viel, damit alles wieder besser wird. Und wenn jeder Mensch die Welt ein kleines Stückchen besser macht, dann wird sie im Gesamten ein großes Stück besser.

Zum Abendessen gab es Stockbrot an einem kleinen Lagerfeuer. Dabei haben wir lustige Lieder gesungen und ich habe Mundharmonika gespielt. (Manchmal ist es wirklich praktisch, ein Instrument zu spielen, das so klein ist, dass es in die Jackentasche passt.) Es war ein wirklich schöner Abend.

Wir haben uns viele Geschichten erzählt: neue, die wir noch nicht kannten, und alte, die wir uns immer wieder erzählen. Zum Beispiel haben wir, als wir das erste Mal in Schweden waren, aus Versehen Bier statt Speiseöl gekauft. Ich war zu der Zeit neun Jahre alt, Linda und Timo waren noch nicht geboren.

Am Anfang des Urlaubs hatten wir einen Großeinkauf gemacht. Damit das Ganze ein bisschen schneller geht, haben wir uns im Supermarkt aufgeteilt, sodass wir jeweils alleine einen Teil des Einkaufs zusammensuchten. Ich sollte unter anderem Öl einpacken. Das war in dem Supermarkt gar nicht so leicht zu finden. Als ich schließlich eine dunkle Glasflasche mit der Aufschrift *Öl* gefunden hatte, sah ich mir sie nicht mehr genauer an, sondern stellte sie einfach in den Einkaufswagen. Erst im Ferienhaus fiel uns auf, dass es kein Öl, sondern Bier war. Das schwedische Wort für *Bier* ist nämlich *Öl*.

Nach dem Essen, als das Feuer langsam hinuntergebrannt war, gingen Linda und Timo wieder ins Ferienhaus, um mit ihren Geburtstagsgeschenken zu spielen. Ich bin noch ein letztes Mal für heute ins Wasser gegangen und einmal um die Insel geschwommen. Die Strecke war weiter als erwartet, doch da ich immer in der Nähe des Ufers war, konnte ich zwischendurch ein paar Pausen einlegen.

So hatte ich im Urlaub noch eine kleine Sporteinheit, zum Laufen ist die Umgebung nämlich nicht so gut geeignet. Auf der Insel gibt es kaum feste Wege und ich müsste sehr oft hin und her laufen, um eine gute Streckenlänge zu erreichen.

Jetzt sitze ich wieder auf dem Dachboden in der Hängematte und nutze die abendliche Ruhe, um dir zu schreiben. Morgen ist schon unser letzter vollständiger Urlaubstag. Bald darauf sehen wir uns wieder. Ich freue mich so. Einerseits haben wir uns gerade erst auf der Musikfahrt kennengelernt, andererseits ist seit dem richtig viel passiert und unsere Freundschaft hat sich durch die Briefe um einiges weiterentwickelt. Ich kann es kaum erwarten, dass wir uns endlich wiedersehen. :)

Zu Hause wird es um diese Zeit langsam dunkel. Hier sind wir allerdings so weit nördlich, dass es im Sommer, selbst mitten in der Nacht, noch relativ hell ist. Das hat bloß zur Folge, dass ich nicht merke, wie es spät wird, und ziemlich lange wach bleibe. Jetzt kann ich meine Augen jedoch kaum noch offenhalten, also sollte ich mal schlafen gehen.

Gute Nacht (oder guten Morgen, falls du den Brief jetzt nicht mehr liest),

Karina

***

Liebe Karina,

alles Gute nachträglich an Linda und Timo. :) Das klingt doch nach einem sehr schönen Tag. Aus kleinen Kindern werden so schnell große Kinder, ich kann es auch gar nicht glauben, wie schnell meine Geschwister wachsen.

Das mit dem Stein im Wasser hast du schön gesagt. Ein kleiner Stein kann große Kreise ziehen, so kann auch ein kleiner Schritt große Dinge verändern.

Dazu fällt mir dieses Zitat ein: »Falls du glaubst, dass du zu klein bist, um etwas zu bewirken, dann versuche mal zu schlafen, wenn eine Mücke im Raum ist« (Dalai Lama). Ich weiß nicht, wie viel kleiner eine Mücke im Vergleich zu einem Menschen ist, und trotzdem kann sie einem den Schlaf rauben.

Eine Kleinigkeit kann der Anfang von etwas Großem sein, wenn wir es zulassen. Egal wie groß oder klein wir uns fühlen, wir können immer etwas bewirken. Ich glaube daran, dass eine kleine gute Tat weiteres Gutes veranlasst. Ein Lächeln kann den Tag von jemanden verändern. Ein liebes Wort kann einen Unterschied machen. Eine Umarmung kann ein sicherer Hafen für jemanden sein. Eine Hilfe kann andere so viel weiterbringen.

Eine gute Tat ist der Anfang von vielen anderen guten Taten und man weiß nie, welche guten Dinge folgen. Ich stelle mir das wie ein großes Fischernetz vor: Jede gute Handlung ist ein Knoten und dieser spinnt sich immer weiter fort. Wenn man also das nächste Mal jemandem etwas Gutes tun kann, sollte man das auch tun.

Jetzt in den Ferien ist der Eisladen schon fast unser zweites Wohnzimmer. Ich habe mich oft mit Mia zum Eisessen verabredet und Emily war auch manchmal dabei. Die beiden passen gut zusammen und es ist echt schön mit anzusehen, wie gern sie sich haben.

Es ist nicht mehr lange hin, bis wir uns wiedersehen. Ich freue mich schon *soo* sehr!

LG und bis bald ;)
Indie

***

Liebe Indie,

ich komme leider erst jetzt wieder zum Schreiben, die letzten Tage hatte ich nämlich viel vor, sodass wenig Zeit überblieb.

Aus dem Urlaub sind wir heil und gesund wieder zurückgekommen. Gestern habe ich mich mit Luna zum ersten Mal bei ihr getroffen. Mir kam es vor, als hätten wir uns seit Ewigkeiten nicht mehr gesehen, dabei ist das letzte Treffen noch nicht einmal zwei Wochen her. Sie wohnt in einer kleinen, gemütlichen Stadtwohnung (in der Nähe des Eisladens). Hendrik bin ich bei unserem Treffen nicht begegnet. Dafür habe ich Lunas Mutter kennengelernt. Sie war sehr offen und nett und hat mich schon fast adoptiert.

Morgen sehen du und ich uns endlich wieder. Krass, nur noch einen Tag. Es ist einfach unglaublich, dass wir uns wieder richtig begegnen und unterhalten können, nachdem wir so lange nur geschrieben haben. Ich bin jetzt schon ganz aufgeregt und richtig gespannt, dein Zuhause, deine Familie, Bo, Mimi, den Strand und natürlich den Eisladen kennenzulernen.

Jetzt muss ich noch packen. Bislang weiß ich nämlich nur, dass mein Fagott unbedingt mitmuss, damit wir wieder zusammen musizieren können. Etwas anderes sollte ich aber noch einpacken. Meine Laufsachen zum Beispiel. Ach, ich freue mich schon so!

Bis morgen, wenn wir uns endlich wieder persönlich sehen. :)

Deine Karina

***

Liebe Karina,

ich bin *soo* aufgeregt und freue mich total! Nur noch einmal schlafen und wir sehen uns wieder. Irgendwie kann ich es gar nicht glauben, deine Stimme in echt zu hören und nicht nur durch die Briefe, sondern sofort eine Antwort zu bekommen, gemeinsam Musik zu machen oder schweigend auf das Meer zu blicken.

Das wird wunderschön!

Bis morgen!

In großer Vorfreude,
Indie

P.S. Ich komme dich vom Bahnhof abholen. ;)

***

Liebe Indie und Karina in zwanzig Jahren,

KARINA: wenn ihr diesen Brief lest, werden zwanzig Jahre vergangen sein …

INDIE: Eine ganz schön lange Zeit. Deshalb wollen wir den Beginn unserer Freundschaft und unser erstes Treffen für euch festhalten, damit wir es nicht vergessen.

KARINA: Damit *ihr* es nicht vergesst, Indie. Wir führen ja keine Selbstgespräche. ;)

INDIE: Stimmt. :) Aber egal ob *wir* oder *ihr*, wir alle werden es nicht vergessen.

KARINA: Genau. Wir hoffen, die Freundschaft wird sich in den nächsten Jahren nur weiterentwickelt haben und ihr seht euch gerade (mindestens) auf dem tausendsten Treffen. Aber das könnt ihr uns dann zurückschreiben. Wir wollten euch erst einmal vom Beginn unserer Geschichte erzählen, die hoffentlich noch ganz lange weiter geht.

INDIE: Wo sollen wir anfangen?

KARINA: Am besten vorne, würde ich vorschlagen …

INDIE: Ja, gute Idee. Angefangen hat es bei der Musikfahrt in den Osterferien. Wir waren zusammen auf einem Zimmer und haben viel Zeit miteinander verbracht.

KARINA: Wir hatten viele Gemeinsamkeiten und verstanden uns prima. Leider war die Musikfahrt viel zu schnell vorbei …

INDIE: Ja, das stimmt. Doch daraufhin hat unsere Freundschaft mit den Briefen erst richtig angefangen. Wir haben über alles und nichts geschrieben, über unsere Gedanken, das Wetter und was da sonst noch so war.

KARINA: So waren wir uns trotz der Entfernung irgendwie immer nahe und konnten unsere Freundschaft aufrechterhalten und weiter vertiefen. Du wurdest mein lebendiges Tagebuch und für mich war es fast, als wäre ich in deinem Leben immer mit dabei gewesen.

INDIE: Das geht mir genauso. Durch unsere Briefe habe ich viel gelernt. Ich habe dich und mich besser kennengelernt und so viel Neues erfahren.

KARINA: Stimmt. Daher haben wir euch, liebe Indie und Karina in 20 Jahren, sieben Dinge zusammengestellt, die wir durch unsere Briefe gelernt haben. Eigentlich wollte ich eine Anzahl haben, die durch fünf teilbar ist, aber Indie konnte mich überzeugen, dass sieben auch gut ist. ;)

INDIE UND KARINA:

1. Einfach anzufangen und sofort den ersten Schritt zu gehen, ist besser, als auf den perfekten Moment zu warten.

2. Keiner ist perfekt, es ist okay, Fehler zu machen oder Angst zu haben.

308

3. Oft ist Mut einer der entscheidenden Schritte auf dem Weg zum Glück: Mut, zu sich selbst zu stehen, Mut, das zu ändern, was uns nicht gefällt, Mut, das zu tun, was uns glücklich macht.

4. Das Leben ist ein Wunder, ein Geschenk, das wir jeden Tag wieder aufs Neue auspacken, und uns daran erfreuen dürfen.

5. Wir sind alle unterschiedlich wie die Farben des Regenbogens und sollten uns gegenseitig akzeptieren und respektieren.

6. Manchmal braucht es nicht viel, damit alles wieder besser wird.

7. Freundschaft ist einfach unersetzlich.

KARINA: Dabei finde ich es besonders wichtig, möglichst viel aus Freude zu machen. Ich finde es schön, dass ich Dinge gefunden habe, die ich liebe, wie zum Beispiel Sport, Musik und Briefeschreiben, auf welche ich mich jeden Tag wieder freue. So etwas zu finden, wünsche ich allen.

INDIE: Das ist *Meraki*.

KARINA: *Meraki*?

INDIE: Ja, *Meraki*. Das kommt aus dem Griechischen und bedeutet, etwas mit ganzem Herzen zu tun. Kreativität, Liebe und ein Stück von sich selbst in das zu stecken, was man erschafft. So wie auch ein Teil von uns in unseren Briefen ist.

KARINA: Wow, ein schönes Wort mit einer schönen Bedeutung, das passt zu uns. :)

INDIE: Jetzt ist es nicht mehr einfach nur ein schönes Wort, es ist unser Wort.

KARINA: Ja, ein Wort und ein Gedanke, die uns verbinden. Und zwar vom Anfang, bis jetzt und noch weiter: von der Musikfahrt, über die Briefe, bis zu unserem Treffen.

INDIE: Auf das Treffen habe ich mich schon lange gefreut. Am Morgen, als du gekommen bist, bin ich ganz aufgeregt aufgewacht und habe nur darauf gewartet, endlich loszufahren. Als wir dann aber im Auto saßen, ist dieses einfach nicht angesprungen. Und so standen wir da und kamen keinen Meter vorwärts. Die einzige Alternative war, mit dem Fahrrad zur Bushaltestelle zu fahren. Aber weil der Bus so langsam fuhr, bin ich ein bisschen zu spät zum Bahnhof gekommen. Ich dachte, ich würde dich warten lassen.

KARINA: Dabei hatte ich befürchtet, *dich* warten zu lassen. Im Zug habe ich mich die ganze Zeit auf die Ankunft gefreut. Die Bahn musste aber wirklich an jedem Kaff halten. Irgendwann blieb der Zug plötzlich mitten auf freier Strecke stehen. Dabei hatten wir schon ein bisschen Verspätung. Ich wollte dir schreiben, damit du nicht am Bahnsteig auf mich warten musst, hatte jedoch keinen Empfang. Wir waren wirklich mitten im Nichts. Nur ein paar (sehr fotogene) Kühe standen auf der Weide. Zwanzig Minuten später konnten wir weiterfahren und kamen bald darauf endlich an.

INDIE: Der Zug fuhr ein, die Türen gingen auf und es war wie im Film.

KARINA: Ach Indie, für einen Film hätte die passende Musik gefehlt.

INDIE: Na gut. Trotzdem war es einfach wunderbar. Ich habe dich gleich an deinem Pferdeschwanz erkannt und mit dem Fagottkoffer und deinem Lächeln wusste ich sofort, dass du es bist.

KARINA: Beim Aussteigen habe ich gleich gesehen, wie du die Treppe hochgerannt bist. Ich bin dir entgegengelaufen und wir sind uns in die Arme gefallen.

INDIE: Ja genau, eben wie im Film, wenn sich zwei Personen nach langer Zeit endlich wiedersehen.

KARINA: Du immer mit deinem Film … Aber du hast recht, es war wunderschön: wie in einem Film, nur ohne Musik.

INDIE: Du immer mit deiner Musik. ;) Nach ein paar Minuten Begrüßung sind wir mit dem Bus zu mir gefahren. Bei der Endstation *Eisdiele* stiegen wir aus. Mit Gepäck, Fahrrad und Eis liefen wir zu mir nach Hause.

KARINA: Dort angekommen, wurden wir bereits erwartet. Es war schön, deine Familie kennenzulernen. (Bislang kannte ich sie ja nur aus Erzählungen und Briefen.) Am nächsten Vormittag hast du mir das ganze Dorf (und den Strand) gezeigt. Dabei haben wir Mia und Emily getroffen. Sie gingen gerade Hand in Hand mit jeweils einem Eis in Richtung Meer. Machen die beiden eigentlich auch noch etwas anderes als Eis zu essen und Zeit am Strand zu verbringen?

INDIE: Das frage ich mich auch manchmal, aber so viele Alternativen gibt es hier nicht und Eis und Strand ist im Sommer einfach die beste Kombination.

KARINA: Ich finde es auch schön, dass wir viel am Strand sind und spazieren gehen, im Sand liegen, Volleyball spielen, im Meer baden oder zusammen mit Bo laufen gehen.

INDIE: Oder einfach schweigend auf das Wasser blicken und den Möwen zuschauen. Aber vor allem haben wir *gaaanz* viel geredet und ziemlich viel Wassermelone und noch mehr Eis gegessen.

KARINA: Wie ihr merkt, Indie und Karina in zwanzig Jahren, sind wir unfassbar froh, uns endlich wiederzusehen. :)

INDIE: Wir hoffen, dass es in Zukunft noch sehr viel mehr Treffen und Briefe geben wird, aber das steht eigentlich schon fest!

KARINA: Genau! Und wenn ihr nun in zwanzig Jahren diesen Brief gemeinsam in den Händen haltet, denkt an die schöne Zeit, die den Anfang unserer Freundschaft bildet.

INDIE: Den *Anfang*, denn wir sind noch lange nicht am Ende. Es werden noch unzählige, wunderschöne Momente folgen.

KARINA: Und vergesst unser Wort nicht: *Meraki*.

INDIE: Wenn wir euch um drei Uhr nachts wecken und nach unserem Wort fragen, möchten wir es wissen.

KARINA: Indie, wir sind hier nicht in der Schule! Aber es stimmt, das Wort beschreibt uns, unsere Freundschaft und unser Leben genauso wie unsere Briefe.

INDIE: Und wir sind auch nicht im Film. Wir sind hier im echten Leben.

KARINA: Und in diesem Leben wollen wir das machen, was wir lieben, sodass wir mit Leidenschaft und Kreativität ein Stück von uns selbst in alles einbringen.

INDIE: Das sehe ich genauso. :) Wir leben *Meraki*.

Indie und Karina

KARINA: P.S. Einer der schönsten Momente war gestern Abend, als wir endlich wieder zusammen am Strand Musik machen konnten.

INDIE: Die Sonne hatte den Abendhimmel orange gefärbt. Man hörte das Rauschen der Wellen, ein paar Möwen in der Ferne und dazu die Instrumente. Am

Strand waren nur wir beide. Die Musik wurde vom Wind fortgetragen …

KARINA: … und das Notenblatt auch.

Ein Traum wird wahr

Wir wollten schon immer ein Buch schreiben. Und jetzt können wir unser eigenes Buch in den Händen halten. Vor fast zwei Jahren haben wir angefangen zu schreiben. Es war der perfekte Moment, auch wenn wir nicht wussten, dass es der perfekte Moment war. Doch so ist es manchmal im Leben: Die schönsten Dinge passieren einfach.

Ursprünglich sollte dieses Buch eine Kurzgeschichte werden, doch mit jedem Brief wurde sie immer länger und Indie und Karina wurden immer mehr ein Teil von uns und unserem Leben. In einer Zeit, in der das reale Leben stillstand, haben wir durch unsere beiden Protagonistinnen viel erlebt.

Durch die Briefe haben sich nicht nur Indie und Karina besser kennengelernt, auch unsere Freundschaft wuchs durch die Liebe zum Schreiben und wir haben eine gemeinsame Leidenschaft gefunden, die uns auch in Zukunft verbinden wird.

Mit unseren Familien und Hund bzw. Fischen wohnen wir in der Nähe von Hamburg. Wir gehen zur Schule, genießen die Zeit mit unseren Freund*innen und machen viel Musik, passen dabei jedoch (fast) immer auf, dass die Noten nicht wegfliegen. Außerdem lieben wir es zu schreiben.

Ein bisschen sind wir wie Indie und Karina, aber eigentlich auch ganz anders.

Dankbarkeit

Eine Danksagung ist oft der Punkt, bei dem das Buch zugeschlagen wird. Doch wie Indie und Karina schon festgestellt haben, sollte man nicht vergessen, dankbar zu sein.

Zuallererst sind wir dankbar, dass dieses Projekt überhaupt entstanden ist; dass sich eine Gelegenheit ergab und wir einfach anfingen; dass wir uns gegenseitig fanden und so gut zusammen schreiben konnten. Obwohl es viel Arbeit war, hat uns dieses Projekt in fröhlichen und schwierigen Zeiten unglaublich viel gegeben.

Als Nächstes wollen wir den Personen danken, ohne die dieses Buch ganz bestimmt nicht zu dem geworden wäre, was es jetzt ist. Danke an Katharina, Tabea und Nina, dass ihr als unsere Testleserinnen die Geschichte durch eure Ideen und euer Feedback weitergebracht habt. Danke Christine, dass du unsere Geschichte so sorgfältig durchgearbeitet hast, sodass wir durch deine unzähligen Korrekturen und Anregungen viel mehr aus der Geschichte herausholen konnten.

Zuletzt danken wir allen, die uns auf unserem Weg begleitet haben, die als Inspirationsquelle ihren Teil zur Geschichte beigetragen, uns unterstützt und immer an uns geglaubt haben.